U0717007

中华经典名著

全本全注全译丛书

檀作文　万　希◎译注

幼学琼林　三

中華書局

卷三

人事

【题解】

本篇117联，讲的都是和人事相关的成语典故。

人际关系是人事的重要内容。古人重尺牍，书信来往，重谦辞和敬辞。本篇讲了诸多谦辞和敬辞的用法。此外，也讲了许多人际交往的轶事。

《大学》首重夫明新[①]，小子莫先于应对[②]。

其容固宜有度[③]，出言尤贵有章[④]。

智欲圆而行欲方，胆欲大而心欲小[⑤]。

阁下、足下[⑥]，并称人之辞；不佞、鲰生[⑦]，皆自谦之语。

恕罪曰宽宥[⑧]，惶恐曰主臣[⑨]。

大春元、大殿选、大会状，举人之称不一；大秋元、大经元、大三元，士人之誉多殊[⑩]。

大掾史，推美吏员[⑪]；大柱石，尊称乡宦[⑫]。

【注释】

①《大学》：本为《礼记》中的一篇，宋·朱熹作《大学章句》，与《中庸章句》《论语集注》《孟子集注》并行，合称"四书"。《大学》开篇："大学之道，在明明德，在亲民，在止于至善。"朱子章句："程子曰：'亲，当作"新"。'大学者，大人之学也。明，明之也。明德者，人之所得乎天，而虚灵不昧，以具众理而应万事者也。但为气禀所拘，人欲所蔽，则有时而昏；然其本体之明，则有未尝息者。故学者当因其所发而遂明之，以复其初也。新者，革其旧之谓也，言既自明其明德，又当推以及人，使之亦有以去其旧染之污也。"明：明明德，彰明德行。新：新民，使民更新，教民向善。《尚书·康诰》："亦惟助王宅天命，作新民。"西汉·孔安国传："居顺天命，为民日新之教。"

②小子莫先于应对：语本《论语·子张》："子游曰：'子夏之门人小子，当洒扫应对进退，则可矣，抑末也。本之则无，如之何？'子夏闻之，曰：'噫！言游过矣！君子之道，孰先传焉？孰后倦焉？譬诸草木，区以别矣。君子之道，焉可诬也？有始有卒者，其惟圣人乎！'"宋·朱熹《大学章句·序》："三代之隆，其法浸备，然后王宫、国都以及闾巷，莫不有学。人生八岁，则自王公以下，至于庶人之子弟，皆入小学，而教之以洒扫、应对、进退之节，礼乐、射御、书数之文。"宋·朱熹《小学·序》："古者小学教人以洒扫应对进退之节，爱亲敬长隆师亲友之道，皆所以为修身、齐家、治国、平天下之本。而必使其讲而习之，于幼稚之时，欲其习与智长，化与心成，而无扞格不胜之患也。"传统儒家，教育少年儿童，从洒扫应对进退等基本礼节开始。小子，泛指学生、晚辈等未成年人。应对，酬对，对答。古人重礼，应对师长有具体仪节要求。

③其容固宜有度：古人重礼，强调容仪有度。《礼记·玉藻》："凡行容惕惕，庙中齐齐，朝廷济济翔翔。君子之容舒迟，见所尊者齐

遬。足容重，手容恭，目容端，口容止，声容静，头容直，气容肃，立容德，色容庄，坐如尸，燕居告温温。”容，仪态，外在表现。固宜，本该。有度，有法度，有规范。

④出言尤贵有章：语本《诗经·小雅·都人士》：“彼都人士，狐裘黄黄。其容不改，出言有章。”东汉·郑玄笺：“其动作容貌既有常，吐口言语又有法度文章。”有章，有法度，有条理，有文采。《左传·襄公三十一年》：“故君子在位可畏，施舍可爱，进退可度，周旋可则，容止可观，作事可法，德行可象，声气可乐，动作有文，言语有章，以临其下，谓之有威仪也。”杨伯峻注：“有章，犹今言有条理。”

⑤智欲圆而行欲方，胆欲大而心欲小：《旧唐书·方伎传·孙思邈》载，孙思邈答卢照邻问医道言：“胆欲大而心欲小，智欲圆而行欲方。《诗》曰：‘如临深渊，如履薄冰’，谓小心也；‘赳赳武夫，公侯干城’，谓大胆也。‘不为利回，不为义疚’，行之方也；‘见机而作，不俟终日’，智之圆也。”孙思邈之言，受程子等宋儒激赏，在讲学论道时常常引用（详参《近思录》《朱子语类》等）。由之衍生出的两个成语是“智圆行方”“胆大心细”。智圆行方，指智虑周到通达，行为端方不苟。胆大心细，指勇于任事而又缜密谨慎。又，孙思邈之言，亦有所本。《文子·微明》：“老子曰：‘凡人之道：心欲小，志欲大；智欲圆，行欲方；能欲多，事欲少。所谓心欲小者，虑患未生，戒祸慎微，不敢纵其欲也。志欲大者，兼包万国，一齐殊俗，是非辐辏，中为之毂也。智圆者，终始无端，方流四远，渊泉而不竭也。行方者，直立而不挠，素白而不污，穷不易操，达不肆志也。能多者，文武备具，动静中仪，举错废置，曲得其宜也。事少者，秉要以偶众，执约以治广，静以持躁也。故心小者，禁于微也。志大者，无不怀也。智圆者，无不知也。行方者，有不为也。能多者，无不治也。事少者，约所持也。’”

⑥阁下：本指在藏书阁或官署中，引用为对尊贵显要者的敬称，后泛用作对人的敬称。唐·赵璘《因话录》卷五："古者三公开阁，郡守比古之侯伯，亦有阁，所以世之书题有阁下之称。……今又布衣相呼，尽曰'阁下'。"足下：古代下称上或同辈相称的敬辞。三国魏·嵇康《与山巨源绝交书》："足下昔称吾于颖川，吾常谓之知言。"

⑦不佞（nìng）：不会说话，不才，故用以谦称自己。《左传·昭公二十五年》："不佞不能与二三子同心，而以为皆有罪。"明·高攀龙《讲义·小引》："不佞幸从诸先生后，不能无请益之言。"佞，口才好，善于说话。鲰（zōu）生："鲰"本义为小鱼，借指浅陋卑微。鲰生在古时骂人之语，义为小人。《史记·项羽本纪》："鲰生说我曰：'距关，毋内诸侯，秦地可尽王也。'"南朝宋·裴骃集解引东汉·服虔曰："鲰，音浅。鲰，小人貌也。"后世用作自谦之语，犹言小生。唐·刘禹锡《谢中书张相公启》："岂唯鲰生，独受其赐？"

⑧恕：宽恕。宽宥（yòu）：《后汉书·王梁传》："（王梁）建议开渠，为人兴利，旅力既愆，迄无成功，百姓怨讟，谈者欢哗。虽蒙宽宥，犹执谦退。君子成人之美，其以梁为济南太守。"唐·骆宾王《兵部奏姚州道破逆贼诺没弄杨虔柳露布》："礼不重伤，班白必存于宽宥。"此句"宽宥"，他本多作"原宥"（原谅某人的苦衷，赦免其罪。《后汉书·陈蕃传》："大司农刘祐、廷尉冯绲、河南尹李膺，皆以忤旨，为之抵罪。蕃因朝会，固理膺等，请加原宥，升之爵任。"《南史·孔觊传》："东军主凡七十六人，于阵斩十七人，余皆原宥。"）宥，宽恕，赦免。《尚书·舜典》："流宥五刑。"西汉·孔安国传："宥，宽也。以流放之法宽五刑。"也指宽待、宽容。《庄子·在宥》："闻在宥天下，不闻治天下也。"唐·成玄英疏："宥，宽也。"

⑨主臣：指君臣。后用作叹词，一般用于臣下对主君进言时，表示惶

恐冒昧的样子。《史记·陈丞相世家》："上曰：'苟各有主者，而君所主者何事也？'平谢曰：'主臣！陛下不知其驽下，使待罪宰相。'"南朝宋·裴骃集解："张晏曰：'若今人谢曰"惶恐"也。'马融《龙虎赋》曰：'勇怯见之，莫不主臣。'"《史记·张释之冯唐列传》："唐曰：'主臣！陛下虽得廉颇、李牧，弗能用也。'"唐·司马贞索隐："乐彦云：'人臣进对前称"主臣"，犹上书前云"昧死"。'"宋·韩驹《再次韵兼简李道夫》："学道无疑怖，忧时有主臣。"原注："《汉书》主臣，皇恐之貌。"

⑩"大春元、大殿选、大会状"四句：大春元、大殿选、大会状、大秋元、大经元、大三元等称谓，皆与科举考试相关。科举考试，是隋唐以来封建王朝设科取士而定期举行的中央或地方级考试。明清科举分童试、院试、乡试、会试、殿试五级。童试录取者为童生，院试录取者为秀才，乡试录取者为举人，会试录取者为贡士、殿试录取者为进士。考取举人即具备做官资格，故士人极重乡试。明清乡试一般在秋季举行，称"秋闱"。会试在乡试后次年二月于京师举行，由礼部主持，又称"春闱""礼闱"。殿试在会试后一个月即三月举行，由皇帝主持。明清殿试一律不黜落，只排定名次。"元"，即首，指第一名。明清时期，乡试第一名称"解元"，会试第一名称"会元"，殿试第一名称"状元"。因乡试一般在秋季举行，故乡试第一名又称"大秋元"；会试一般在春季举行，故会试第一名又称"大春元"。大三元，是解元、会元、状元之合称。大会状，是会元、状元之合称。殿试考中，称"大殿选"。科举考试有明经一科，第一名为"大经元"。明清则称贡生为"明经"。乡试中副榜录取的，入国子监，称"副贡生"。则国子监肄业第一名，或称"大经元"。以"大春元""大殿选""大会状"誉称举人，皆为预祝之美辞。

⑪大掾（yuàn）史，推美吏员：掾史，官名。也称"掾吏""掾佐""掾

曹”。汉以后中央及各州县皆置掾史，分曹治事。多由长官自行辟举。唐宋以后，掾史之名渐移于胥吏，遂泛指地方政府的办事人员，故美称“吏员”（各级政府的下层办事人员）为“大掾史”。

⑫大柱石，尊称乡宦：柱石，顶梁的柱子和垫柱的础石。比喻担当重任的人。《汉书·霍光传》：“将军为国柱石。”后以“大柱石”尊称乡宦。乡宦，退休居住乡里的官宦。《二刻拍案惊奇》卷四：“亦且乡宦势头，小可衙门奈何不得他。”

【译文】

《大学》开篇强调明明德和作新民；做学生的，首先要学应答师长的礼节。

仪容举止，固然要适宜合度；话语言谈，尤其重视有条理章法。

考虑问题，要圆融周详，行事则要坚定公正；胆量和志向要远大，而心思则要细致缜密。

“阁下”“足下”，都是对别人的尊称；“不佞”“鲰生”，都是自谦的说法。

“宽宥”多指从宽赦罪，所以求人恕罪，叫作“宽宥”；“主臣”是臣子怕君的说法，所以心中惶恐，叫作“主臣”。

“大春元”“大殿选”“大会状”，是对举人的不同称呼；“大秋元”“大经元”“大三元”，是对士人中选的各种美誉。

“大掾史”，是对下层办事人员的美称；“大柱石”，是对退休居乡官员的尊称。

贺人学①，曰云程发轫②；贺新冠③，曰元服加荣④。

贺人荣归⑤，谓之锦旋⑥；作商得财，谓之捆载⑦。

谦送礼，曰献芹⑧；不受馈⑨，曰反璧⑩。

谢人厚礼，曰厚贶⑪；自谦礼薄，曰菲仪⑫。

送行之礼，谓之赆仪⑬；拜见之贽⑭，名为贽敬⑮。

贺寿仪⑯，曰祝敬⑰；吊死礼，曰奠仪⑱。
请人远归，曰洗尘⑲；携酒送行，曰祖饯⑳。
犒仆夫㉑，谓之旌使㉒；演戏文，谓之俳优㉓。

【注释】

①入学：旧时指生徒或童生经考试录取后进府、州、县学读书。

②云程：远大前程。多指仕途。宋·陆游《答发解进士启》："万里抟风，莫测云程之远。"发轫（rèn）：拿掉支住车轮的木头，使车前进。借指出发，起程。《楚辞·离骚》："朝发轫于苍梧兮，夕余至乎县圃。"朱子集注："轫，搘车木也，将行则发之。"轫，指用来阻止车轮滚动的木头。取出轮木代指启程。"云程发轫"四字连用，为明清时期习用语。明·孙绪《送族侄悟会试》诗："离亭风笛回辕处，宦海云程发轫初。"明·杨守阯《送董启之进士》诗："万里云程初发轫，三湘秋水试扬舲。"

③新冠：刚刚举行冠礼。古代男子成人礼，一般在二十岁。《礼记·曲礼上》："男子二十冠而字。"他本或作"斯冠"。

④元服：指冠。古称行冠礼为"加元服"。《仪礼·士冠礼》："令月吉日，始加元服。"加荣：指赋予荣耀。他本或作"初荣"。

⑤荣归：光荣地归回。旧时多指富贵返乡。

⑥锦旋：身穿锦绣而归。比喻荣归。元·柯丹丘《荆钗记·获报》："他既登金榜，怎不锦旋。"

⑦梱（kǔn）载：即"稛（kǔn）载"，用绳子捆束财物，放到车上。亦指满载、重载。《国语·齐语六》："诸侯之使，垂橐而入，稛载而归。"三国吴·韦昭注："言重而归也。""梱""稛"二字，音同形近，可通假。《仪礼·大射仪》："既拾取矢梱之。"即以"梱"通"稛"，是捆束之义。

⑧献芹：典出《列子·杨朱》："宋国有田夫……谓其妻曰：'负日之

暄，人莫知者，以献吾君，将有重赏。’里之富告之曰：‘昔人有美戎菽、甘枲茎芹萍子者，对乡豪称之。乡豪取而尝之，蜇于口，惨于腹，众哂而怨之，其人大惭。’”又，三国魏·嵇康《与山巨源绝交书》：“野人有快炙背而美芹子者，欲献之至尊，虽有区区之意，亦已疏矣。”后遂以“献芹”谦言自己赠品菲薄或建议浅陋。唐·高适《自淇涉黄河途中》诗之九：“尚有献芹心，无因见明主。”

⑨馈（kuì）：赠送。

⑩反璧（bì）：语本《左传·僖公二十三年》：“僖负羁……乃馈盘飧，置璧焉，公子受飧反璧。”意为退还璧玉。后因谓不受别人的馈赠为“反璧”。反，同“返”，指归还。

⑪厚贶（kuàng）：丰厚的赠礼。古诗文习用语。唐·杜甫《太子张舍人遗织成褥段》诗：“奈何田舍翁，受此厚贶情。”贶，赏赐，赐予。《国语·鲁语下》：“君之所以贶使臣，臣敢不拜贶。”

⑫菲仪：谦辞。菲薄的礼物。古诗文习用语。宋·杨万里《罗氏定亲启》：“十世可知，继好复从于今始；两端而竭，菲仪仍守于旧规。”

⑬赆（jìn）仪：送行的礼物。明清以来习用语。赆，送行时赠送的财物。《孟子·公孙丑下》：“予将有远行，行者必以赆。”

⑭赀（zī）：同“资”，财货。

⑮贽（zhì）敬：为表敬意所送的礼品。明清以来习用语。贽，古代初次见人时所带的礼物。《尚书·舜典》：“修五礼，五玉、三帛、二生、一死，贽。”《左传·庄公二十四年》：“男贽大者玉帛，小者禽鸟，以章物也。女贽不过榛栗枣修，以告虔也。”又，《周礼·春官·大宗伯》“以禽作六挚”，东汉·郑玄注：“挚之言至，所执以自致。”唐·陆德明释文：“挚，音至，本或作‘贽’。”

⑯仪：本指仪式、礼节，此处特指礼品。

⑰祝敬：指祝寿的礼品或礼金。祝，本指祭祀时的司仪，后引作祝祷、祝福。此处特指贺寿。《左传·哀公二十五年》：“公宴于五

梧,武伯为祝。”晋·杜预注:“祝,上寿酒。”

⑱奠仪:用于祭奠的礼品。奠,祭奠,追悼。

⑲洗尘:洗去征尘。指设宴欢迎远方来客。也可称“接风”“濯足”。

⑳祖饯(jiàn):饯行。送行时设宴祭祀路神的礼仪。又称“祖道”“祖帐”。《汉书·刘屈氂传》:“贰师将军李广利将兵出击匈奴,丞相为祖道,送至渭桥。”祖,出行时祭祀路神。引申为饯行。《文选·〈荆轲歌序〉》:“燕太子丹使荆轲刺秦王,丹祖送于易水上。”唐·张铣注:“祖者,将祭道以相送。”

㉑犒(kào):犒劳,指用酒食财物慰劳。对象通常是军队。仆夫:驾驭车马的人。《诗经·小雅·出车》:“召彼仆夫,谓之载矣。”毛传:“仆夫,御夫也。”《文选·张衡〈思玄赋〉》:“仆夫俨其正策兮,八乘腾而超骧。”旧注:“仆夫,谓御车人也。”亦泛指供役使的人,犹言仆人。

㉒旌(jīng)使:奖赏表彰使者。旌,表扬。

㉓俳(pái)优:“俳”指杂耍和滑稽戏,“俳优”指表演杂戏的人。《荀子·正论》:“今俳优、侏儒、狎徒詈侮而不斗者,是岂巨知见侮之为不辱哉?”

【译文】

祝贺人考中入学,说“云程发轫”;祝贺人举行成年仪式行冠礼,说“元服加荣”。

祝贺人荣耀还乡,说“锦旋”;祝贺人经商发财,说“稛载”。

“献芹”,是赠送礼物的谦辞;“反璧”,是不接受礼物的说法。

感谢别人赠送自己厚礼,说“厚贶”;自谦送人礼物微薄,说“菲仪”。

给人送行时赠送的礼金,叫“赆仪”;拜见他人所携带的见面礼,叫“贽敬”。

贺寿的财礼,叫作“祝敬”;吊唁死者的礼金,叫作“奠仪”。

宴请远路归来的人,叫“洗尘”;带酒送别即将出行的人,叫“祖饯”。

犒赏底下做事的人,叫“旌使”;表演戏曲的人,叫“俳优”。

谢人寄书①,曰辱承华翰②;谢人致问③,曰多蒙寄声④。
望人寄信,曰早赐玉音⑤;谢人许物⑥,曰已蒙金诺⑦。
具名帖⑧,曰投刺⑨;发书函⑩,曰开缄⑪。
思暮久,曰极切瞻韩⑫;想望殷⑬,曰久怀慕蔺⑭。
相识未真,曰有半面之识⑮;不期而会⑯,曰邂逅之缘⑰。
登龙门,得参名士⑱;瞻山斗,仰望高贤⑲。
一日三秋,言思慕之甚切⑳;渴尘万斛㉑,言想望之久殷。

【注释】

①寄书:寄信。

②辱承:谦辞。表示承蒙、蒙受。华翰:文辞华美。通常是对别人来信的美称。

③致问:问候。

④多蒙:蒙受,承蒙。致谢之辞。寄声:托人传话。《汉书·赵广汉传》:“广汉尝记召湖都亭长,湖都亭长西至界上,界上亭长戏曰:‘至府,为我多谢问赵君。’亭长既至,广汉与语,问事毕,谓曰:‘界上亭长寄声谢我,何以不为致问?’”

⑤玉音:语本《诗经·小雅·白驹》:“毋金玉尔音,而有遐心。”郑笺:“毋爱女声音,而有远我之心。”孔疏:“又言我思汝甚矣,汝虽不来,当传书信,毋得金玉汝之音声于我。谓自爱音声,贵如金玉,不以遗问我,而有疏远我之心。”对别人言辞的敬称。古诗文习用语。三国魏·曹植《七启》:“将敬涤耳,以听玉音。”唐·元

稹《酬孝甫见赠》诗之十："开坼新诗展大璆，明珠炫转玉音浮。"

⑥许：承诺，答应给予。

⑦金诺：语本《史记·季布栾布列传》："楚人谚曰：'得黄金百（斤），不如得季布一诺。'"唐·顾云《代人上路相公启》："果践玉书，不移金诺。"珍贵如金的诺言。成语"一诺千金"即源于此，比喻非常守信用。

⑧具：置办，准备。名帖：犹今之名片。清·赵翼《陔馀丛考·名帖》："刘冯《事始》云：'古昔削木以书姓名，故谓之'刺'，后世以纸书，谓之'名帖'。"

⑨投刺：投递名片。北魏·杨衒之《洛阳伽蓝记·景宁寺》："或有人慕其高义，投刺在门，元慎称疾高卧。"刺，书写。《释名·释书契》："书称'刺书'，以笔刺纸简之上也。又曰'到写'，写此文也。画姓名于奏上曰'书刺'。"亦特指名帖，即今之名片。

⑩书函：文书的封套。亦指书信。《后汉书·祭祀志上》："以吉日刻玉牒书函藏金匮，玺印封之。"

⑪开缄（jiān）：开拆（函件等）。唐·李白《久别离》诗："况有锦字书，开缄使人嗟。"缄，本指捆扎器物的绳子，引申为封口，特指书信的封口。

⑫瞻韩：语本唐·李白《与韩荆州书》："白闻天下谈士相聚而言曰：'生不用封万户侯，但愿一识韩荆州。'何令人之景慕一至于此耶！"唐代韩朝宗曾做荆州长史，喜拔用后进，为时人所重。后因以"瞻韩"为初见面的敬辞，意为久欲相识。

⑬想望：仰慕。殷：殷切，诚恳。

⑭慕蔺（lìn）：语出《史记·司马相如列传》："其亲名之曰'犬子'。……既学，慕蔺相如之为人，更名'相如'。"蔺相如为战国时赵国人，曾有完璧归赵的壮举，西汉的司马相如仰慕蔺相如，将自己的名字也改为"相如"。后因称"慕贤"为"慕蔺"。

⑮半面之识：语出《后汉书·应奉传》“奉少聪明”唐·李贤注引三国吴·谢承《后汉书》：“奉年二十时，尝诣彭城相袁贺。贺时出行闭门，造车匠于内开扇出半面视奉，奉即委去。后数十年于路见车匠，识而呼之。”应奉二十岁的时候见过一个车匠的半张脸，十几年之后路上遇见这个车匠仍旧马上认出来。指只见过一次面的交往。亦作“半面之旧”。古诗文习用语。唐·白居易《与元九书》：“初应进士时，中朝无缌麻之亲，达官无半面之旧。”“半面”作为语典，本指人记忆力惊人，瞥见一面多年后仍能认出。此句“曰有半面之识”，他本无“有”字，与下句“邂逅之缘”对仗工整。

⑯不期而会：未经约定而意外地遇见。《穀梁传·隐公八年》：“不期而会曰‘遇’。”亦指未经约定而自动聚集。《史记·周本纪》：“是时，诸侯不期而会盟津者八百诸侯。”期，约定。

⑰邂逅：语出《诗经·郑风·野有蔓草》：“野有蔓草，零露漙兮。有美一人，清扬婉兮。邂逅相遇，适我愿兮。”毛传：“邂逅，不期而会。”指没有约定，偶然相遇。

⑱登龙门，得参名士：语本《后汉书·党锢传·李膺》：“膺独持风裁，以声名自高。士有被其容接者，名为‘登龙门’。”唐·李贤注：“以鱼为喻也。龙门，河水所下之口，在今绛州龙门县。辛氏《三秦记》曰：‘河津一名“龙门”，水险不通，鱼鳖之属莫能上，江海大鱼薄集龙门下数千，不得上，上则为龙也。’”登龙门，比喻得到有名望者的接待和援引而提高身价。

⑲瞻山斗，仰望高贤：语本《新唐书·韩愈传赞》：“自愈没，其言大行，学者仰之如泰山、北斗云。”意为像仰望泰山、北斗一样仰慕贤人。

⑳一日三秋，言思慕之甚切：语本《诗经·王风·采葛》：“彼采萧兮，一日不见，如三秋兮。”唐·孔颖达疏：“年有四时，时皆三月，三秋谓九月也。”后以“一日三秋”形容对人思念殷切。南朝

梁·何逊《为衡山侯与妇书》:“路迩人遐,音尘寂绝。一日三秋,不足为喻。”

㉑渴尘:语出唐·卢仝《访含曦上人》:“三入寺,曦未来。辘轳无人井百尺,渴心归去生尘埃。”即渴心生尘,喻访友不遇,思念殷切。后用为想望旧友之典。宋·黄庭坚《苏李画枯木道士赋》:“去国期年,见似之者而喜矣,况予尘土之渴心。”万斛(hú):极言容量之多。古代以十斗为一斛,南宋末年改为五斗。唐·杜甫《夔州歌》之七:“蜀麻吴盐自古通,万斛之舟行若风。”

【译文】

“辱承华翰”,是感谢别人来信;“多蒙寄声”,是感谢别人问候。

盼望别人早日来信,说“早赐玉音”;感谢别人许诺给自己某物,说“已蒙金诺”。

递交名片,叫“投刺”;拆开书信,叫“开缄”。

唐代诗人李白说人们都想有机会瞻仰韩荆州的容颜,所以后人表示思慕已久,就说“极切瞻韩”;汉代文豪司马相如十分仰慕蔺相如的为人,所以后人表示向往殷切,就说“久怀慕蔺”。

虽相识,但了解不真切,称作“有半面之识”;没有约定,偶然相遇,叫作“邂逅之缘”。

拜谒名人,并得到赏识从而使得自己的声誉有所提高,叫作“登龙门”;敬仰钦慕德高望重的高士贤人,称为“瞻山斗”。

“一日三秋”,形容思念十分深切;“渴尘万斛”,形容向往极其殷切。

暌违教命[①],乃云鄙吝复萌[②];来往无凭[③],则曰萍踪靡定[④]。

虞舜慕唐尧,见尧于羹,见尧于墙[⑤];门人学孔圣,孔步亦步,孔趋亦趋[⑥]。

曾经会晤[⑦],曰向获承颜接辞[⑧];谢人指教[⑨],曰深蒙耳提面命[10]。

求人涵容[11]，曰望包荒[12]；求人吹嘘[13]，曰望汲引[14]。

求人荐引，曰幸为先容[15]；求人改文，曰望赐郢斫[16]。

借重鼎言[17]，是托人言事；望移玉趾[18]，是浼人亲行[19]。

多蒙推毂[20]，谢人引荐之辞；望作领袖[21]，托人倡首之说[22]。

言辞不爽[23]，谓之金石语[24]；乡党公论[25]，谓之月旦评[26]。

逢人说项斯[27]，表扬善行；名下无虚士[28]，果是贤人。

【注释】

①暌（kuí）违教命：离别很久，没有机会得到对方教诲和指示。暌违，分隔，离别。南朝梁·何逊《仰赠从兄兴宁置南》诗："一朝异言宴，万里就暌违。"教命，即指示。

②鄙吝（lìn）复萌：语本南朝宋·刘义庆《世说新语·德行》："周子居常云：'吾时月不见黄叔度，则鄙吝之心已复生矣。'"又，《后汉书·黄宪传》："黄宪字叔度，汝南慎阳人也。……同郡陈蕃、周举常相谓曰：'时月之间不见黄生，则鄙吝之萌复存乎心。'及蕃为三公，临朝叹曰：'叔度若在，吾不敢先佩印绶矣。'"汉末黄宪（字叔度）德行出众，陈蕃、周举等人常说："只要有一段时间见不到黄叔度，不受他正面影响，内心就难免不萌生贪鄙的念头。"意为萌生贪鄙之心。鄙吝，形容心胸狭隘。

③无凭：即"无凭据""无凭准"，意为不能凭信，难以料定。

④萍踪靡（mǐ）定：萍踪，浮萍的踪迹。浮萍随波逐流，没有固定的所在，比喻到处漂泊，没有固定的住所。靡，无，没有。元·刘鹗《惟实集（卷四）·浮云道院诗·引》："但有志向道，而萍踪靡定。日涉风尘，歧路兴悲。"

⑤"虞舜慕唐尧"三句：语本《后汉书·李固传》："臣闻君不稽古，

无以承天；臣不述旧，无以奉君。昔尧殂之后，舜仰慕三年，坐则见尧于墙，食则睹尧于羹。斯所谓聿追来孝，不失臣子之节者。”据说尧帝死后，舜帝思慕尧帝太过，坐着的时候，能在对面墙上看见尧帝的影子；吃饭的时候，能在肉汁里看见尧帝的影子。慕，思慕，追念。羹（gēng），上古时一般是指带汁的肉，而不是汤。“羹”表示汤的意思，是后起之义。

⑥“门人学孔圣”三句：语本《庄子·田子方》：“颜渊问于孔子曰：‘夫子步亦步，夫子趋亦趋，夫子驰亦驰，夫子奔逸绝尘，而回瞠若乎后矣！’”后常以“亦步亦趋”形容事事追随和模仿别人。门人，学生，弟子。此处指孔子弟子颜回。此句“门人”，他本或作“颜渊”。

⑦会晤（wù）：见面。

⑧向：从前，原先。承颜接辞：语出《汉书·隽不疑传》：“隽不疑字曼倩，勃海人也。治《春秋》，为郡文学，进退必以礼，名闻州郡。武帝末，郡国盗贼群起，暴胜之为直指使者，衣绣衣，持斧，逐捕盗贼，督课郡国，东至海，以军兴诛不从命者，威振州郡。胜之素闻不疑贤，至勃海，遣吏请与相见。不疑冠进贤冠，带櫑具剑，佩环玦，褒衣博带，盛服至门上谒。门下欲使解剑，不疑曰：‘剑者，君子武备，所以卫身，不可解。请退。’吏白胜之。胜之开阁延请，望见不疑容貌尊严，衣冠甚伟，胜之蹝履起迎。登堂坐定，不疑据地曰：‘窃伏海濒，闻暴公子威名旧矣，今乃承颜接辞。凡为吏，太刚则折，太柔则废，威行施之以恩，然后树功扬名，永终天禄。’胜之知不疑非庸人，敬纳其戒，深接以礼意，问当世所施行。门下诸从事皆州郡选吏，侧听不疑，莫不惊骇。至昏夜，罢去。胜之遂表荐不疑，征诣公车，拜为青州刺史。”意指承蒙见面谈话。承颜，顺承尊长的颜色（脸色）。一般用作敬辞。接辞，谈话。

⑨指教：指点教导。

⑩耳提面命：语出《诗经·大雅·抑》：“匪面命之，言提其耳。”

唐·孔颖达疏:“非但对面命语之,我又亲提撕其耳,庶其志而不忘。”揪着耳朵,当面指示,形容严格要求殷切教诲的样子。

⑪涵容:包涵,宽容。

⑫包荒:语出《周易·泰卦》:“包荒,用冯河,不遐遗。”三国魏·王弼注:“能包含荒秽,受纳冯河者也。”包含荒秽,谓度量大。唐·陆德明《释文》:“荒,本亦作‘巟’。”一说包容广大。《说文·川部》“巟,水广也”引《易》作“包巟”。后多引申用作包容、原谅之意。唐·李白《雪谗诗赠友人》:“立言补过,庶存不朽;包荒匿瑕,蓄此烦丑。”元·柯丹丘《荆钗记·合卺》:“如今送侄女临门,首饰房匳,诸事不曾完备,望亲家包荒。”

⑬吹嘘(xū):吹捧。比喻奖掖、汲引。《宋书·沈攸之传》:“卵翼吹嘘,得升官秩。”唐·杜甫《赠献纳使起居田舍人澄》诗:“扬雄更有《河东赋》,唯待吹嘘送上天。”“吹嘘”之吹捧、奖掖义项,与“嘘枯吹生”有关。《后汉书·郑太传》:“孔公绪清谈高论,嘘枯吹生。”唐·李贤注:“枯者嘘之使生,生者吹之使枯。言谈论有所抑扬也。”“吹嘘”,本指言论有所抑扬,后来偏扬而略抑,便成吹捧、奖掖。《文选·刘孝标(峻)〈广绝交论〉》:“曾无羊舌下泣之仁,宁慕郈成分宅之德。”唐·李善注引南朝梁·刘孝标《与诸弟书》曰:“任既假以吹嘘,各登清贵。”

⑭汲(jí)引:古人取水于井,自下往上,故以“汲引”誉指引荐提拔。《汉书·刘向传》:“昔孔子与颜渊、子贡更相称誉,不为朋党;禹、稷与皋陶传相汲引,不为比周。”古时候禹、稷、皋陶这些贤人相互推荐,出任朝廷高官,不是结党隐私。

⑮先容:语本《史记·鲁仲连邹阳列传》所载邹阳于狱中上梁王书:“蟠木根柢,轮囷离诡,而为万乘器者。何则?以左右先为之容也。”唐·司马贞索隐:“谓左右先加雕刻,是为之容饰也。”本指事先加以修饰,引申为事先替人介绍、推荐或关说。

⑯郢（yǐng）斫（zhuó）：语本《庄子·徐无鬼》："郢人垩慢其鼻端若蝇翼，使匠石斫之。匠石运斤成风，听而斫之，尽垩而鼻不伤，郢人立不失容。"匠石挥斧削去落在郢人鼻翼上的白粉，而不伤其人。后遂以"郢匠挥斤"比喻纯熟、高超的技艺；以"郢斫"喻指代人修改润色文章。郢，春秋战国时期楚国都城名。地当今湖北荆州荆州区纪南城。斫，拿斧头砍。

⑰鼎言：有分量的言论。常用于请人说话帮助的敬辞。明·徐复祚《投梭记·沈封》："没奈何，望乞鼎言昭雪。"亦作"鼎吕""一言九鼎"。语出《史记·平原君虞卿列传》："毛先生一至楚，而使赵重于九鼎大吕。毛先生以三寸之舌，强于百万之师。"唐·司马贞索隐："九鼎大吕，国之宝器。言毛遂至楚，使赵重于九鼎大吕，言为天下所重也。"平原君门人毛遂陪同出使楚国请求救兵，智勇双全，逼迫楚王签署了盟约，平原君称赞他"毛先生一至楚，而使赵重于九鼎大吕"。九鼎，相传为夏禹所铸。大吕，为周宗庙的大钟。后遂以"鼎吕"誉指事物分量重，以"鼎言""一言九鼎"誉指言论分量重。

⑱玉趾：对人脚步的敬称。《左传·僖公二十六年》："寡君闻君亲举玉趾，将辱于敝邑。"

⑲浼（měi）人：请托别人。浼，本义为玷污，引申为亵渎。用作谦辞，如"浼求"（托求）、"浼止"（劝阻）。

⑳推毂（gǔ）：推车前进，引申为荐举、援引。毂，车轮中心插车轴的部位。《史记·魏其武安侯列传》："魏其、武安俱好儒术，推毂赵绾为御史大夫。"《南齐书·陆厥传》："永明末，盛为文章，吴兴沈约、陈郡谢朓、琅邪王融以气类相推毂。"

㉑领袖：衣服的领和袖，引申为带领、率领。

㉒倡首：领头提倡。

㉓不爽：没有差错。《诗经·小雅·蓼萧》："其德不爽，寿考不忘。"

毛传:“爽,差也。”

㉔金石语:喻指坚定不移的言论。

㉕乡党:周制,一万二千五百家为“乡”,五百家为“党”。泛称家乡。亦指同乡、乡亲。《论语·乡党》:“孔子之于乡党,恂恂如也,似不能言者。”《逸周书·官人》:“君臣之间,观其忠惠;乡党之间,观其诚信。”《汉书·司马迁传》:“仆以口语遇遭此祸,重为乡党戮笑,污辱先人。”

㉖月旦评:典出《后汉书·许劭传》:“初,劭与靖俱有高名,好共覈论乡党人物,每月辄更其品题,故汝南俗有‘月旦评’焉。”东汉末年,汝南许劭、许靖兄弟二人好评议人物,每月更新,故谓品评人物曰“月旦评”。月旦,每月初一。旦,初一。

㉗逢人说项斯:语本唐·李绰《尚书故实》:“杨祭酒敬之爱才,公心尝知江表之士项斯。赠诗曰:‘处处见诗诗总好,及观标格过于诗。平生不解藏人善,到处相逢说项斯。’项斯因此名振,遂登高科也。”又,《新唐书·杨敬之传》:“敬之爱士类,得其文章,孜孜玩讽,人以为癖。雅爱项斯为诗,所至称之,繇是擢上第。斯,字子迁,江东人。”杨敬之十分爱才,常提掖后进,自从见过项斯的诗之后,逢人便称赞,项斯诗名远扬,最终中了进士。后遂以“逢人说项斯”谓到处称扬人善。

㉘名下无虚士:有盛名的人必有实学。犹言名不虚传。《陈书·姚察传》:“沛国刘臻窃于公馆访《汉书》疑事十余条,并为剖析,皆有经据。臻谓所亲曰:‘名下定无虚士。’”唐·刘悚《隋唐嘉话》卷上:“薛道衡聘陈,为《人日》诗云:‘入春才七日,离家已二年。’南人嗤之曰:‘是底言?谁谓此虏解作诗!’及云‘人归落雁后,思发在花前’,乃喜曰:‘名下固无虚士。’”

【译文】

有些日子不见贤者,未曾得到教诲,就说“鄙吝复萌”;在外奔波,来去没有定准，则说“萍踪靡定”。

虞舜思慕唐尧，吃饭时在肉汁中看见尧的影子，坐下时在墙上看见尧的影子；弟子颜回效法孔圣人，孔子慢走，他也慢走，孔子快走，他也快走。

曾经与人会面，说“向获承颜接辞”；感谢他人指教，就说“深蒙耳提面命”。

求人包涵宽容，说“望包荒”；求人尽力宣扬自己，说“望汲引”。

求人推荐引进，说“幸为先容”；求人修改文章，说“望赐郢斫”。

“借重鼎言”，是托有声望的人在某件事上替自己说话；“望移玉趾”，是请求别人屈尊前往。

“多蒙推毂”，是感谢别人引荐的言辞；“望为领袖”，是希望别人带头的说法。

说过的话都兑现，叫“金石语”；同乡的公正评论，叫做“月旦评”。

“逢人说项斯”，指到处宣扬别人的优点；“名下无虚士”，是钦佩对方果然是贤能之人。

党恶为非[①]，曰朋奸[②]；尽财赌博，曰孤注[③]。

徒了事[④]，曰但求塞责[⑤]；戒明察[⑥]，曰不必苛求[⑦]。

方命[⑧]，是逆人之言；执拗[⑨]，是执己之性。

曰觊觎[⑩]，曰睥睨[⑪]，总是私心之窥望；曰倥偬[⑫]，曰旁午[⑬]，皆言人事之纷纭[⑭]。

小过必察，谓之吹毛求疵[⑮]；乘患相攻，谓之落阱下石[⑯]。

欲心难厌如溪壑[⑰]，财物易尽若漏卮[⑱]。

望开茅塞[⑲]，是求人之教导；多蒙药石[⑳]，是谢人之箴规[㉑]。

芳规、芳躅[㉒]，皆善行之可慕；格言、至言[㉓]，悉嘉言之可听[㉔]。

【注释】

①党恶:结党作恶。

②朋奸:朋比为奸。朋,结党。宋·周辉《清波别志》卷上:"黼晚乃推行京意,朋奸误国如此!"

③孤注:指把所有的钱并作一次赌注,比喻仅存的可资凭借的事物。宋·司马光《涑水记闻》卷六:"(王钦若)数乘间言于上曰:'澶渊之役,准以陛下为孤注与敌博耳。'"

④了事:办妥事情,使事情得到结束。

⑤塞(sè)责:《韩诗外传》卷十:"及母死三年,鲁兴师,卞庄子请从。至见于将军曰:'前犹与母处,是以战而北也,辱吾身。今母没矣,请塞责。'"《史记·平津侯主父列传》:"弘(公孙弘)病甚,自以为无功而封,位至宰相,宜佐明主填抚国家,使人由臣子之道。今诸侯有畔逆之计,此皆宰相奉职不称,恐窃病死,无以塞责。"后多用作搪塞责任之意,指对自己应尽的责任敷衍了事。常用作谦辞。《明史·张逵传》:"会疏则删削忌讳以避祸,独疏则毛举纤微以塞责。"《儒林外史》第二十九回:"杜慎卿笑道:'这是一时应酬之作,何足挂齿? 况且那日小弟小恙进场,以药物自随,草草塞责而已。'"

⑥明察:严明苛察。《史记·平准书》:"长吏益惨急而法令明察。"《明史·刘安传》:"人君贵明不贵察。察,非明也。人君以察为明,天下始多事矣。陛下临御八年而治理未臻,识者谓陛下之治功损于明察。"

⑦苛求:过严地要求。宋·程大昌《演繁露·本传》:"但当求贤纳谏,修政事,则大有为之业在其中,不必用迎合之言,求奇策,以幸速成。"

⑧方命:语出《尚书·虞书·尧典》:"帝曰:'吁,咈哉! 方命圮族。'"宋·蔡沈集传:"方命者,逆命而不行也。"即违命,抗命。

后世多用作难于应命的婉辞。《醒世恒言·独孤生归途闹梦》："伏乞俯鉴微情，勿嫌方命。"

⑨执拗（niù）：坚持己见，固执任性。宋·朱熹《宋名臣言行录》后集卷七："上又曰：'王安石何如？'光曰：'人言安石奸邪，则毁之太过，但不晓事，又执拗耳尔。'"司马光评王安石"执拗"之语最为知名，广见于宋代文献，如王偁《东都事略》卷八十七上、黄震《古今纪要》卷十九、彭百川《太平治迹统类》卷十二、徐自明《宋宰辅编年录》卷七、吕中《宋大事记讲义》卷十六、黄震《黄氏日抄》卷五十、赵善璙《自警编》卷七、李衡《乐庵语录》卷五、邵伯温《闻见录》卷十二等。又，宋·罗大经《鹤林玉露》卷十："（荆公）又曰：'有伊尹之志，则放其君可也；有周公之志，则诛其兄可也；有周后妃之志，则求贤审官可也。'似此议论，岂特执拗而已，真悖理伤道也。"

⑩觊觎（jì yú）：非分的希望或企图。《左传·桓公二年》："庶人、工、商，各有分亲，皆有等衰。是以民服事其上，而下无觊觎。"晋·杜预注："下不冀望上位。"

⑪睥睨（pì nì）：窥视，伺机谋取。北齐·颜之推《颜氏家训·诫兵》："若居承平之世，睥睨宫闱，幸灾乐祸，首为逆乱，诖误善良。"《续资治通鉴·宋纪·宋高宗建炎三年》："敌又睥睨金陵、镇江，守把舟船，而天雨连降，平地水发，道涂泥泞，马步俱不能进。"

⑫倥偬（kǒng zǒng）：亦写作"倥傯"。语出《楚辞·刘向〈九叹·思古〉》："悲余生之无欢兮，愁倥偬于山陆。"东汉·王逸注："倥偬，犹困苦也。"本指困苦窘迫，后多用以形容（事情）纷繁迫促、匆忙。《后汉书·卓茂传论》："建武之初，雄豪方扰，虓呼者连响，婴城者相望，斯固倥偬不暇给之日。"南朝齐·孔稚圭《北山移文》："敲扑喧嚣犯其虑，牒诉倥偬装其怀。"

⑬旁午：亦作"旁迕"。交错，纷繁。《汉书·霍光传》："受玺以来二

十七日，使者旁午，持节诏诸官署征发。”唐·颜师古注：“一从一横为旁午，犹言交横也。”西汉·王褒《洞箫赋》：“气旁迕以飞射兮，驰散涣以逫律。”

⑭纷纭：指言论、事情等多而杂乱。《楚辞·刘向〈九叹·远逝〉》：“肠纷纭以缭转兮，涕渐渐其若屑。”东汉·王逸注：“纷纭，乱貌也。”

⑮吹毛求疵（cī）：语出《韩非子·大体》：“古之全大体者……不吹毛而求小疵，不洗垢而察难知。”吹开皮上的毛，寻找里面的毛病，比喻刻意挑剔过失或缺点。

⑯落阱（jǐng）下石：语本唐·韩愈《柳子厚墓志铭》：“一旦临小利害，仅如毛发比，反眼若不相识；落陷阱，不一引手救，反挤之，又下石焉者，皆是也。”见人掉进陷阱里，不但不搭救，反而向陷阱里扔石头。喻乘人危急之时，加以打击陷害。

⑰欲心难厌如溪壑（hè）：语本《国语·晋语八》：“叔鱼生，其母视之，曰：‘是虎目而豕喙，鸢肩而牛腹，谿壑可盈，是不可餍也，必以贿死。’”三国吴·韦昭注：“水注川曰‘谿’；壑，沟也。”“后为赞理，受雍子女而抑邢侯，邢侯杀之。”春秋时期晋国大夫叔鱼（羊舌鲋）天生异相，虎目豕喙、鸢肩牛腹。他母亲说这是欲壑难填之相，肯定会因贪财而横死。厌，满足。溪壑，溪谷。亦借喻难以满足的贪欲。

⑱漏卮（zhī）：底上有孔的酒器。故用以比喻填不满的需求。《淮南子·泛论训》：“今夫霤水足以溢壶榼，而江河不能实漏卮，故人心犹是也。”“漏卮”“溪壑”对举，见西汉·桓宽《盐铁论·本议》：“国有沃野之饶而民不足于食者，工商盛而本业荒也；有山海之货而民不足于财者，不务民用而淫巧众也。故川源不能实漏卮，山海不能赡溪壑。”

⑲茅塞（sè）：语本《孟子·尽心下》：“山径之蹊间，介然用之而成

路；为间不用，则茅塞之矣。今茅塞子之心矣！”朱子集注：“为间，少顷也。茅塞，茅草生而塞之也。言理义之心，不可少有间断也。”意即被茅草所堵塞。后遂以“茅塞顿开”比喻闭塞的思路，由于受到启发，忽然开通，豁然领悟。

⑳药石：药剂和砭石。泛指药物。比喻规诫、忠告。《左传·襄公二十三年》：“臧孙曰：‘季孙之爱我，疾疢也。孟孙之恶我，药石也。美疢不如恶石。夫石犹生我，疢之美，其毒滋多。孟孙死，吾亡无日矣。’”晋·杜预注：“常志相违戾，犹药石之疗疾。”

㉑箴（zhēn）规：劝诫规谏。箴，即箴石，是古代针灸治病所用的石制的针。故借喻为纠谬、规谏。

㉒芳规：前贤的遗规。《史记·乐毅列传》唐·司马贞述赞：“间乘继将，芳规不渝。”芳躅（zhuó）：指前贤的踪迹。《史记·万石张叔列传》唐·司马贞述赞：“敏行讷言，俱嗣芳躅。”躅，足迹。

㉓格言：含有教育意义可为准则的话。《三国志·魏书·崔琰传》：“盖闻盘于游田，《书》之所戒，鲁隐观鱼，《春秋》讥之。此周、孔之格言，二经之明义。”至言：最高超的言论，极其高明的言论。《庄子·天地》：“是故高言不止于众人之心。至言不出，俗言胜也。”

㉔嘉言：善言，美言。《尚书·大禹谟》：“嘉言罔攸伏，野无遗贤，万邦咸宁。”

【译文】

坏人结党营私，为非作歹，叫作“朋奸”；将所有的钱财拿去做赌注，称为“孤注一掷”。

态度敷衍，只想早点儿完事，叫“但求塞责”；不宜细究深查，叫“不必苛求”。

“方命”，是不听人家的话，不按人家的要求做；“执拗”，是坚持自己的个性和主张。

"觊觎""睥睨"，都是有企图的窥视；"倥偬""旁午"，都是形容世事纷繁复杂。

对别人细小的过失，也要追查深究，叫"吹毛求疵"；乘别人为难之时，攻击伤害，称"落井下石"。

内心欲望难以满足，像溪壑一样难以填平；财物容易耗尽，如同漏卮一样盛不住液体。

"望开茅塞"，是恳求别人教导开示；"多蒙药石"，是感谢他人忠告规劝。

"芳规""芳躅"，都指值得仰慕效仿的美好品行；"格言""至言"，都指应当听取的至理名言。

无言，曰缄默①；息怒，曰霁威②。

包拯寡色笑，人比其笑为黄河清③；商鞅最凶残，尝见论囚而渭水赤④。

仇深，曰切齿⑤；人笑，曰解颐⑥。

人微笑，曰莞尔⑦；掩口笑，曰胡卢⑧。

大笑，曰绝倒⑨；众笑，曰哄堂⑩。

留位待贤，谓之虚左⑪；官僚共署⑫，谓之同寅⑬。

人失信曰爽约⑭，又曰食言⑮；人忘誓曰寒盟⑯，又曰反汗⑰。

【注释】

①缄（jiān）默：典出《孔子家语·观周》："孔子观周，遂入太祖后稷之庙，庙堂右阶之前，有金人焉，三缄其口，而铭其背曰：'古之慎言人也，戒之哉。无多言，多言多败。……口是何伤？祸之门也。'"又，《说苑·敬慎》亦载，文字略有出入。

②霁（jì）威：收敛威怒。霁，本意指风霜雨雪停止，天气晴好，引申为停息、收敛。《新唐书·魏徵传》："徵状貌不逾中人，有志胆，每犯颜进谏，虽逢帝甚怒，神色不徙，而天子亦为霁威。"

③包拯寡色笑，人比其笑为黄河清：语本《宋史·包拯传》："拯立朝刚毅，贵戚宦官，为之敛手，闻者皆惮之。人以包拯笑比黄河清。"北宋名臣包拯，断狱英明刚直，为人不苟言笑，人们用"黄河清"比喻他的一笑。包拯笑比黄河清，广见于宋代文献，如黄震《黄氏日抄》卷五十、曾慥《类说》卷四十八、马永卿《元城语录解》（卷上）、沈括《梦溪笔谈》卷二十二、孙逢吉《职官分纪》卷三十八、林駉《古今源流至论》后集卷三、潘自牧《记纂渊海》卷五十、朱熹《宋名臣言行录》前集卷八等。包拯（999—1062），字希仁，北宋庐州合肥（今安徽合肥）人。宋仁宗天圣五年（1027）进士。历知建昌、天长县，徙知端州，迁殿中丞。庆历三年（1043），拜监察御史里行。出为京东转运使。七年（1047），改尚书工部员外郎、直集贤院、陕西转运使。皇祐四年（1052），除龙图阁直学士、河北都转运使。嘉祐元年（1056），为右司郎中、权知开封府。三年（1058），迁右谏议大夫、权御史中丞。四年（1059），为枢密直学士、权三司使。六年（1061），迁给事中，寻拜枢密副使。七年（1062）卒，年六十四。谥孝肃。有奏议十五卷，今存《包孝肃奏议》十卷。《宋史》有传。包拯为官清正，刚直不阿，执法严峻，不徇私情，当时有"关节不到，有阎罗包老"之语，更被旧小说渲染为"包青天"。寡，少。黄河清，黄河水浊，变清为罕见现象，故用以比喻难得、罕见的事。

④商鞅（yāng）最凶残，尝见论囚而渭水赤：语本《资治通鉴·周纪·周显王三十一年》："初，商君相秦，用法严酷，尝临渭论囚，渭水尽赤。"元·胡三省注："决罪曰'论'。论，卢困翻。"论囚，定罪并处决囚犯。《后汉书·陈宠传》："秦为虐政，四时行刑，圣

汉初兴，改从简易。萧何草律，季秋论囚，俱避立春之月。”本句“尝”字，李克明庄本作“常”，据《资治通鉴》及他本改。

⑤切齿：咬牙，齿相磨切，形容极端痛恨的样子。《战国策·魏策一》：“是故天下之游士，莫不日夜扼腕瞋目切齿，以言从之便，以说人主。”《汉书·赵破奴传》：“自魏其、武安之厚宾客，天子常切齿。”

⑥解颐（yí）：语出《汉书·匡衡传》：“匡衡字稚圭，东海承人也。父世农夫，至衡好学，家贫，庸作以供资用，尤精力过绝人。诸儒为之语曰：‘无说《诗》，匡鼎来；匡说《诗》，解人颐。’”三国魏·如淳注：“使人笑不能止也。”人笑的时候两颊张开，故称“解颐”。颐，腮。

⑦莞（wǎn）尔：《论语·阳货》：“子之武城，闻弦歌之声。夫子莞尔而笑曰：‘割鸡焉用牛刀！’”朱子集注：“莞尔，小笑貌，盖喜之也。”微笑的样子。

⑧掩口笑，曰胡卢：语本《后汉书·应劭传》：“昔郑人以干鼠为璞，鬻之于周；……夫睹之者掩口卢胡而笑，斯文之族，无乃类旃。”胡卢，亦作“卢胡”，象声词。喉咙间发出的笑声。宋·陆游《书感》诗：“成败只堪三太息，是非终付一胡卢。”

⑨绝倒：语出《世说新语·赏誉》：“王平子迈世有俊才，少所推服。每闻卫玠言，辄叹息绝倒。”南朝梁·刘孝标注引《卫玠别传》曰：“玠少有名理，善通庄、老。琅邪王平子高气不群，迈世独傲，每闻玠之语议，至于理会之间，要妙之际，辄绝倒于坐。前后三闻，为之三倒。时人遂曰：‘卫君谈道，平子三倒。’”原为钦佩至极之意，此指前仰后合不能自持地大笑。宋·苏轼《游博罗香积寺》诗：“诗成捧腹便绝倒，书生说食真膏肓。”

⑩哄（hōng）堂：唐御史台有台、殿、察三院，由一位御史负责掌管杂事，称为“杂端”。公堂一起吃饭的时候，不许说笑，只有杂端笑了，三院所有的人才一起跟着笑，叫作“哄堂”。事见唐·赵璘《因话录》卷

五、宋·曾慥《类说》卷十四。后来“哄堂”用来指众人同时大笑。

⑪虚左：空着左边的位置。古代以左为尊，虚左表示对宾客的尊敬。《史记·魏公子列传》：“公子于是乃置酒大会宾客。坐定，公子从车骑，虚左，自迎夷门侯生。”《新唐书·文艺传中·王维》：“维工草隶，善画，名盛于开元、天宝间，豪英贵人虚左以迎，宁薛诸王待若师友。”

⑫共署：在同一个衙署做官。

⑬同寅（yín）：泛指同僚。语本《尚书·皋陶谟》：“百僚师师，百工惟时。……同寅协恭，和衷哉。”西汉·孔安国传：“使同敬合恭而和善。”后以“同寅协恭”为同僚恭谨事君，共襄政事之典。

⑭爽约：失约。唐·李商隐《为张周封上杨相公启》：“郭伋还州，尚不欺于童子；文侯校猎，宁爽约于虞人？”

⑮食言：言已出而又吞没之。谓言而无信。《尚书·汤誓》：“尔无不信，朕不食言。”西汉·孔安国传：“食尽其言，伪不实。”

⑯寒盟：背盟。《左传·哀公十二年》：“公会吴于橐皋，吴子使大宰嚭请寻盟。公不欲，使子贡对曰：‘盟，所以周信也，故心以制之，玉帛以奉之，言以结之，明神以要之。寡君以为苟有盟焉，弗可改也已。若犹可改，日盟何益？今吾子曰“必寻盟”，若可寻也，亦可寒也。’乃不寻盟。”后来便用“寒盟”指背弃或忘却盟约。

⑰反汗：语出《汉书·刘向传》：“《易》曰：‘涣汗其大号。’言号令如汗，汗出而不反者也。今出善令，未能逾时而反，是反汗也。”用“汗出而不能反”比喻号令发出不能收回。后来便用“反汗”指翻悔食言或收回成命。

【译文】

不肯说话，叫“缄默”；平息怒气，称“霁威”。

包拯很少笑，人们将他的笑容比作像黄河变清一样，难得一见；商鞅最凶残，曾在渭水边上处决囚犯，鲜血将渭水都染红了。

恨得太深，称“切齿”；笑得很欢，叫“解颐”。

人面带微笑，称“莞尔”；掩口而笑，叫“胡卢”。

笑得前仰后合，称“绝倒”；众人一起大笑，叫“哄堂”。

留出左边最尊贵的席位，等待贤者入席，叫“虚左”；官吏在同一个衙署里工作，称“同寅”。

说话不算数，叫“爽约”，又叫“食言”；人忘记盟约的誓言，叫“寒盟”，又称“反汗”。

铭心镂骨①，感德难忘；结草衔环②，知恩必报。

自惹其灾，谓之解衣抱火③；幸离其害，真如脱网就渊④。

两不相入⑤，谓之枘凿⑥；两不相投，谓之冰炭⑦。

彼此不合，曰龃龉⑧；欲前不进，曰趑趄⑨。

落落⑩，不合之词；区区⑪，自谦之语。

竣者⑫，作事已毕之谓⑬；醵者⑭，敛财饮酒之名。

赞襄其事⑮，谓之玉成⑯；分裂难完，谓之瓦解⑰。

【注释】

①铭心镂（lòu）骨：亦作“铭心刻骨”。形容感念很深，永记不忘。唐·柳宗元《谢除柳州刺史表》：“铭心镂骨，无报上天。”

②结草：典出《左传·宣公十五年》：“魏武子有嬖妾，无子。武子疾，命颗曰：‘必嫁是。’疾病，则曰：‘必以为殉。’及卒，颗嫁之，曰：‘疾病则乱，吾从其治也。’及辅氏之役，颗见老人结草以亢杜回，杜回踬而颠，故获之。夜梦之曰：‘余，而所嫁妇人之父也。尔用而先人之治命，余是以报。’”春秋时期，魏颗遵从父亲魏武子清醒时的命令，在他死后，将他的宠妾嫁人；而不是遵从父亲不清醒时的命令将宠妾杀死陪葬。后来打仗时，那个宠妾的父亲把草

编结起来,帮助他捉住了敌人。后因以“结草”为受厚恩而虽死犹报之典。《三国志·魏书·高堂隆传》:“魂而有知,结草以报。”衔环:典出《后汉书·杨震传》唐·李贤注引南朝梁·吴均《续齐谐记》:“宝年九岁时,至华阴山北,见一黄雀为鸱枭所搏,坠于树下,为蝼蚁所困。宝取之以归,置巾箱中,唯食黄花,百余日毛羽成,乃飞去。其夜有黄衣童子向宝再拜曰:‘我西王母使者,君仁爱拯救,实感成济。’以白环四枚与宝:‘令君子孙洁白,位登三事,当如此环矣。’”杨宝即杨震父,因救过黄雀而使子孙得好报。后遂以“衔环”为报恩典。

③解衣抱火:又作“解衣包火”。语出《资治通鉴·晋纪·晋安帝义熙十三年》(崔浩对魏主嗣之问曰):“关中华戎杂错,风俗劲悍;(刘)裕欲以荆扬之化,施之函秦,此无异解衣包火,张罗捕虎。”比喻不解决问题,只招致危险。清·唐训方《里语征实》卷下引作“解衣抱火”。

④脱网就渊:指鱼儿逃离网罟进入到水深的地方,比喻人远离灾害。脱网,指漏网,逃脱。《晋书·慕容垂载记》:“脱网之鲸,岂罟所制!”

⑤不相入:《国语·周语下》:“且夫备有未至而设之,有至而后救之,是不相入也。”三国吴·韦昭注:“不相入,不相为用也。”相入,互相为用,彼此投合。

⑥枘(ruì)凿:榫头与卯眼。枘圆凿方或枘方凿圆,难相容合。《楚辞·离骚》:“不量凿而正枘兮,固前脩以菹醢。”东汉·王逸注:“枘,所以充凿也。”又,《楚辞·九辩》:“圜凿而方枘兮,吾固知其钼铻而难入。”后用“枘凿”比喻事物的扞格不入或互相矛盾。

⑦冰炭:冰块和炭火,比喻性质相反,不能相容。《韩非子·用人》:“争讼止,技长立;则强弱不觳力,冰炭不合形,天下莫得相伤,治之至也。”“枘凿”“冰炭”往往连用,比喻事物尖锐对立,互不相容。清·王鸣盛《十七史商榷·南史合宋齐梁陈书·顾欢论道

佛二家》:"愚谓欢所引道经颇确,老子即佛,本是一人,故无二法。……惟与吾儒,则如枘凿冰炭之不相合耳。"

⑧龃龉(jǔ yǔ):原意指上下齿不相对应,后引申为不相投合、抵触。西汉·扬雄《太玄·亲》:"其志龃龉。"晋·范望注:"龃龉,相恶也。"

⑨欲前不进,曰趑趄(zī jū):趑趄,想前进又不敢前进,形容疑惧不决,犹豫观望。西汉·刘向《新序·杂事五》:"《易》曰:'臀无肤,其行趑趄。'"一本作"趦趄"。今本《周易·夬卦》作"次且"。《文选·张载〈剑阁铭〉》:"一人荷戟,万夫趑趄。"唐·李善注:"一夫挥戟,万人不得进。《广雅》曰:'趑趄,难行也。'"此句"欲前不进",他本多作"欲进不前"。"欲进不前",与清·连斗山《周易辨画》卷二十三"臀既无肤,是以其行趑趄,欲进不前也"合。然,宋·朱熹《周易本义·夬卦》爻辞:"九四:臀无肤,其行次且,牵羊悔亡。闻言不信。"下注曰:"以阳居阴,不中不正。居则不安,行则不进。"又曰:"牵羊者,当其前则不进。"似为李光明庄本"欲前不进"之所本。

⑩落落:形容孤高不合群的样子。《后汉书·耿弇传》:"帝谓弇曰:'昔韩信破历下以开基,今将军攻祝阿以发迹,此皆齐之西界,功足相方。而韩信袭击已降,将军独拔勍敌,其功乃难于信也。又田横亨郦生,及田横降,高帝诏卫尉不听为仇。张步前亦杀伏隆,若步来归命,吾当诏大司徒释其怨,又事尤相类也。将军前在南阳建此大策,常以为落落难合,有志者事竟成也!'"唐·李贤注:"落落,犹疏阔也。"

⑪区区:小的意思,形容微不足道。故用作自称的谦辞。《后汉书·窦融传》:"区区所献,唯将军省焉。"宋·李纲《贵州答吴元中书》:"区区自过象郡,颇觉为岚气所中,饮食多呕。"

⑫竣(jùn):本义为退位。《国语·齐语六》:"有司已于事而竣。"三

国吴·韦昭注:"竣,退伏也。"引申为完成或结束某项工作,如竣工。"竣"字旧时读平声字,平水韵有两个音,分属真、先二韵,对应的普通话读音为"qūn"和"quán"。

⑬毕:完结,结束。

⑭醵(jù):指大家凑钱聚饮。《说文解字》:"醵,会饮酒也。"《礼记·礼器》:"周礼其犹醵与?"东汉·郑玄注:"合钱饮酒为'醵'。"

⑮赞襄(xiāng):语本《尚书·皋陶谟》:"皋陶曰:'予未有知,思曰赞赞襄哉。'"意为辅助、协助。

⑯玉成:语出宋·张载《西铭》:"富贵福泽,将厚吾之生也;贫贱忧戚,庸玉女于成也。"意思是助之使成,后为成全之意。

⑰瓦解:瓦片碎裂,比喻崩溃或分裂、分离。《淮南子·泰族训》:"武王左操黄钺,右执白旄以麾之,(纣之师)则瓦解而走,遂土崩而下。"

【译文】

"铭心镂骨",指感念恩德,永世不忘;"结草衔环",指牢记恩德,必当图报。

自己招惹灾祸,叫作"解衣抱火";侥幸免除祸患,真如鱼儿"脱网就渊"。

两者意见不同,互不配合,称为"枘凿";双方意气不投,互不相容,叫作"冰炭"。

彼此合不来,称为"龃龉";想要前进却又不能前进,叫作"趑趄"。

"落落",是形容不合群;"区区",是自谦微不足道。

"竣",是指所做的事情,已经结束;"醵",是指大家凑钱吃酒。

帮助他人做成某事,称为"玉成";众人四分五裂,难以整合,叫作"瓦解"。

事有低昂①,曰轩轾②;力相上下,曰颉颃③。

平空起事[④]，曰作俑[⑤]；仍前踵弊[⑥]，曰效尤[⑦]。

手口共作，曰拮据[⑧]；不暇修容，曰鞅掌[⑨]。

手足并行，曰匍匐[⑩]；俯首而思，曰低徊[⑪]。

明珠投暗[⑫]，大屈才能；入室操戈[⑬]，自相鱼肉[⑭]。

求教于愚人，是问道于盲[⑮]；枉道以干主，是衒玉求售[⑯]。

智谋之士，所见略同[⑰]；仁人之言，其利甚溥[⑱]。

【注释】

①低昂：高低、上下。元·无名氏《庞涓夜走马陵道》第一折："恰才二将争雄在战场，都一般的神机妙策没低昂。"

②轩轾（xuān zhì）：语出《诗经·小雅·六月》："戎车既安，如轾如轩。"朱子集传："轾，车之覆而前也。轩，车之却而后也。凡车从后视之如轾，从前视之如轩，然后适调也。"车前高后低叫"轩"，前低后高叫"轾"，引申为高低、轻重、优劣。成语"不分轩轾"，就是不分高低上下的意思。

③颉颃（xié háng）：语出《诗经·邶风·燕燕》："燕燕于飞，颉之颃之。"指鸟儿上下飞行的样子。毛传："飞而上曰'颉'，飞而下曰'颃'。"指不相上下，相抗衡。《晋书·文苑传序》："潘（潘岳）、夏（夏侯湛）连辉，颉颃名辈。"

④平空：同"凭空"。

⑤作俑（yǒng）：语本《孟子·梁惠王上》："仲尼曰：'始作俑者，其无后乎！'为其象人而用之也。"本谓制作用于殉葬的偶俑，后因称创始、首开先例为"作俑"。多用于贬义。

⑥仍前踵（zhǒng）弊：沿袭从前的错误。仍，因袭。踵，继承。

⑦效尤：仿效坏的行为。《左传·庄公二十一年》："郑伯效尤，其亦将有咎！"

⑧拮（jié）据：语出《诗经·豳风·鸱鸮》：“予手拮据。”唐·陆德明释文：“韩《诗》云：‘口足为事曰“拮据”。’”朱子集传：“拮据，手口共作之貌。”原指劳苦操作，后引申为经济状况紧张。

⑨鞅（yāng）掌：语出《诗经·小雅·北山》：“或栖迟偃仰，或王事鞅掌。”毛传：“鞅掌，失容也。”孔疏：“《传》以鞅掌为烦劳之状，故云‘失容’，言事烦鞅掌然，不暇为容仪也。今俗语以职烦为鞅掌，其言出于此《传》也。”形容劳苦而容貌不整的样子。

⑩匍匐（pú fú）：手足并用以爬行。《诗经·大雅·生民》：“诞实匍匐，克岐克嶷，以就口食。”朱子集传：“匍匐，手足并行也。”

⑪低徊：徘徊不进的样子。《汉书·司马相如传》：“低徊阴山翔以纡曲兮，吾乃今日睹西王母。”

⑫明珠投暗：语出《史记·鲁仲连邹阳列传》：“臣闻明月之珠，夜光之璧，以暗投人于道路，人无不按剑相眄者。何则？无因而至前也。”后多用“明珠暗投”比喻有才能的人得不到赏识和重用，或好人误入歧途。亦比喻贵重的东西落到不识货的人手里。

⑬入室操戈：语出《后汉书·郑玄传》：“时任城何休好《公羊》学，遂著《公羊墨守》《左氏膏肓》《穀梁废疾》。玄乃发《墨守》，针《膏肓》，起《废疾》。休见而叹曰：‘康成入吾室，操吾矛以伐我乎！’”后以“入室操戈”比喻以其人之说反驳其人。

⑭自相鱼肉：指自相吞并、残杀。《晋书·刘元海载记》：“今司马氏父子兄弟自相鱼肉，此天厌晋德，授之于我。”

⑮问道于盲：语本唐·韩愈《答陈生书》：“足下求速化之术，不于其人，乃以访愈，是所谓借听于聋，求道于盲。”向盲人问路，比喻求教于一无所知者，没有帮助。

⑯枉道以干主，是衒（xuàn）玉求售：语本《论语·子罕》：“子贡曰：‘有美玉于斯，韫椟而藏诸？求善贾而沽诸？’子曰：‘沽之哉！沽之哉！我待贾者也。’”宋·朱熹注引宋·范祖禹曰：“君子未尝

不欲仕也，又恶不由其道。士之待礼，犹玉之待贾也。若伊尹之耕于野，伯夷、太公之居于海滨，世无成汤文王，则终焉而已，必不枉道以从人，衒玉而求售也。”枉道，违背正道。干主，求君主（重用）。衒，沿街叫卖。

⑰所见略同：所持见解大致相同。《三国志·蜀书·庞统传》引《江表传》曰：“先主与统从容宴语，问曰：‘卿为周公瑾功曹，孤到吴，闻此人密有白事，劝仲谋相留，有之乎？在君为君，卿其无隐。’统对曰：‘有之。’备叹息曰：‘孤时危急，当有所求，故不得不往，殆不免周瑜之手！天下智谋之士，所见略同耳。时孔明谏孤莫行，其意独笃，亦虑此也。孤以仲谋所防在北，当赖孤为援，故决意不疑。此诚出于险涂，非万全之计也。’”

⑱仁人之言，其利甚溥（pǔ）：语本《左传·昭公三年》：“初，景公欲更晏子之宅，曰：‘子之宅近市，湫隘嚣尘，不可以居，请更诸爽垲者。’辞曰：‘君之先臣容焉，臣不足以嗣之，于臣侈矣。且小人近市，朝夕得所求，小人之利也。敢烦里旅？’公笑曰：‘子近市，识贵贱乎？’对曰：‘既利之，敢不识乎？’公曰：‘何贵何贱？’于是景公繁于刑，有鬻踊者。故对曰：‘踊贵屦贱。’既已告于君，故与叔向语而称之。景公为是省于刑。君子曰：‘仁人之言，其利溥哉。晏子一言而齐侯省刑。《诗》曰：“君子如祉，乱庶遄已。”其是之谓乎！’”晏子所居近市，齐景公说你住得离市场近，一定知道贵贱之分，晏子回答说市场上踊（被处以刖足之刑的人穿的“鞋”）贵屦（鞋）贱。齐景公明白晏子是提醒他刑罚太重，于是为之减轻刑罚。君子评论说：仁人说的话，正面的影响真大啊！溥，广大，大。

【译文】

事物有低有高，称为“轩轾”；力量不相上下，叫作“颉颃”。

最先搞事，称为“作俑”；跟着作恶，叫作“效尤”。

手嘴一起劳作，称为“拮据”；无暇修饰容貌，叫作“鞅掌”。

手脚并用，向前爬行，称为“匍匐”；低头思考，徘徊不前，叫作“低徊”。

“明珠投暗”，比喻有才能的人得不到赏识重用；“入室操戈”，比喻自相残杀。

向笨人请教，无异于“问道于盲”；不走正道，只求被重用，真好比“衒玉求售”。

有智慧、懂谋略的人，对事情的见解大致相同；仁人说的话，受利的人很多。

班门弄斧[①]，不知分量；岑楼齐末，不识高卑[②]。

势延莫遏，谓之滋蔓难图[③]；包藏祸心，谓之人心叵测[④]。

作舍道旁，议论多而难成[⑤]；一国三公，权柄分而不一[⑥]。

事有奇缘，曰三生有幸[⑦]；事皆拂意[⑧]，曰一事无成[⑨]。

酒色是耽，如以双斧伐孤树[⑩]；力量不胜，如以寸胶澄黄河[⑪]。

兼听则明，偏听则暗，此魏徵之对太宗[⑫]；众怒难犯，专欲难成，此子产之讽子孔[⑬]。

欲逞所长[⑭]，谓之心烦技痒[⑮]；绝无情欲，谓之槁木死灰[⑯]。

座上有江南，语言须谨[⑰]；往来无白丁，交接皆贤[⑱]。

【注释】

①班门弄斧：在鲁班门前摆弄斧子。鲁班即公输班，古代巧匠。比喻在行家面前卖弄本领，不自量力。语典或出于唐·柳宗元《王氏伯仲唱和诗序》：“某也谓余传卜氏之学，宜叙于首章。操斧于班、郢之门，斯强颜耳。”宋·欧阳修《与梅圣俞书》：“昨在真定，有诗七八首，今录去，班门弄斧，可笑可笑。”旧注引明·梅之焕

《题李太白墓》诗："采石江边一堆土，李白之名高千古。来来往往一首诗，鲁班门前弄大斧。"

②岑（cén）楼齐末，不识高卑：语本《孟子·告子下》："不揣其本而齐其末，方寸之木，可使高于岑楼。"朱子集注："本，谓下。末，谓上。方寸之木至卑，喻食色。岑楼，楼之高锐似山者，至高，喻礼。若不取其下之平，而升寸木于岑楼之上，则寸木反高，岑楼反卑矣。"只比较末端，方寸的木头也可高过高楼，比喻不从本着手，则无法认清事实。岑楼，高楼。高卑，高低，喻贵贱。

③势延莫遏（è），谓之滋蔓（màn）难图：语本《左传·隐公元年》："初，郑武公娶于申，曰'武姜'，生庄公及共叔段。庄公寤生，惊姜氏，故名曰'寤生'，遂恶之。爱共叔段，欲立之。亟请于武公，公弗许。及庄公即位，为之请制。公曰：'制，岩邑也，虢叔死焉。佗邑唯命。'请京，使居之，谓之'京城大叔'。祭仲曰：'都，城过百雉，国之害也。先王之制：大都，不过参国之一；中，五之一；小，九之一。今京不度，非制也，君将不堪。'公曰：'姜氏欲之，焉辟害？'对曰：'姜氏何厌之有？不如早为之所，无使滋蔓！蔓，难图也。蔓草犹不可除，况君之宠弟乎？'公曰：'多行不义，必自毙，子姑待之。'"春秋时期，祭仲劝郑庄公遏制其弟共叔段，说野草滋生，难以消除。后遂以"滋蔓难图"比喻势力扩大了再要消灭就很困难。

④包藏祸心，谓之人心叵（pǒ）测：语本《左传·昭公元年》："楚公子围聘于郑，且娶于公孙段氏，伍举为介。将入馆，郑人恶之，使行人子羽与之言，乃馆于外。既聘，将以众逆。子产患之，使子羽辞，曰：'以敝邑褊小，不足以容从者，请墠听命！'令尹命大宰伯州犁对曰：'君辱贶寡大夫围，谓围："将使丰氏抚有而室。围布几筵，告于庄、共之庙而来。若野赐之，是委君贶于草莽也！是寡大夫不得列于诸卿也！不宁唯是，又使围蒙其先君，将不得为寡君老，其蔑以复矣。唯大夫图之！"'子羽曰：'小国无罪，恃实其

罪。将恃大国之安靖己，而无乃包藏祸心以图之。小国失恃而惩诸侯，使莫不憾者，距违君命，而有所壅塞不行是惧！不然，敝邑，馆人之属也，其敢爱丰氏之祧？’伍举知其有备也，请垂櫜而入。许之。”春秋时期，楚国公子围出使郑国，并且娶公孙段氏的女子为妻，拟率众迎娶。子产担心公子围借机偷袭郑国，派子羽出面谢绝，子羽说郑是小国，就怕大国（楚）不安好心。包藏祸心，暗藏着不可告人的坏心。人心叵测，人的心地不可探测。谓人心险恶。

⑤作舍道旁，议论多而难成：语本《后汉书·曹褒传》：“帝知群僚拘挛，难与图始，朝廷礼宪，宜时刊立，明年复下诏曰：‘朕以不德，膺祖宗弘烈。乃者鸾凤仍集，麟龙并臻，甘露宵降，嘉谷滋生，赤草之类，纪于史官。朕夙夜祗畏，上无以彰于先功，下无以克称灵物。汉遭秦余，礼坏乐崩，且因循故事，未可观省，有知其说者，各尽所能。’褒省诏，乃叹息谓诸生曰：‘昔奚斯颂鲁，考甫咏殷。夫人臣依义显君，竭忠彰主，行之美也。当仁不让，吾何辞哉！’遂复上疏，具陈礼乐之本，制改之意。拜褒侍中，从驾南巡，既还，以事下三公，未及奏，诏召玄武司马班固，问改定礼制之宜。固曰：‘京师诸儒，多能说礼，宜广招集，共议得失。’帝曰：‘谚言“作舍道边，三年不成”。会礼之家，名为聚讼，互生疑异，笔不得下。昔尧作大章，一夔足矣。’”元和三年（86），博士曹褒欲正朝廷礼乐，班固建议召集群儒，共议得失，汉章帝引用谚语“作舍道边，三年不成”，说众人议论纷纷，意见不一，难以成事，不如只用曹褒一人。

⑥一国三公，权柄分而不一：语本《左传·僖公五年》：“晋侯使士蒍为二公子筑蒲与屈，不慎，置薪焉。夷吾诉之。公使让之。士蒍稽首而对曰：‘臣闻之，无丧而戚，忧必仇焉。无戎而城，仇必保焉。寇仇之保，又何慎焉！守官废命不敬，固仇之保不忠，失忠与敬，何以事君？《诗》云：“怀德惟宁，宗子惟城。”君其修德而固宗

子，何城如之？三年将寻师焉，焉用慎？’退而赋曰：‘狐裘龙茸，一国三公，吾谁适从？’”晋·杜预注：“龙茸，乱貌。公与二公子为三，言城不坚则为公子所诉，为公所让；坚之则为固仇不忠，无以事君，故不知所从。”春秋时期，晋国大夫士蒍抱怨，不知听晋献公、公子夷吾、公子重耳三个人谁定的命令才好。后遂以“一国三公”比喻令出多门，事权不一。权柄，指权力。《汉书·刘向传》：“夫大臣操权柄，持国政，未有不为害者也。”

⑦事有奇缘，曰三生有幸：语本唐传奇“三生石”故事，见载于唐·袁郊《甘泽谣·圆观》，亦见于《太平广记（卷三百八十七）·悟前生一·圆观》。唐朝和尚圆观与好友李源同游三峡，见到一位姓王的孕妇汲水。圆观说：“这个妇人怀孕三年，一直等我去做她的儿子，今天撞见，我要去投胎了。三朝那天，你来这妇人家，新生儿会对你一笑，便是相认。”又与李源相约十二年后中秋夜，在杭州天竺寺相见。十二年后，李源如期前往天竺寺，见到一个牧童。牧童唱了两首诗。其一曰：“三生石上旧精魂，赏月吟风不要论。惭愧情人远相访，此身虽异性常存。”其二曰：“身前身后事茫茫，欲话因缘恐断肠。吴越山川游已遍，却回烟棹上瞿塘。”李源知道这个牧童就是圆观的后身。后人附会，说杭州天竺寺后山的三生石，即李源和圆观相会之处。诗文中常用为前因宿缘的典实。

⑧拂意：不如意。

⑨一事无成：指事业上毫无成就。多用作自谦。古诗文习用语。唐·白居易《除夜寄微之》：“鬓毛不觉白毵毵，一事无成百不堪。共惜盛时辞阙下，同嗟除夜在江南。家山泉石寻常忆，世路风波子细谙。老校于君合先退，明年半百又加三。”

⑩酒色是耽（dān），如以双斧伐孤树：语本《元史·阿沙不花传》：“阿沙不花见帝容色日悴，乃进曰：‘八珍之味不知御，万金之身

不知爱，此古人所戒也。陛下不思祖宗付托之重，天下仰望之切，而惟曲糵是耽，姬嫔是好，是犹两斧伐孤树，未有不颠仆者也。'"元朝大臣阿沙不花向元武宗进谏说："沉迷于酒色，好比两把斧头砍一棵树，肯定要完蛋的。"耽，沉溺。

⑪力量不胜，如以寸胶澄（dèng）黄河：语本《抱朴子外篇·嘉遁》："金虽克木，而锥钻不可以伐邓林。水虽胜火，而升合不足以救焚山。寸胶不能治黄河之浊，尺水不能却萧丘之热。是以身名并全者甚稀，而先笑后号者多有也。"《太平御览》卷六十一引之，作："寸胶不能理黄河之浊，尺水不能却萧丘之火。"胶，可用以澄清水，但取很少的胶，便想去澄清黄河的水，便是自不量力。

⑫"兼听则明"三句：语本《资治通鉴·唐纪·唐太宗贞观二年》："上问魏徵曰：'人主何为而明，何为而暗？'对曰：'兼听则明，偏信则暗。昔尧清问下民，故有苗之恶得以上闻；舜明四目，达四聪，故共、鲧、驩兜不能蔽也。秦二世偏信赵高，以成望夷之祸；梁武帝偏信朱异，以取台城之辱；隋炀帝偏信虞世基，以致彭城阁之变。是故人君兼听广纳，则贵臣不得拥蔽，而下情得以上通也。'"魏徵对唐太宗说：同时听取各方面的意见，才能明辨是非；单听信某方面的话，就愚昧不明。魏徵之语，实亦有所本。《管子·君臣上》："夫民别而听之则愚，合而听之则圣。"东汉·王符《潜夫论·明暗》："君之所以明者，兼听也；其所以暗者，偏信也。"魏徵（zhēng，580—643），字玄成，馆陶（今属河北）人。隋末随李密起义，李密失败后，降唐，太子李建成引为洗马。唐太宗即位，擢为谏议大夫，封钜鹿县男。历官尚书右丞、秘书临、侍中、左光禄大夫、太子太师等职，进封郑国公。敢于直谏，史称"诤臣"。卒谥文贞。曾主持《隋书》《群书治要》编撰，《隋书》总序及《梁书》《陈书》《齐书》总论，皆出其手，时称"良史"。生平见新、旧《唐书》本传。唐太宗，唐朝皇帝李世民的庙号。李世民（599—

649)，唐高祖李渊次子。隋末，劝父举兵反隋，征服四方，成统一大业。唐高祖武德元年（618）为尚书令，进封秦王。先后讨平窦建德、刘黑闼、薛仁杲、王世充等割据势力。九年（626），发动玄武门之变，杀兄李建成及弟李元吉，遂立为太子，旋即受禅为帝，尊父为太上皇。在位二十三年（627—649），谥文皇帝。在位期间，锐意图治，善于纳谏，去奢轻赋，宽刑整武，使海内升平，威及域外，史称“贞观之治”。被后人尊为太宗。

⑬“众怒难犯”三句：语本《左传·襄公十年》：“子孔当国，为载书，以位序，听政辟。大夫、诸司、门子弗顺，将诛之。子产止之，请为之焚书。子孔不可，曰：‘为书以定国，众怒而焚之，是众为政也，国不亦难乎？’子产曰：‘众怒难犯，专欲难成，合二难以安国，危之道也。不如焚书以安众，子得所欲，众亦得安，不亦可乎？专欲无成，犯众兴祸，子必从之。’乃焚书于仓门之外，众而后定。”郑国大夫子产劝执政子孔说：“群众的愤怒，不可触犯；独断专行，难以成事。”子产（？—前522），姬姓，公孙氏，名侨，字子产，又字子美，谥成。郑穆公之孙。郑简公十二年（前554）为卿，二十三年（前543）起执政，先后辅佐郑简公、郑定公，卒于郑定公八年（前522）。治郑多年，颇有政绩，深受郑国百姓爱戴，孔子对其评价甚高。历史典籍以其字“子产”为通称，又称“公孙侨”“公孙成子”“国侨”（其父公子发，字子国，以父字为氏，故又称“国侨”）等。子孔（？—前554），春秋时期郑国大夫公子嘉，字子孔，乃郑穆公之子，官任司徒。鲁襄公十年（前563），尉止、司臣等聚五族攻杀执政子驷、司马子国、司空子耳，公子嘉预闻其谋，得以免祸。不久出任执政，规定群卿诸司各守其职，不得干预朝政，引起反对，欲尽诛不附者，以子产劝阻而罢。十八年（前555），谋去晋附楚，引楚伐郑以诛杀大夫，实现专权，因诸大夫知其谋而加强防守，楚师无功而返。次年，被子展、子西率国人所杀。

⑭逞：显示，夸耀。《庄子·山木》："此筋骨非有加急而不柔也，处势不便，未足以逞其能也。"

⑮心烦技痒：形容擅长及爱好某种技艺，一遇机会就急于表现的情态。技痒，亦作"技懩"。语出《文选·潘岳〈射雉赋〉》："屏发布而累息，徒心烦而技懩。"南朝宋·徐爰注："有技艺欲逞曰'技懩'也。"

⑯槁（gǎo）木死灰：语出《庄子·齐物论》："南郭子綦隐机而坐，仰天而嘘，荅焉似丧其耦。颜成子游立侍乎前，曰：'何居乎？形固可使如槁木，而心固可使如死灰乎？今之隐机者，非昔之隐机者也。'"晋·郭象注："死灰槁木，取其寂寞无情耳。"槁木，即干枯的树木。死灰，即火灭后的冷灰。喻"丧我"的"坐忘"境界。后亦引申为对世事无动于衷。

⑰座上有江南，语言须谨：语本唐·郑谷《席上贻歌者》诗："花月楼台近九衢，清歌一曲倒金壶。座中亦有江南客，莫向春风唱鹧鸪。"《钦定古今图书集成（卷四十一）·博物汇编·禽虫典》引《异物记》："鹧鸪，其志怀南，不思北徂，南人闻之则思家，故郑谷诗云：'坐中亦有江南客，莫向春风唱鹧鸪。'"《太平广记（卷四百六十一）·禽鸟二·鹧鸪》云："鹧鸪似雌雉，飞但南，不向北。杨孚《交州异物志》云：'鸟像雌雉，名鹧鸪，其志怀南，不思北徂。'"则《钦定古今图书集成》卷四十一所引《异物记》，当即杨孚《交州异物志》。

⑱往来无白丁，交接皆贤：语本唐·刘禹锡《陋室铭》："谈笑有鸿儒，往来无白丁。"指所交的朋友皆为有名望的贤人。白丁，指没读过书或没有取得功名的人。

【译文】

"班门弄斧"，是指人不知道自己有几斤几两；"岑楼齐末"，是指人不知尊卑贵贱。

祸患一旦蔓延，便难以制止，称为“滋蔓难图”；面上看不出来，内心却怀有险恶的意图，叫作“人心叵测”。

“作舍道旁”，指议论的人太多，事情难以做成；“一国三公”，指权力分散，发号施令的人不止一个，叫人不知道听谁的才好。

事情有奇妙的缘分，叫“三生有幸”；什么事都不如意，称“一事无成”。

沉溺于美酒和女色，如同用两把斧头砍伐一棵树；力量难以胜任，好比用一寸胶澄清黄河水。

“兼听则明，偏听则暗”，是魏徵对唐太宗说的话；“众怒难犯，专欲难成”，是子产劝子孔说的话。

想在人前表现自己擅长的技能，称“心烦技痒”；没有丝毫情感和欲望，叫“槁木死灰”。

“座上有江南”，指说话要谨慎；“往来无白丁”，指交接的都是德才兼备的贤人。

将近好处，曰渐入佳境①；无端倨傲②，曰旁若无人③。

借事宽役④，曰告假⑤；将钱嘱托⑥，曰夤缘⑦。

事有大利，曰奇货可居⑧；事宜鉴前，曰覆车当戒⑨。

外彼为此，曰左袒⑩；处事两好，曰摸棱⑪。

敌甚易摧，曰发蒙振落⑫；志在必胜，曰破釜沉舟⑬。

曲突徙薪无恩泽，不念豫防之力大；焦头烂额为上客，徒知救急之功宏⑭。

贼人，曰梁上君子⑮；强梗⑯，曰化外顽民⑰。

【注释】

①渐入佳境：语出《晋书·文苑传·顾恺之》：“恺之每食甘蔗，恒自

尾至本。人或怪之。云：'渐入佳境。'”又，《世说新语・排调》：“顾长康啖甘蔗，先食尾。问所以，云：'渐至佳境。'”顾恺之吃甘蔗，总是从上端往下端吃。人家问为什么这样做，他说这样越吃越甜。后用“渐入佳境”来比喻境况逐渐好转或兴味逐渐浓厚。

②无端：毫无因由，无缘无故。倨（jù）傲：傲慢不恭。《庄子・渔父》：“夫子犹有倨傲之容。”

③旁若无人：虽有人在侧而视若无睹，形容高傲自负，不顾别人的态度或反应。《史记・刺客列传》：“高渐离击筑，荆轲和而歌于市中，相乐也，已而相泣，旁若无人者。”《北齐书・平秦王归彦传》：“归彦既地居将相，志意盈满，发言陵侮，旁若无人。”

④宽役：暂停工作。

⑤告假：请假。《史记・高祖本纪》：“高祖为亭长时，常告归之田。”南朝宋・裴骃集解引三国魏・孟康曰：“汉律，吏二千石有予告、赐告。予告者，在官有功最，法所当得者也。赐告者，病满三月当免，天子优赐，复其告，使得带印绂，将官属，归家治疾也。”《汉书・汲黯传》：“黯多病，病且满三月，上常赐告者数，终不愈。”汉律，官二千石者病满三月当免。“赐告”谓皇帝优赐其假，准其带印绶僚属归家治病。

⑥嘱托：托人关说，代为求情、说好话。晋・袁宏《后汉纪・章帝纪上》：“上即位，太后诏三辅诸马婚亲，有嘱托郡县干乱吏治者以法。”关说，即代人陈说，从中给人说好话。《史记・佞幸列传序》：“此两人非有材能，徒以婉佞贵幸，与上卧起，公卿皆因关说。”唐・司马贞索隐：“关训通也。谓公卿因之而通其词说。刘氏云'有所言说，皆关由之'。”

⑦夤（yín）缘：本义为攀缘、攀附。《文选・左思〈吴都赋〉》：“夤缘山岳之岊，幂历江海之流。”晋・刘逵注：“夤缘，布藤上貌。”唐・韩愈《古意》诗：“我欲求之不惮远，青壁无路难夤缘。”引申

为拉拢关系，借势钻营。《宋史・神宗纪一》："秋七月庚辰，诏察富民与妃嫔家昏因夤缘得官者。"

⑧事有大利，曰奇货可居：语本《史记・吕不韦列传》："子楚，秦诸庶孽孙，质于诸侯，车乘进用不饶，居处困，不得意。吕不韦贾邯郸，见而怜之，曰'此奇货可居'。"战国时期，秦国公子楚（名异人）在赵国做人质，不为礼待；大商人吕不韦见到公子楚，大呼"奇货可居"。在吕不韦的帮助之下，公子楚回到秦国，被立为国君，史称"庄襄王"；吕不韦也因此做了秦国国相。奇货可居，指把少有的货物囤积起来，等待高价出售。也比喻拿某种专长或独占的东西作为资本，等待时机，以捞取名利地位。

⑨事宜鉴前，曰覆车当戒："前车覆，后车诫"，屡见于西汉诸子书，或为当时俗语。《大戴礼记・保傅》："鄙语曰：'不习为吏，如视已事。'又曰：'前车覆，后车诫。'夫殷周所以长久者，其已事可知也，然如不能从，是不法圣知也。秦世所以亟绝者，其辙迹可见也，然而不辟者，是前车覆，而后车必覆也。"西汉・陆贾《新书・保傅》亦载，而文字略有出入。西汉・刘向《说苑・善说》："《周书》曰：'前车覆，后车戒。'盖言其危。"西汉・桓宽《盐铁论・结和》："语曰：'前车覆，后车戒。''殷鉴不远，在夏后之世矣。'"《韩诗外传》卷五："前车覆，而后车不诫，是以后车覆也。故夏之所以亡者，而殷为之。殷之所以亡者，而周为之。故殷可以鉴于夏，而周可以鉴于殷。"据刘向《说苑》，似出于《周书》（已亡逸）。《荀子・成相》曰："前车已覆，后未知更何觉时。"亦早于汉代。后以"前车之鉴""前车可鉴"或"前辙可鉴"比喻以往的失败，后来可以当作教训。鉴前，吸取前人或者事的教训，以为借鉴。覆车当戒，比喻从前人的失败中得到的教训。覆车，翻车。比喻失败的教训。

⑩外彼为此，曰左袒（tǎn）：语本《汉书・高后纪》："禄遂解印属典

客,而以兵授太尉勃。勃入军门,行令军中曰:'为吕氏右袒,为刘氏左袒。'"唐·颜师古注:"袒,脱衣袖而肉袒也。左右者,偏脱其一耳。"汉高祖刘邦死后,吕后擅政,大封吕姓以培植势力。吕后死,太尉周勃谋诛诸吕,行令军中说:"为吕氏右袒,为刘氏左袒。"军中皆左袒。事亦见《史记·吕太后本纪》《孝文本纪》。后因以称偏护一方为"左袒"。

⑪处事两好,曰摸棱(léng):语本《旧唐书·苏味道传》:"味道善敷奏,多识台阁故事,然而前后居相位数载,竟不能有所发明,但脂韦其间,苟度取容而已。尝谓人曰:'处事不欲决断明白,若有错误,必贻咎谴,但摸棱以持两端可矣。'时人由是号为'苏摸棱'。"又,宋·马永易《实宾录》卷三:"唐苏味道为相,恃名位,尝谓人曰:'摸棱持多端可也。'故世号'摸棱首'。"形容遇事不置可否,态度含糊。

⑫敌甚易摧,曰发蒙振落:语本《史记·汲郑列传》:"(汲黯)好直谏,守节死义,难惑以非。至如说丞相弘,如发蒙振落耳。"《资治通鉴·汉纪·汉武帝元狩元年》引此文,元·胡三省注曰:"发蒙,谓物所蒙覆,发而去之;振落,谓木叶将落,振而坠之;皆言其易。"发蒙振落,揭开蒙盖物,摇掉将落的枯叶。喻轻而易举。

⑬志在必胜,曰破釜(fǔ)沉舟:语本《史记·项羽本纪》:"项羽乃悉引兵渡河,皆沉船,破釜甑,烧庐舍,持三日粮,以示士卒必死,无一还心。"破釜沉舟,打碎做饭的锅,凿沉渡河的船只,誓死前进杀敌。后用以表示下定必死决心,有进无退干到底。釜,行军做饭的锅。

⑭"曲突徙薪无恩泽"四句:语本《汉书·霍光传》:"初,霍氏奢侈,茂陵徐生曰:'霍氏必亡。夫奢则不逊,不逊必侮上。侮上者,逆道也。在人之右,众必害之。霍氏秉权日久,害之者多矣。天下害之,而又行以逆道,不亡何待!'乃上疏言:'霍氏泰盛,陛下即爱厚之,宜以时抑制,无使至亡。'书三上,辄报闻。其后霍氏诛

灭，而告霍氏者皆封。人为徐生上书曰：'臣闻客有过主人者，见其灶直突，傍有积薪，客谓主人，更为曲突，远徙其薪，不者且有火患。主人嘿然不应。俄而家果失火，邻里共救之，幸而得息。于是杀牛置酒，谢其邻人，灼烂者在于上行，余各以功次坐，而不录言曲突者。人谓主人曰："乡使听客之言，不费牛酒，终亡火患。今论功而请宾，曲突徙薪亡恩泽，燋头烂额为上客耶？"主人乃寤而请之。今茂陵徐福数上书言霍氏且有变，宜防绝之。乡使福说得行，则国亡裂土出爵之费，臣亡逆乱诛灭之败。往事既已，而福独不蒙其功，唯陛下察之，贵徙薪曲突之策，使居焦发灼烂之右。'上乃赐福帛十疋，后以为郎。"西汉·刘向《说苑·权谋》亦载此事，而文字略有异同。又，《淮南子·说山训》："圣人者，常治无患之患，故无患也。夫至巧不用剑，善闭者不用关楗。淳于髡之告失火者，此其类。"东汉·高诱注："淳于髡，齐人也。告其邻，突将失火，使曲突徙薪，邻人不从。后竟失火，言者不为功，救火者焦头烂额为上客。"东汉·桓谭《新论·见征》："传记言：淳于髡至邻家，见其灶突之直，而积薪在旁，曰：'此且有火灾。'教使更为曲突而远徙其薪。灶家不听。后灾，火果及积薪，而燔其屋。邻里并救，乃灭止。而亨羊具酒，以劳谢救火者；曲突远薪，不肯呼淳于髡饮饭。智者讥之云：'教人曲突远薪，固无恩泽；焦头烂额，反为上客。'盖伤其贱本而贵末也。岂独夫突薪可以除害哉？而人病国乱，亦皆如斯。是故良医医其未发，而明君绝其本谋。"齐人淳于髡见邻居家的烟囱直短而旁边有薪柴，建议将烟囱弯曲、薪柴移开，以防失火，但没有被采纳。后来果然发生火灾，邻居将救火被烧的焦头烂额的人奉为上宾，却忘记了提建议的人。后遂以"曲突徙薪"比喻对提出的预防意见不重视。突，烟囱。

⑮贼人，曰梁上君子：语本《后汉书·陈寔传》："时岁荒民俭，有盗

夜入其室，止于梁上。寔阴见，乃起自整拂，呼命子孙，正色训之曰：'夫人不可不自勉。不善之人未必本恶，习以性成，遂至于此。梁上君子者是矣！'盗大惊，自投于地，稽颡归罪。"小偷夜间进入陈寔家里，躲在房梁上。陈寔暗中发现了，就起来整顿衣服，让子孙聚拢过来，严肃地训诫他们说："人不可以不自我勉励。干坏事的人不一定天生就坏，只是长期习惯了，才逐渐变得这样。屋梁上的先生就是这样的人！"小偷听后十分惭愧，便跳下房梁，低头认罪。后因以"梁上君子"为窃贼的代称。

⑯强梗（gěng）：指骄横跋扈、胡作非为的人。《商君书·赏刑》："强梗焉，有常刑而不赦。"唐·韩愈《原道》："为之政，以率其怠倦；为之刑，以锄其强梗。"

⑰化外：指政令教化所达不到的地方。《唐律疏义·名例·化外人相犯》："诸化外人，同类自相犯者，各依本俗法。"宋·程大昌《演繁露续集·谈助》："唐世既许在外为使者兼带宪衔，故化外诸国世袭爵封者，仍不废削。"顽民：本指殷代遗民中坚决不服从周朝统治的人。《尚书·毕命》："毖殷顽民，迁于洛邑，密迩王室，式化厥训。"西汉·孔安国传："惟殷顽民，恐其叛乱，故徙于洛邑，密近王室，用化其教。"宋·赵与时《宾退录》卷十："'武王克商，迁九鼎于洛邑，义士犹或非之。'义士，即《多士》所谓'迁殷顽民'者也。由周而言，则为顽民；由商而论，则为义士矣。"后泛指改朝换代后仍效忠前朝的人。亦泛指愚妄不化的人。

【译文】

即将进入顺境，称"渐入佳境"；无来由地傲慢不恭，叫"旁若无人"。

因事由请求暂停或减免工作，称"告假"；拿钱攀附权贵拉关系，叫做"夤缘"。

某事可以获得巨大利益，称"奇货可居"；从过去的事情中吸取教训，叫“覆车当戒”。

排斥一方，维护另一方，称“左袒”；处理事情，哪样都好，叫“摸棱”。

敌人很容易被打败，称“发蒙振落”；下决心要取得胜利，叫“破釜沉舟”。

建议改弯烟囱并移开柴薪的人，没有得到报答，因为主人意识不到防火的重要性；参与救火被烧得“焦头烂额”的人却被当作贵客，因为主人只知道紧急救火的功劳大。

偷东西的窃贼，称“梁上君子”；蛮横无理的人，叫“化外顽民”。

木屑、竹头，皆为有用之物①；牛溲、马渤，可备药物之资②。

五经扫地，祝钦明自亵斯文③；一木撑天，晋王敦未可擅动④。

题凤、题午⑤，讥友讥亲之隐词；破麦、破梨⑥，见夫见子之奇梦。

毛遂片言九鼎，人重其言⑦；季布一诺千金，人服其信⑧。

岳飞背涅尽忠报国⑨，杨震惟以清白传家⑩。

下强上弱，曰尾大不掉⑪；上权下夺，曰太阿倒持⑫。

当今之世，不但君择臣，臣亦择君⑬；受命之主，不独创业难，守成亦不易⑭。

生平所为，皆可对人言，司马光之自信⑮；运用之妙，惟存乎一心，岳武穆之论兵⑯。

【注释】

①木屑（xiè）、竹头，皆为有用之物：语本《世说新语·政事》：“陶公

性检厉,勤于事。作荆州时,敕船官悉录锯木屑,不限多少。咸不解此意。后正会,值积雪始晴,听事前除雪后犹湿,于是悉用木屑覆之,都无所妨。官用竹,皆令录厚头,积之如山。后桓宣武伐蜀,装船,悉以作钉。”暨《晋书·陶侃传》:“时造船,木屑及竹头悉令举掌之,咸不解所以。后正会,积雪始晴,听事前余雪犹湿,于是以屑布地。及桓温伐蜀,又以侃所贮竹头作丁装船。其综理微密,皆此类也。”东晋陶侃担任荆州刺史时,把造船用剩的木屑竹头都搜集起来,后来下雪初晴,就用木屑铺地,到桓温伐蜀时,又用竹头作钉装船。由此可见,平日里被人丢弃的东西,也可以变废为宝。

②牛溲(sōu)、马渤(bó),可备药物之资:语本唐·韩愈《进学解》:“玉札丹砂,赤箭青芝,牛溲马勃(渤),败鼓之皮,俱收并蓄,待用无遗者,医师之良也。”牛溲,即牛遗,车前草的别名。马渤,亦作“马勃”,一名“屎菰”。生于湿地及腐木的菌类。两者均可入药。清·李渔《闲情偶寄·居室部·房舍》:“收牛溲、马渤入药笼,用之得宜。其价值反在参苓之上。”后遂以“牛溲马勃”借指卑贱而有用之才。《宋史·吴潜传》:“愿陛下笃任元老,以为医师;博采众益,以为医工。使臣辈得以效牛溲马勃之助,以不辱陛下知人之明。”

③五经扫地,祝钦(qīn)明自亵(xiè)斯文:语本《新唐书·祝钦明传》:“帝与群臣宴,钦明自言能《八风舞》,帝许之。钦明体肥丑,据地摇头睆目,左右顾眄,帝大笑。吏部侍郎卢藏用叹曰:‘是举五经扫地矣。’”祝钦明博通五经,为国子祭酒,而阿附冀用。一日唐中宗与群臣宴,祝钦明作《八风舞》,其体肥丑,据地摇头睆目,左右顾盼,令人不堪。卢藏用叹道:“这是拿五经扫地啊!”后遂以“五经扫地”指丧尽读书人的尊严。五经,是《诗》《书》《礼》《易》《春秋》五部儒家经典的合称。其中《礼》,汉时指《仪

礼》,后世指《礼记》;《春秋》,后世并《左传》而言。东汉·班固《白虎通·五经》:“五经何谓?谓《易》《尚书》《诗》《礼》《春秋》也。”《新唐书·百官志三》:“《周易》《尚书》《毛诗》《左氏春秋》《礼记》为五经。”祝钦明(?—712?),字文思,唐京兆始平(今陕西兴平)人。明经及第,为东台典仪。武后天授二年(691),又中英才杰出业奥大经科,拜著作郎。长安元年(701)迁太子率更令、太子少保。唐中宗即位,擢拜国子祭酒、同中书门下三品。历刑、礼二部尚书,仍知国事,累封鲁国公。神龙二年(706)贬为申州刺史,入为国子祭酒。景龙三年(709)帝将郊,祝钦明与郭山恽阴迎韦后意,谓韦后有郊天地之理,帝用其言。又尝于群臣宴上据地作《八风舞》,卢藏用有“五经扫地”之叹。唐睿宗景云元年(710)贬饶州刺史,徙洪州都督。唐玄宗先天元年(712),在崇文馆学士任,寻卒。生平详见两《唐书》本传、《元和姓纂》卷十、史崇玄《妙门由起序》。祝钦明通“五经”,兼涉众史百家之说。亦善文,曾与修《则天皇后实录》。

④一木撑天,晋王敦未可擅动:语本《太平广记(卷十四)·神仙十四·许真君》:“会王敦作乱。真君乃假为符竹,求谒于敦,盖将欲止敦之暴,以存晋室也。一日,真君与郭璞同候于敦,敦蓄怒以见之,谓真君曰:‘孤昨得一梦,拟请先生圆之,可乎?’真君曰:‘请大将军具述。’敦曰:‘孤梦将一木,上破其天,孤禅帝位,果十全乎?’许君曰:‘此梦固非得吉。’敦曰:‘请问其说。’真君曰:‘木上破天,是“未”字也,明公未可妄动,晋祚固未衰耳。’”他本,或以“木上破天,是‘未’字也”乃吴猛真君之语。东晋王敦谋反,梦见手持一木撑破天空,请许真君解梦。许真君说:“一木撑破天,是‘未’字啊。不可轻举妄动!”劝王敦不要反。王敦(266—324),字处仲,两晋之际琅邪临沂(今山东临沂)人。是王基之子,晋武帝司马炎之婿,王导从兄。西晋时即已官任扬州刺史。

琅邪王司马睿（元帝）初镇江东，威名未著，王敦与王导同心扶助。镇压杜韬起事，拜镇东大将军。东晋立，迁大将军、荆州牧，手握重兵。晋元帝欲抑制王氏势力，王敦遂于永昌元年（322）举兵反叛。攻入建康，杀刁协、周顗、戴渊等，自为丞相，还屯武昌，遥制朝政。晋明帝太宁二年（324），王导等乘王敦病重，率军讨之。王敦命王含、钱凤等再进兵建康，不久病死，军散。

⑤题凤：典出《世说新语·简傲》："嵇康与吕安善，每一相思，千里命驾。安后来，值康不在。喜出户延之，不入。题门上作'凤'字而去。喜不觉，犹以为欣故作。'凤'字，凡鸟也。"东晋吕安和嵇康是好朋友，有一次吕安来访，正赶上嵇康不在家，嵇康的哥哥嵇喜出门迎接，吕安在门上写了一个"凤"字就走了。嵇喜还以为吕安夸自己是人中凤凰，其实，吕安是讥笑嵇喜为凡鸟（意即平庸之辈）。"凤"字繁体作"鳯"，《说文解字》："从鸟，凡声。"题午：典出宋·曾慥《类说》卷四十七："李安义者谒富人郑生，辞以出，安义于门上大书'午'字而去，或问其故，答曰：'牛不出头耳。'此亦昔人题凤之意。"宋·谢维新《古今合璧事类备要》续集卷四十九亦引之，而云出自《遁斋闲览》。《钦定古今图书集成》卷一百四引此文，亦云出自《遁斋闲览》。"午"字为"牛"字不出头，借以讥笑某人没多大作为。

⑥破麦：旧注："昔宁波一妇，以兵乱与夫及子相失，寄食于尼。梦人使磨麦，又见莲花尽落。尼解之曰：'磨麦，见夫面也。莲花落，莲子见也。'果然。"有一个妇人兵乱中与丈夫、儿子分离，寄宿于尼姑庵中，梦见替人磨麦，莲花落尽。尼姑解梦说："磨麦见麦麸，莲花落而莲子出，不久你就可以见到丈夫和儿子了。"后来妇人果然见到了丈夫和儿子。破梨：旧注："杨进贤任南阳刺史，登舟遇风，失其子。夫妇相念甚切，忽夜梦与儿剖梨。因自解曰：'剖梨，分离也。'明日述于友。友曰：'剖梨则子见。'不旬日果得子。"

南阳刺史杨进贤，乘船遇风暴丢失了儿子，夜里梦见给儿子剖梨，自己解释说："剖梨，就是分离啊。"但朋友却解释说："剖开梨，就能见到子（籽），你很快就能见到儿子了！"果然不到十天就找到了儿子。"破麦""破梨"，出处不详。然旧注言之凿凿，必有所据，故详录旧注。

⑦毛遂（suì）片言九鼎，人重其言：语本《史记·平原君虞卿列传》："平原君已定从而归，归至于赵，曰：'胜不敢复相士。胜相士多者千人，寡者百数，自以为不失天下之士，今乃于毛先生而失之也。毛先生一至楚，而使赵重于九鼎大吕。毛先生以三寸之舌，强于百万之师。胜不敢复相士。'遂以为上客。"秦昭王十五年（前292），秦围赵都邯郸，赵使平原君赴楚求救，毛遂自愿同往。经毛遂晓以利害，楚王同意救赵。平原君因而赞扬毛遂说："毛先生一到楚国，就使赵国的地位重于九鼎大吕。"九鼎大吕，是古代国家的宝器。后因以为典实，谓一句话即可产生极大的力量。毛遂，见前《武职》篇"毛遂讥众，碌碌无奇"条注。片言，典出《论语·颜渊》："片言可以折狱者，其由也与？"朱子集注："片言，半言；折，断也。子路忠信明决，故言出而人信服之，不待其辞之毕也。"后遂以"片言"指简短的文字或语言。

⑧季布一诺千金，人服其信：语本《史记·季布栾布列传》："楚人谚曰'得黄金百（斤），不如得季布一诺'。"秦汉之际的季布以任侠著名，重然诺，楚人中间流传"得黄金百斤，不如季布一句诺言"的说法。后遂以"季布一诺"为重然诺而不失信用之典。季布，秦汉之际楚地人。曾为项羽部将，多次让刘邦困窘不堪。刘邦消灭项羽后，悬赏千金捉拿季布。季布潜藏到朱家家里。朱家劝夏侯婴说服刘邦赦免了季布，并召拜为郎中。汉惠帝时为中郎将，汉文帝时转任河东守。季布为人仗义，好打抱不平，以信守诺言、讲信用而著称。

⑨岳飞背涅（niè）尽忠报国：语本《宋史·岳飞传》："初命何铸鞫之，飞裂裳以背示铸，有'尽忠报国'四大字，深入肤理。"南宋名将岳飞背上刺有"尽忠报国"四字，后世演义小说误作"精忠报国"。"尽忠报国"，指竭尽忠贞，不惜牺牲一切报效国家。《北史·文苑传·颜之仪》："之仪厉声谓昉等曰：'……公等备受朝恩，当尽忠报国。'"岳飞（1103—1142），字鹏举，南宋相州汤阴（今河南汤阴）人。宋徽宗宣和四年（1122）从军，以功迁秉义郎，隶宗泽部下。宋高宗建炎元年（1127）上书反对京师南迁，被夺官。改从王彦，与金兵战于太行山。复随宗泽守开封，任统制。宗泽死，随杜充南下。四年（1130），败金兵于常州、镇江，收复建康。后参与平定李成、曹成等割据势力，擢任都统制。绍兴四年（1134），大破金与伪齐兵，收复襄阳等六郡，任清远军节度使。五年（1135），镇压杨么起事。六年（1136），驻兵襄阳，收复洛阳西南部分州县，联络太行山义军。十年（1140），率师北伐，连败金兀术，获郾城大捷，进军朱仙镇。因宋高宗与秦桧力主和议，一日降十二道金牌下令退兵，被迫班师。十一年（1141），受召赴临安，被解兵柄，任枢密副使。旋被诬入狱，以"莫须有"罪名被杀害。宋孝宗淳熙六年（1179）追谥武穆，宋宁宗嘉定四年（1211）追封鄂王。有《岳武穆集》。《宋史》卷三百六十五有传。涅，此指涅墨，即在人身上刺字或刺成图案，再涂以墨。犹今日之文身。涅，染黑。

⑩杨震惟以清白传家：语本《后汉书·杨震传》："后转涿郡太守。性公廉，不受私谒。子孙常蔬食步行，故旧长者或欲令为开产业，震不肯，曰：'使后世称为清白吏子孙，以此遗之，不亦厚乎！'"东汉杨震任涿郡（今河北涿州）太守期间，不受贿，不受请托。他的子孙们与平民百姓一样，生活十分简朴。亲朋好友劝他为子孙后代置办些产业，杨震坚决不肯，说："让后世人都称他们为'清白吏'

子孙，这样的遗产，难道不丰厚吗！”杨震，见前《师生》篇“人称杨震为关西夫子”条注。

⑪下强上弱，曰尾大不掉：语本《左传·昭公十一年》：“楚子城陈、蔡、不羹。使弃疾为蔡公。王问于申无宇曰：‘弃疾在蔡，何如？’对曰：‘择子莫如父，择臣莫如君。郑庄公城栎而置子元焉，使昭公不立。齐桓公城穀而置管仲焉，至于今赖之。臣闻五大不在边，五细不在廷。亲不在外，羁不在内，今弃疾在外，郑丹在内。君其少戒。’王曰：‘国有大城，何如？’对曰：‘郑京、栎实杀曼伯，宋萧、亳实杀子游，齐渠丘实杀无知，卫蒲、戚实出献公，若由是观之，则害于国。末大必折，尾大不掉，君所知也。’”春秋时期，楚国大臣申无宇劝阻楚王任命公子弃疾为蔡公时，说过“尾大不掉”的话，意思是尾巴太大，掉转不灵；比喻部下的势力很大，无法指挥调度。后亦用以比喻机构庞大，指挥不灵。本句，李光明庄本作“上强下弱”，据文义及他本改。

⑫上权下夺，曰太阿倒持：语本《汉书·梅福传》：“至秦则不然，张诽谤之罔，以为汉驱除，倒持泰阿，授楚其柄。”泰阿，即太阿，古剑名。“太阿倒持”，指倒拿着剑，把剑柄给别人，比喻把大权交给别人，自己反受其害。

⑬“当今之世”三句：语本《后汉书·马援传》：“建武四年冬，嚣使援奉书洛阳。援至，引见于宣德殿。世祖迎笑谓援曰：‘卿遨游二帝间，今见卿，使人大惭。’援顿首辞谢，因曰：‘当今之世，非独君择臣也，臣亦择君矣。臣与公孙述同县，少相善。臣前至蜀，述陛戟而后进臣。臣今远来，陛下何知非刺客奸人，而简易若是？’帝复笑曰：‘卿非刺客，顾说客耳。’援曰：‘天下反覆，盗名字者不可胜数。今见陛下，恢廓大度，同符高祖，乃知帝王自有真也。’帝甚壮之。援从南幸黎兵，转至东海。及还，以为待诏，使太中大夫来歙持节送援西归陇右。”

⑭“受命之主”三句：语本《贞观政要·君道》：“贞观十年，太宗谓侍臣曰：‘帝王之业，草创与守成孰难？’尚书左仆射房玄龄对曰：‘天地草昧，群雄竞起，攻破乃降，战胜乃克。由此言之，草创为难。’魏徵对曰：‘帝王之起，必承衰乱。覆彼昏狡，百姓乐推，四海归命，天授人与，乃不为难。然既得之后，志趣骄逸，百姓欲静而徭役不休，百姓凋残而侈务不息，国之衰弊，恒由此起。以斯而言，守成则难。’太宗曰：‘玄龄昔从我定天下，备尝艰苦，出万死而遇一生，所以见草创之难也。魏徵与我安天下，虑生骄逸之端，必践危亡之地，所以见守成之难也。今草创之难，既已往矣，守成之难者，当思与公等慎之。’”

⑮“生平所为”三句：语本《宋史·司马光传》：“光孝友忠信，恭俭正直，居处有法，动作有礼，……自少至老，语未尝妄，自言：‘吾无过人者，但平生所为，未尝有不可对人言者耳。’诚心自然，天下敬信，陕、洛间皆化其德。”司马光为北宋名臣，其“平生所为，未尝有不可对人言者”之语，宋代即以广为流传。宋人笔记，如苏轼《东坡志林》卷二、释惠洪《冷斋夜话》卷九等；诗文评，如胡仔《苕溪渔隐丛话》卷二十八、蔡正孙《词林广记》后集卷十等；史书，如陈均《九朝编年备要》卷二十二等；理学书，如张镃《仕学规范》卷五、赵善璙《自警编》卷二等，皆载之。更因为朱熹对司马光此语推崇备至，《小学集注》卷六、《宋名臣言行录》后集卷七皆有存录，此语遂为天下读书人所共知。司马光，见前《文臣》篇“司马温公，真是万家生佛”条注。

⑯“运用之妙”三句：语本《宋史·岳飞传》：“（飞）迁秉义郎，隶留守宗泽。战开德、曹州皆有功，泽大奇之，曰：‘尔勇智才艺，古良将不能过。然好野战，非万全计。’因授以阵图。飞曰：‘阵而后战，兵法之常。运用之妙，存乎一心。’泽是其言。”岳武穆（mù），南宋抗金名将岳飞，死后被追谥武穆，后世称之为“岳武穆”。见本篇前注。

【译文】

木屑、竹头，只要善加利用，也都是有用之物；牛溲、马勃，在名医手里，皆可充当药材。

唐朝祝钦明熟读经书，却在宴会上出尽洋相，自侮斯文，被人讥为“五经扫地”；晋朝王敦谋反前曾梦见“一木撑天”，解梦的人告诫他此乃“未”字，不可擅动，想以此消除他的反意。

“题凤”“题午”，都是讥讽亲戚朋友的隐语；“破麦”“破梨”，是将要见到丈夫和儿子的征兆。

毛遂“片言九鼎”，人们很看重他的言论；季布“一诺千金”，人们都敬佩他守信。

岳飞背上刺了“尽忠报国”四个大字，杨震一心只想将清白的名声留给后世子孙。

下属强势，上司孱弱，叫“尾大不掉”；上司被下属夺权，叫“太阿倒持”。

当今这个时代，不只是君主选择臣子，臣子也在选择君主；禀受天命的君主，并非仅仅创业艰难，守住所开创的基业也不容易。

生平所做的事情，都可以坦荡地对别人说，这是司马光的自信；兵法运用的奥妙，全看个人随机应变，岳飞如此谈论兵法。

不修边幅[①]，谓人不饰仪容；不立崖岸，谓人天性和乐[②]。

蕞尔、么麽[③]，言其甚小；卤莽、灭裂，言其不精[④]。

误处皆缘不学[⑤]，强作乃成自然[⑥]。

求事速成，曰躐等[⑦]；过于礼貌，曰足恭[⑧]。

假忠厚者，谓之乡愿[⑨]；出人群者，谓之巨擘[⑩]。

孟浪[⑪]，由于轻浮；精详[⑫]，出于暇豫[⑬]。

为善则流芳百世，为恶则遗臭万年[⑭]。

过多，曰稔恶[15]；罪满，曰贯盈[16]。
尝见冶容诲淫，须知慢藏诲盗[17]。

【注释】

①不修边幅：《后汉书·马援传》："公孙不吐哺走迎国士，与图成败，反修饰边幅，如偶人形。此子何足久稽天下士乎？"唐·李贤注："言若布帛修整其边幅也。《左传》曰：如布帛之有幅焉，为之度，使无迁。"后遂以"修饰边幅"为讲究服饰、仪表，《南史·文学传·顾协》："协家虽贫素，而修饰边幅，非车马未尝出游。"以"不修边幅"指不讲究服饰、仪表。《旧唐书·文苑传下·温庭筠》："初至京师，人士翕然推重。然士行尘杂，不修边幅。"边幅，布帛的边缘。借指衣饰、仪表。

②不立崖岸，谓人天性和乐：语本唐·韩愈《唐故朝散大夫尚书库部郎中郑君墓志铭》："君（郑群）天性和乐，居家事人，与待交游，初持一心，未尝变节，有所缓急曲直、薄厚疏数也。不为翕翕热，不为崖岸崭绝之行。"不立崖岸，喻指平易近人。崖岸，即山崖、堤岸。晋·袁宏《后汉纪·献帝纪二》："同郡陈仲举名重当时，乡里后进莫不造谒，邵独不诣。蕃谓人曰：'长幼之序不可废也，许君欲废之乎？'邵曰：'陈侯崖岸高峻，百谷莫得而往。'遂不造焉。"后因以喻人严肃端庄。《北史·崔儦传》："若每谓其子曰：'卢思道、崔儦杳然崖岸，吾所重也，汝其师之。'"

③蕞（zuì）尔：形容极小的样子。《左传·昭公七年》："郑虽无腆，抑谚曰'蕞尔国'。"晋·杜预注："蕞，小貌。"么麽（yāo mó）：形容微不足道的样子，多指人。《三国志·吴书·吴主传》："及操子丕，桀逆遗丑，荐作奸回，偷取天位。而叡么麽，寻丕凶迹，阻兵盗土，未伏厥诛。"

④卤莽（lǔ mǎng）、灭裂，言其不精：语本《庄子·则阳》："君为政焉

勿卤莽，治民焉勿灭裂。昔予为禾，耕而卤莽之，则其实亦卤莽而报予；芸而灭裂之，其实亦灭裂而报予。”唐·陆德明释文：“郭云：‘卤莽灭裂，轻脱末略，不尽其分也。’司马云：‘卤莽，犹麤粗也，谓浅耕稀种也；灭裂，断其草也。’”后多用以形容做事草率粗疏。尤指治学不精。明·王廷相《策问》：“陆之学，其弊也卤莽灭裂，而不能尽致知之功。”清·俞樾《古书疑义举例·因误衍而误倒例》：“校古书者卤莽灭裂，有遇衍字不加删削，而以意移易使成文理者。”

⑤误处皆缘不学：旧注：“高祖生平误处甚多。唐仲友断曰：‘误处皆缘不学，改处皆由敏悟。’”今未捡得出处。明·叶山《八白易传》：“叶子曰：汉高祖有误有改。人皆曰：‘误处皆缘不学，改处皆缘性明达。’非也。误者，资性之蔽。改者，得人之功也。”缘，因为。

⑥强作乃成自然：语本《孔丛子·执节》：“魏安釐王问天下之高士，子顺曰：‘世无其人也。抑可以为次，其鲁仲连乎？’王曰：‘鲁仲连强作之者，非体自然也。’答曰：‘人皆作之。作之不止，乃成君子。文、武欲作尧、舜而至焉。昔我先君夫子欲作文、武而至焉。作之不变，习与体成。习与体成，则自然矣。’”强作，勉强而为，勉力而做。

⑦求事速成，曰躐（liè）等：语本《礼记·学记》：“幼者听而弗问，学不躐等也。”唐·孔颖达疏：“躐，逾越也。言教此学者，令其谦退，不敢逾越等差。”躐等，逾越等级，不按次序。儒家治学，最讲究学不躐等。宋·朱熹《论语集注》《孟子集注》反复言之。

⑧足恭：过度谦敬，以取媚于人。足，语出《论语·公冶长》：“巧言、令色、足恭，左丘明耻之，丘亦耻之。”亦作“足共”。《汉书·赵敬肃王刘彭祖传》：“彭祖为人巧佞，卑谄足共。”唐·颜师古注：“共，读曰‘恭’。足恭，谓便辟也。”

⑨乡愿：指乡中貌似谨厚，而实与流俗合污的伪善者。愿，谨厚貌。

《论语·阳货》:"子曰:'乡原,德之贼者也。'"朱子集注:"乡者,鄙俗之意。原,与'愿'同。《荀子》'原悫',《注》读作'愿'是也。乡原,乡人之愿者也。盖其同流合污以媚于世,故在乡人之中,独以愿称。夫子以其似德非德,而反乱乎德,故以为德之贼而深恶之。"《孟子·尽心下》:"孔子曰:'过我门而不入我室,我不憾焉者,其惟乡原乎!乡原,德之贼也。'"朱子集注:"乡人非有识者。原,与'愿'同。《荀子》'原悫',字皆读作'愿',谓谨愿之人也。故乡里所谓愿人,谓之'乡原'。孔子以其似德而非德,故以为德之贼。过门不入而不恨之,以其不见亲就为幸,深恶而痛绝之也。"

⑩巨擘(bò):大拇指。比喻杰出的人物。《孟子·滕文公下》:"于齐国之士,吾必以仲子为巨擘焉。"东汉·赵岐注:"巨擘,大指也。"朱子集注:"巨擘,大指也。言齐人中有仲子,如众小指中有大指也。"

⑪孟浪:语出《庄子·齐物论》:"夫子以为孟浪之言,而我以为妙道之行也。"唐·成玄英疏:"孟浪,犹率略也。"本指言行疏阔荒诞,后引申为鲁莽草率、放荡轻浮等义。北魏·郦道元《水经注·濡水》:"庾杲之注《扬都赋》,言卢龙山在平冈城北,殊为孟浪,远失事实。"明·范濂《云间据目抄·记风俗》:"日费千金,且当历年饥馑,而争举孟浪不经,皆予所不解也。"《初刻拍案惊奇》卷二十九:"不敢瞒大人,这事有个委曲,非孟浪男女宣淫也。"

⑫精详:精细周详。《后汉书·窦融传》:"融小心精详,遂决策东向。"

⑬暇豫(xiá yù):语出《国语·晋语二》:"优施起舞,谓里克妻曰:'主孟啖我,我教兹暇豫事君。'"三国吴·韦昭注:"暇,闲也;豫,乐也。"亦写作"暇誉"。《文选·王融〈三月三日曲水诗序〉》"信可以优游暇豫",唐·李善注:"《孙子兵法》:'人效死而上能用之,虽

优游暇誉，令犹行也。’誉，犹‘豫’，古字通。”亦指闲暇的时间。三国魏·何晏《景福殿赋》：“鸠经始之黎民，辑农功之暇豫。”

⑭为善则流芳百世，为恶则遗臭万年：语本《世说新语·尤悔》：“桓公卧语曰：‘作此寂寂，将为文景所笑！’既而屈起坐曰：‘既不能流芳后世，亦不足复遗臭万载邪？’”又，《晋书·桓温传》：“温性俭，每谳惟下七奠柈茶果而已。然以雄武专朝，窥觎非望，或卧对亲僚曰：‘为尔寂寂，将为文景所笑。’众莫敢对。既而抚枕起曰：‘既不能流芳后世，不足复遗臭万载邪！’尝行经王敦墓，望之曰：‘可人，可人！’其心迹若是。”《资治通鉴·晋纪·晋简文帝咸安元年》：“大司马温恃其材略位望，阴蓄不臣之志，尝抚枕叹曰：‘男子不能流芳百世，亦当遗臭万年！’”流芳百世，谓美名永远流传后世。遗臭万年，死后恶名流传，永远受人唾骂。

⑮稔（rěn）恶：积恶太多，罪恶深重。《宋书·孙处传》：“臣更思惟卢循稔恶一纪，据有全域。”唐·柳宗元《箕子碑》：“当其周时未至，殷祀未殄，比干已死，微子已去，向使纣恶未稔而自毙，武庚念乱以图存，国无其人，谁与兴理？”

⑯贯盈：语本《尚书·泰誓上》：“商罪贯盈，天命诛之。”唐·孔颖达疏：“纣之为恶，如物在绳索之贯，一以贯之，其恶贯已满矣。”后以“恶贯满盈”形容为恶太多。南朝梁·刘勰《文心雕龙·檄移》：“惩其恶稔之时，显其贯盈之数。”《隋书·炀帝纪下》：“土崩鱼烂，贯盈恶稔，普天之下，莫非仇雠，左右之人，皆为敌国。”

⑰尝见冶（yě）容诲（huì）淫，须知慢藏诲盗：语本《周易·系辞上》：“作《易》者，其知盗乎？《易》曰：‘负且乘，致寇至。’负也者，小人之事也。乘也者，君子之器也。小人而乘君子之器，盗思夺之矣。上慢下暴，盗思伐之矣。慢藏诲盗，冶容诲淫。《易》曰：‘负且乘，致寇至。’盗之招也。”唐·孔颖达疏：“‘慢藏诲盗，冶容诲淫’者，若慢藏财物，守掌不谨，则教诲于盗者，使来取此物；

女子妖冶其容，身不精悫，是教诲淫者，使来淫己也。以此小人而居贵位，骄矜而不谨慎，而致寇至也。”冶容，女子修饰得很妖媚。诲淫，引诱别人产生淫欲。慢藏，指长年累月积累财富。诲盗，引诱别人产生盗窃的念头。

【译文】

“不修边幅”，指人不注意修饰仪表；“不立崖岸”，是说人天性随和。

“蕞尔”“么麽”，形容地方微小、人物微不足道；“卤莽”“灭裂”，形容做事粗略尤指学问不精。

失误犯错，只因不好好学；努力勉强，久而久之，习惯便成自然。

做事只求速成，称为“躐等”；待人过于礼貌，叫作“足恭”。

貌似忠厚而无原则的人，称为“乡愿”；才华和影响出众的人，叫作“巨擘”。

为人“孟浪”，因为言行举止轻率随便；做事“精详”，由于从容娴静，深思熟虑。

多做善事，自然“流芳百世”；为非作歹，则会“遗臭万年”。

罪过太多，称为“稔恶”；罪恶过多，叫作“贯盈”。

曾经有女子打扮得过于妖艳，引起了坏人的淫欲，这叫“冶容诲淫”；要知道财物收藏不谨慎，等于怂恿盗贼偷窃，这叫“慢藏诲盗”。

管中窥豹，所见不多[①]；坐井观天，知识不广[②]。

无势可乘，英雄无用武之地[③]；有道则见[④]，君子有展采之思[⑤]。

求名利达，曰捷足先得[⑥]；慰士迟滞[⑦]，曰大器晚成[⑧]。

不知通变，曰徒读父书[⑨]；自作聪明[⑩]，曰徒执己见[⑪]。

浅见，曰肤见[⑫]；俗言，曰俚言[⑬]。

识时务者为俊杰[⑭]，昧先几者非明哲[⑮]。

村夫不识一丁[16]，愚者岂无一得[17]。

拔去一丁，谓除一害[18]；又生一秦，是增一仇[19]。

【注释】

①管中窥（kuī）豹，所见不多：语本《世说新语·方正》："王子敬数岁时，尝看诸门生樗蒲，见有胜负，因曰：'南风不竞。'门生辈轻其小儿，乃曰：'此郎亦管中窥豹，时见一斑。'"管中窥豹，从管子中看豹，只看到豹身上的一块斑纹。用以比喻只见到事物的一小部分。

②坐井观天，知识不广：语本唐·韩愈《原道》："老子之小仁义，非毁之也，其见者小也。坐井而观天，曰天小者，非天小也。"坐井观天，坐在井底看天，比喻眼界狭小，所见有限。

③无势可乘，英雄无用武之地：语本《三国志·蜀书·诸葛亮传》："先主至于夏口，亮曰：'事急矣，请奉命求救于孙将军。'时权拥军在柴桑，观望成败，亮说权曰：'海内大乱，将军起兵据有江东，刘豫州亦收众汉南，与曹操并争天下。今操芟夷大难，略已平矣，遂破荆州，威震四海。英雄无所用武，故豫州遁逃至此。将军量力而处之：若能以吴、越之众与中国抗衡，不如早与之绝；若不能当，何不案兵束甲，北面而事之！'"《资治通鉴·汉纪·汉献帝建安十三年》引此段，改"英雄无所用武"为"英雄无用武之地"。英雄无用武之地，比喻有才能却没地方或机会施展。

④有道则见：语本《论语·泰伯》："子曰：'笃信好学，守死善道。危邦不入，乱邦不居。天下有道则见，无道则隐。邦有道，贫且贱焉，耻也；邦无道，富且贵焉，耻也。'"君子适逢政治清明的时代，就出来做官。

⑤展采：语本《史记·司马相如列传》："而后因杂荐绅先生之略述，使获耀日月之末光绝炎，以展采错事。"南朝宋·裴骃集解："《汉

书音义》曰:‘采,官也。使诸儒记功著业,得睹日月末光殊绝之用,以展其官职,设厝其事业者也。’”指供职做官。

⑥捷足先得:语本《史记·淮阴侯列传》:“秦失其鹿,天下共逐之,于是高材疾足者先得焉。”行动敏捷的先达到目的,或得其所求。清·孔尚任《桃花扇·迎驾》:“自古道:‘中原逐鹿,捷足先得。’我们不可落他人之后。”又,《古诗十九首》“何不策高足,先据要路津”,说的正是求名求利,捷足先得。

⑦迟滞(zhì):取得成就太晚,尤指科名仕途不顺利。

⑧大器晚成:语本《老子》四十一章:“大方无隅,大器晚成。大音希声,大象无形。”贵重器物需要长时间才能完成。常比喻大才之人成就往往较晚。也用做对长期不得志的人的安慰话。《三国志·魏书·崔琰传》:“琰从弟林,少无名望,虽姻族犹多轻之,而琰常曰:‘此所谓大器晚成者也,终必远至。’”

⑨不知通变,曰徒读父书:语本《史记·廉颇蔺相如列传》:“赵惠文王卒,子孝成王立。七年,秦与赵兵相距长平,时赵奢已死,而蔺相如病笃,赵使廉颇将攻秦,秦数败赵军,赵军固壁不战。秦数挑战,廉颇不肯。赵王信秦之间。秦之间言曰:‘秦之所恶,独畏马服君赵奢之子赵括为将耳。’赵王因以括为将,代廉颇。蔺相如曰:‘王以名使括,若胶柱而鼓瑟耳。括徒能读其父书传,不知合变也。’赵王不听,遂将之。”战国时期,赵孝成王任用名将赵奢之子赵括为将,蔺相如劝阻说:“赵括只知道死读他父亲留下的兵书,而不知道变通。”后遂用以比喻只知空谈前人理论而不能领会运用。

⑩自作聪明:语本《尚书·蔡仲之命》:“无作聪明,乱旧章。”意为自以为聪明而擅作主张。

⑪徒执己见:同“固执己见”,即只知道坚持自己的意见(往往是错误的意见)。

⑫肤见：浅薄的见解。《南齐书·陆澄传》："澄謏闻肤见，贻挠后昆，上掩皇明，下笼朝议，请以见事免澄所居官。"肤，是皮肤的最表层，故用以比喻见识浅，浮于表面。

⑬俚（lǐ）言：通俗浅显的语言。《新唐书·韦绶传》："方太子幼，绶数为俚言以悦太子。"亦指不高雅的文辞，常用于自谦。唐·韩愈《山南郑相公樊员外酬答为诗……依赋十四韵以献》："缀此岂为训，俚言绍庄屈。"

⑭识时务者为俊杰：语本《三国志·蜀书·诸葛亮传》南朝宋·裴松之注引晋·习凿齿《襄阳记》："刘备访世事于司马德操。德操曰：'儒生俗士，岂识时务？识时务者在乎俊杰。此间自有伏龙、凤雏。'备问为谁，曰：'诸葛孔明、庞士元也。'""识时务者为俊杰"，谓能认清形势、了解时代潮流者，才是杰出人物。后或用作通权达变之意。

⑮昧（mèi）先几：不能预先洞知细微兆头。昧，不明白。先几，征兆。《周易·系辞下》："子曰：'知几其神乎！君子上交不谄，下交不渎，其知几乎！几者，动之微，吉之先见者也。君子见几而作，不俟终日。《易》曰："介于石，不终日，贞吉。"介如石焉，宁用终日？断可识矣。君子知微知彰，知柔知刚，万夫之望。'"明哲：洞明世事。《尚书·说命上》："知之曰'明哲'。"

⑯不识一丁：一个字也不认识，形容人不识字或文化水平极低。《旧唐书·张弘靖传》："今天下无事，汝辈挽得两石力弓，不如识一'丁'字。"宋·吴曾《能改斋漫录·不如识一丁字》："窦苹《唐书音训》云：'丁'恐当作'个'。予尝以窦说虽当，而无所据。偶读孔毅父《续世说》，引宏靖曰：'汝曹能挽两石弓，不若识一"个"字'，乃作此'个'字。因知'个'误为'丁'，无可疑者。"又，明·焦竑《焦氏笔乘·不识一丁》："苻坚宴群臣赋诗，姜平子诗内有'丁'字，直而不屈，坚怪问之，平子对曰：'屈下者，不正之

物，未足以献也。’坚悦，擢上第。夫庄子云：‘丁子有尾。’若直下不屈，乃古‘下’字也。‘下’作‘丅’，‘上’作‘丄’。若坚与平子，正不识一‘丁’者。”

⑰愚者岂无一得：语本《史记·淮阴侯列传》：“智者千虑，必有一失；愚者千虑，必有一得。”秦汉之际，韩信擒获赵将广武君李左车，虚心向其请教，广武君自谦说：“愚者千虑，必有一得。”谓愚钝人的许多思虑中总会有一些可取之处。后常以谦指己见。

⑱拔去一丁，谓除一害：语本北宋京师歌谣：“欲得天下宁，当拔眼中丁。欲得天下好，莫如召寇老。”奸臣丁渭将寇准排挤出朝，京师百姓恨之如眼中钉。此歌谣在当时流传极广，见载于多种宋人史籍，如陈均《九朝编年备要》卷八、李焘《续资治通鉴长编》卷九十九、徐自明《宋宰辅编年录》卷四、吕中《宋大事记讲义》卷八等。

⑲又生一秦，是增一仇：语本《史记·张耳陈馀列传》：“武臣乃听之，遂立为赵王。以陈馀为大将军，张耳为右丞相，邵骚为左丞相。使人报陈王，陈王大怒，欲尽族武臣等家，而发兵击赵。陈王相国房君谏曰：‘秦未亡而诛武臣等家，此又生一秦也。不如因而贺之，使急引兵西击秦。’陈王然之，从其计，徙系武臣等家宫中，封张耳子敖为成都君。”秦末陈胜派武臣安抚赵地，武臣自立为王，陈胜想攻打他，相国房君说：“秦未亡而攻打武臣，是又生出一个强秦。”意即又增加一个强敌。宋·胡继宗《书言故事·古今喻类》：“自增仇敌，曰‘又生一秦’。”

【译文】

“管中窥豹”，形容只看见局部而不见全体；“坐井观天”，形容知识有限，眼界不宽。

时机不对，英雄没有机会施展才能，叫“英雄无用武之地”；天下有道，君子才有出来干一番事业的想法，称“君子有展采之思”。

获取功名顺利且早达，叫“捷足先得”；安慰人迟迟未得功名，说“大器晚成”。

像赵括一样不晓得通变，叫作“徒读父书”；自以为聪明，叫作“徒执己见”。

肤浅的见识，叫“肤见”；通俗浅显的语言，叫“俚言”。

能认清形势、顺应潮流的人，堪称俊杰；不明事理、看不到征兆的人，不算明哲。

村夫连一个“丁”字都不识；愚笨的人提出上千条意见，不至于没有一条可取。

“拔去一丁”，是说除掉一个坏蛋；“又生一秦”，是说增加一个强敌。

戒轻言，曰恐属垣有耳①；戒轻敌，曰无谓秦无人②。

同恶相帮，谓之助桀为虐③；贪心无厌，谓之得陇望蜀④。

当知器满则倾，须知物极必反⑤。

喜嬉戏，名为好弄⑥；好笑谑⑦，谓之诙谐⑧。

谗口交加，市中可信有虎⑨；众奸鼓衅，聚蚊可以成雷⑩。

萋菲成锦，谓谮人之酿祸⑪；含沙射影，言鬼蜮之害人⑫。

针砭所以治病⑬，鸩毒必至杀人⑭。

【注释】

①戒轻言，曰恐属垣（yuán）有耳：语本《诗经·小雅·小弁》：“君子无易由言，耳属于垣。”朱子集传：“君子不可易于其言，恐耳属于垣者，有所观望左右而生谗谮也。”又，《礼记·曲礼上》：“毋侧听。”东汉·郑玄注：“嫌探人之私也。侧听，耳属于垣。”轻言，说话轻率、不慎重。属垣，以耳附墙，窃听人言。

②戒轻敌，曰无谓秦无人：语本《左传·文公十三年》：“乃使魏寿馀

伪以魏叛者以诱士会，执其帑于晋，使夜逸。请自归于秦，秦伯许之。履士会之足于朝。秦伯师于河西，魏人在东。寿馀曰：'请东人之能与夫二三有司言者，吾与之先。'使士会。士会辞曰：'晋人，虎狼也，若背其言，臣死，妻子为戮，无益于君，不可悔也。'秦伯曰：'若背其言，所不归尔帑者，有如河。'乃行。绕朝赠之以策，曰：'子无谓秦无人，吾谋适不用也。'既济，魏人噪而还。秦人归其帑。其处者为刘氏。"春秋时期，晋人设计使士会从秦国逃回晋国。秦大夫绕朝对晋大夫士会说："您可不要说我们秦没人才，只不过我的计谋不被采用而已。"

③助桀（jié）为虐（nüè）：语出《史记・留侯世家》："沛公入秦宫，宫室帷帐狗马重宝妇女以千数，意欲留居之。樊哙谏沛公出舍，沛公不听。良曰：'夫秦为无道，故沛公得至此。夫为天下除残贼，宜缟素为资。今始入秦，即安其乐，此所谓"助桀为虐"。且"忠言逆耳利于行，毒药苦口利于病"，愿沛公听樊哙言。'沛公乃还军霸上。"秦汉之际，刘邦攻下咸阳，想将宝物美女据为己有，张良说您这是帮助夏桀行暴虐之事。后以"助桀为虐"比喻帮助坏人干坏事。桀，即夏桀，夏朝最后一个君主，相传是暴君。虐，残暴。后世则习用"助纣为虐"。"助纣为虐"，语出《孟子・滕文公下》："周公相武王，诛纣伐奄。"朱子集注："奄，东方之国，助纣为虐者也。"

④贪心无厌，谓之得陇（lǒng）望蜀（shǔ）：语本《东观汉记・隗嚣传》："西城若下，便可将兵，南击蜀虏。人苦不知足，既平陇，复望蜀。每一发兵，头鬓为白。"《后汉书・岑彭传》亦载此语。两汉之际，刘秀对大将岑彭说："人心哪儿有知足的。平定陇右之后，就该图谋巴蜀了。"又，《晋书・宣帝纪》："从讨张鲁，言于魏武曰：'刘备以诈力虏刘璋，蜀人未附而远争江陵，此机不可失也。今若曜威汉中，益州震动，进兵临之，势必瓦解。因此之势，易为功力。圣人不能违时，亦不失时矣。'魏武曰：'人苦无足，既得陇右，复欲得

蜀!’言竟不从。”三国时期,司马懿跟随曹操平定张鲁,建议趁势讨伐巴蜀,曹操说:“人心苦于不知足,既已得到陇右,又想据有巴蜀。”陇,指甘肃一带;蜀,指四川一带。后遂以“得陇望蜀”喻贪心不足。唐·李白《古风》之二三:“物苦不知足,得陇又望蜀。”

⑤当知器满则倾,须知物极必反:语本唐人苏安恒劝武则天还政太子疏:“臣愚以天意人事,还归李家。陛下虽安天位,殊不知物极则反,器满则倾。”《旧唐书·忠义传上》及《资治通鉴·唐纪·武则天长安二年》皆载之。器满则倾,欹器满了就要倾倒,比喻人自满就要犯错误。语本《荀子·宥坐》:“孔子观于鲁桓公之庙,有欹器焉。孔子问于守庙者曰:‘此为何器?’守庙者曰:‘此盖为宥坐之器。’孔子曰:‘吾闻宥坐之器者,虚则欹,中则正,满则覆。’孔子顾谓弟子曰:‘注水焉!’弟子挹水而注之,中而正,满而覆,虚而欹。孔子喟然而叹曰:‘吁! 恶有满而不覆者哉!’子路曰:‘敢问持满有道乎?’孔子曰:‘聪明圣知,守之以愚;功被天下,守之以让;勇力抚世,守之以怯;富有四海,守之以谦。此所谓挹而损之之道也。’”《说苑·敬慎》《孔子家语·三恕》亦载之。古时国君在座右置放敧器。欹器如果注水太浅或太满,都会倾倒;以为不要过或不及之劝诫。物极必反,事物发展到极限时必然向相反的方面转化。

⑥喜嬉(xī)戏,名为好弄:语本《左传·僖公九年》:“夷吾弱不好弄,能斗不过,长亦不改,不知其他。”杜注:“弄,戏也。”弱不好弄,即少年老成,不爱嬉戏。南朝宋·颜延之《陶徵士诔》:“弱不好弄,长实素心。”《宋史·文苑传五·黄伯思》:“自幼警敏,不好弄,日诵书千余言。”

⑦笑谑(xuè):嬉笑戏谑。《后汉书·皇后纪上·光烈阴皇后》:“后在位恭俭,少嗜玩,不喜笑谑。”

⑧诙谐(huī xié):谈吐幽默风趣。《汉书·东方朔传》:“其言专商

鞅、韩非之语也，指意放荡，颇复诙谐。”

⑨谗（chán）口交加，市中可信有虎：语本《韩非子·内储说上七术·倒言》：“庞恭与太子质于邯郸，谓魏王曰：‘今一人言市有虎，王信之乎？’曰：‘不信。’‘二人言市有虎，王信之乎？’王曰：‘不信。’‘三人言市有虎，王信之乎？’王曰：‘寡人信之矣。’庞恭曰：‘夫市之无虎也明矣，然而三人言而成虎。今邯郸去大梁也远于市，而议臣者过于三人，愿王察之也。’王曰：‘寡人自为知。’于是辞行，而谗言先至，后太子罢质，果不得见。”亦载于《战国策·魏策二》。闹市本没有老虎，但说的人多了，听者也就相信闹市出现了老虎。后遂以“三人成（市）虎”比喻谣言重复多次，就能使人信以为真。谗口，谗言。交加，同时或交替出现。

⑩众奸鼓衅（xìn），聚蚊可以成雷：语本《汉书·景十三王传·中山靖王刘胜》：“建元三年，代王登、长沙王发、中山王胜、济川王明来朝，天子置酒，胜闻乐声而泣。问其故，胜对曰：‘臣闻悲者不可为累欷，思者不可为叹息。故高渐离击筑易水之上，荆轲为之低而不食；雍门子壹微吟，孟尝君为之於邑。今臣心结日久，每闻幼眇之声，不知涕泣之横集也。夫众煦漂山，聚蟁成靁，朋党执虎，十夫桡椎，是以文王拘于牖里，孔子厄于陈、蔡，此乃烝庶之成风，增积之生害也。臣身远与寡，莫为之先，众口铄金，积毁销骨，丛轻折轴，羽翮飞肉，纷惊逢罗，潸然出涕。’”唐·颜师古注：“蟁，古‘蚊’字。靁，古‘雷’字。言众蚊飞声有若雷也。”许多蚊子聚到一起，声音会像雷声那样大。遂用以喻众口诋毁，积小可以成大。鼓衅，煽动挑拨，找碴。

⑪萋菲（qī fēi）成锦，谓谮（zèn）人之酿祸：语本《诗经·小雅·巷伯》：“萋兮斐兮，成是贝锦。彼僭人者，亦已大甚。”毛传：“兴也。萋斐，文章相错也。贝锦，锦文也。”郑笺：“锦文者，文如馀泉、馀蚳之贝文也。兴者，喻谗人集作已过，以成于罪，犹女工之集采

色,以成锦文。”孔疏:“《论语》云:‘斐然成章。’是斐为文章之貌,‘萋’与‘斐’同类,而云成锦,故为文章相错也。”朱子集传:“时有遭谗而被宫刑为巷伯者作此诗,言因萋斐之形,而文致之以成贝锦;以比谗人者因人之小过,而饰成大罪也。”奸人收集他人的过错罗织成罪,就好像女工收集彩色的丝织成锦缎一样。后人遂用“萋菲”“贝锦”比喻谗言。萋菲,即萋斐,花纹交错的样子。谮人,指无中生有说人坏话的人。

⑫含沙射影,言鬼蜮(yù)之害人:语本《诗经·小雅·何人斯》:“为鬼为蜮,则不可得。”唐·陆德明释文:“蜮,音或。沈,又音域。短狐也。状如鳖,三足。一名射工,俗呼之‘水弩’。在水中含沙射人。一云射人影。”唐·孔颖达疏引晋·陆机《疏》云:“一名‘射影’,江淮水皆有之。人在岸上,影见水中,投人影则杀之,故曰‘射影’。南人将入水,先以瓦石投水中,令水浊,然后入。或曰含沙射人皮肌,其疮如疥。”又,晋·干宝《搜神记》卷十二:“汉光武中平年内,有物处于江水,其名曰‘蜮’,一曰‘短狐’,能含沙射人。所中者则身体筋急,头痛,发热;剧者至死。”古代传说,水中有一种叫“蜮”的怪物,看到人影就喷沙子,被喷射的人就会害病,严重的甚至死亡。后以“含沙射影”比喻暗中诽谤中伤。鬼和蜮都是暗中害人的精怪。后以“鬼蜮”喻用心险恶、暗中伤人的小人。

⑬针砭(biān):古代治病用的银针和砭石。亦指针灸治病。比喻有益的劝诫。

⑭鸩(zhèn)毒:毒酒,毒药。《左传·闵公元年》:“宴安鸩毒,不可怀也。”晋·杜预注:“以宴安比之鸩毒。”唐·孔颖达疏:“宴安自逸,若鸩毒之药,不可怀恋也。”后遂以“宴安鸩毒”比喻耽于逸乐而杀身。鸩,是传说中的一种鸟,用它的羽毛泡酒,能毒死人。

【译文】

告诫人们说话不要太轻率,以免被人偷听,就说恐怕隔墙有人偷听;

提醒人们不要轻敌，就说不要以为秦国没有能人。

帮坏人做恶事，叫“助桀为虐”；贪心太过，不懂知足，叫“得陇望蜀”。

要明白容器装满了，便会倾倒；应懂得事物发展到极点，必定会转向反面。

喜欢嬉戏玩耍，叫“好弄”；爱开玩笑，叫“诙谐”。

众人一次次进谗言，效果好比谣言一个接一个，人们便相信闹市有老虎；众多奸人拨弄是非，效果好比把蚊子聚在一起，声音和打雷一样。

“萋斐成锦”，形容奸人收集他人过错罗织成罪，就好像女工收集彩色的丝织成锦缎一样；“含沙射影”，比喻暗中诽谤中伤，就像蜮躲在水里喷沙射人的影子一样来害人。

“针砭”，是用来治病的；“鸩毒”，必定是用来杀人的。

李义府阴柔害物，人谓之笑里藏刀[①]；李林甫奸诡陷人，世谓之口蜜腹剑[②]。

代人作事，曰代庖[③]；与人设谋，曰借箸[④]。

见事极真，曰明若观火[⑤]；对敌易胜，曰势若摧枯[⑥]。

汉武内多欲而外施仁义[⑦]，廉颇先国难而后私仇[⑧]。

卧榻之侧，岂容他人鼾睡，宋太祖之语[⑨]；一统之世，真是胡越一家，唐高祖之时[⑩]。

至若暴秦以吕易嬴，是嬴亡于庄襄之手：弱晋以牛易马，是马灭于怀愍之时[⑪]。

中宗亲为点筹于韦后，秽播千秋[⑫]；明皇赐洗儿钱于贵妃，丑遗万代[⑬]。

非类相从，不如鹑鹊[⑭]；父子同牝，谓之聚麀[⑮]。

以下淫上，谓之烝[16]；野合奸伦[17]，谓之乱[18]。

从来淑慝殊途[19]，惟在后人法戒[20]；欺世清浊异品，全赖吾辈激扬[21]。

【注释】

①李义府阴柔害物，人谓之笑里藏刀：语本《旧唐书·李义府传》："义府貌状温恭，与人语必嬉怡微笑，而褊忌阴贼。既处权要，欲人附己，微忤意者，辄加倾陷，故时人言义府笑中有刀。又以其柔而害物，亦谓之'李猫'。"本句"李义府"，李光明庄本作"李义甫"，据两《唐书》及他本改。李义府（614—666），唐瀛州饶阳（今河北饶阳）人。自其祖迁居永泰（今四川盐亭东北）。唐太宗贞观八年（634）举进士，授门下省典仪。历监察御史，迁太子舍人，加崇贤馆直学士，与来济俱以文翰见知，时称"来李"。唐高宗立，迁中书舍人，加弘文馆学士。以上表请立武昭仪为后，拜中书侍郎、同中书门下三品。显庆二年（657）迁中书令，进封河间郡公。龙朔三年（663），稍迁右相。坐赃除名，长流嶲州，乾封元年（666）卒。生平见新、旧《唐书》本传。其为人貌似温恭，实则阴险奸佞，当时有"笑中有刀""李猫"之称。笑里藏刀，比喻外表和气而内心阴险。

②李林甫奸诡（guǐ）陷人，世谓之口蜜腹剑：语本《资治通鉴·唐纪·唐玄宗天宝元年》。见前《身体》篇"口有蜜而腹有剑，李林甫之为人"条注。奸诡，伪诈。

③代庖（páo）：语出《庄子·逍遥游》："庖人虽不治庖，尸祝不越樽俎而代之矣。"《淮南子·主术训》："不正本而反自然，则人主逾劳，人臣逾逸，是犹代庖宰剥牲而为大匠斫也。"代替厨子干活。后多用以比喻代人行事或代理他人职务。

④借箸（zhù）：张良见刘邦桌上有筷子，就拿起筷子在桌上比画着

阐述自己的见解，比喻替人谋划。《史记·留侯世家》："食其未行，张良从外来谒。汉王方食，曰：'子房前！客有为我计桡楚权者。'具以郦生语告，曰：'于子房何如？'良曰：'谁为陛下画此计者？陛下事去矣。'汉王曰：'何哉？'张良对曰：'臣请借前箸为大王筹之。'"南朝宋·裴骃集解引三国魏·张晏曰："求借所食之箸用指画也。"后因以"借箸"指为人谋划。箸，筷子。

⑤明若观火：明白清楚，好像看火一样，形容观察事物十分清楚。《尚书·盘庚上》："予若观火。"西汉·孔安国传："我视汝情如视火。"宋·蔡沈集传："我视汝情，明若观火。"由此衍生的四字成语有"明若观火""洞若观火""燎若观火""炳若观火"等。

⑥摧枯：语本《汉书·异姓诸侯王表序》："镌金石者难为功，摧枯朽者易为力，其势然也。"摧折枯朽的草木，形容轻而易举。也比喻摧毁腐朽势力的强大气势。《后汉书·耿弇传》："我至长安，与国家陈渔阳、上谷兵马之用，还出太原、代郡，反覆数十日，归发突骑以辚乌合之众，如摧枯折腐耳。"《晋书·甘卓传》："溯流之众，势不可救，将军之举武昌，若摧枯拉朽，何所顾虑乎！"《旧五代史·唐书·庄宗纪一》："若简练兵甲，倍道兼行，出其不意，以吾愤激之众，击彼骄惰之师，拉朽摧枯，未云其易，解围定霸，在此一役。"《宋史·曹彬传》："以国家兵甲精锐，翦太原之孤垒，如摧枯拉朽尔，何为而不可。"

⑦汉武内多欲而外施仁义：语本《史记·汲郑列传》："天子方招文学儒者，上曰吾欲云云，黯对曰：'陛下内多欲而外施仁义，奈何欲效唐虞之治乎！'上默然，怒，变色而罢朝。公卿皆为黯惧。上退，谓左右曰：'甚矣，汲黯之戆也！'"《汉书·汲黯传》亦载。西汉大臣汲黯说汉武帝内心私欲很重而外表装出仁义的样子，是不可能把国家治理成尧、舜盛世的。

⑧廉颇先国难而后私仇：语本《史记·廉颇蔺相如列传》："相如曰：

‘夫以秦王之威，而相如廷叱之，辱其群臣，相如虽驽，独畏廉将军哉？顾吾念之，强秦之所以不敢加兵于赵者，徒以吾两人在也。今两虎共斗，其势不俱生。吾所以为此者，以先国家之急而后私仇也。’”战国时期，赵国蔺相如多次立功，赵王封他为相国，老将廉颇不服气，认为自己的武功盖过他，蔺相如对廉颇多次避让，并说之所以这样做，是把私人恩怨放在国家利益之后。按，据《史记》，“先国家之急而后私仇”的是蔺相如，而非廉颇。

⑨“卧榻（tà）之侧”三句：语本宋·曾慥《类说》卷五十三：“开宝中王师围金陵，李后主遣徐铉入朝，对于便殿，恳述江南事大之礼甚恭，徒以被病，未任朝谒，非敢拒诏。太祖曰：‘不须多言，江南有何罪，但天下一家，卧榻之侧，岂可许他人鼾睡。’”宋·岳珂《桯史》卷一亦载，作“卧榻之侧，岂容他人鼾睡耶”。南唐后主李煜派徐弦向宋请求不要派兵攻灭，宋太祖赵匡胤说：“卧榻之侧，岂容他人鼾睡。”后因用以为典，比喻自己的势力范围或利益不容别人侵占。赵匡胤“卧榻之侧，岂容他人鼾睡”之语，当时广为流传。宋人著作，如李焘《续资治通鉴长编》卷十六、陈均《九朝编年备要》卷二、王偁《东都事略》卷二十三、彭百川《太平治迹统类》卷一、吕中《宋大事记讲义》卷二、罗璧《识遗》卷十、岳珂《桯史》卷一等，亦载。

⑩“一统之世”三句：语本《旧唐书·高祖本纪》：“（贞观八年）高祖命突厥颉利可汗起舞，又遣南越酋长冯智戴咏诗，既而笑曰：‘胡越一家，自古未之有也。’”暨《资治通鉴·唐纪·唐太宗贞观七年》：“十二月，甲寅，上幸芙蓉园；丙辰，校猎少陵原。戊午，还宫，从上皇置酒故汉未央宫。上皇命突厥颉利可汗起舞，又命南蛮酋长冯智戴咏诗，既而笑曰：‘胡越一家，自古未有也！’帝奉觞上寿曰：‘今四夷入臣，皆陛下教诲，非臣智力所及。昔汉高祖亦从太上皇置酒此宫，妄自矜大，臣所不取也。’上皇大悦。殿上

皆呼万岁。”唐太宗在未央宫设宴，太上皇李渊命突厥可汗起舞、南蛮冯智戴咏诗，笑着说：“胡越一家，自古未有也。”胡越一家，胡、越为中国古代少数民族，胡在北而越在南，胡、越一家，喻居地远隔者聚集一堂。犹言四海一家。按，据《旧唐书》及《资治通鉴》，“胡越一家，自古未之有也”，是李渊在贞观年间说的话，其时，李渊的身份是太上皇。

⑪“至若暴秦以吕易嬴（yíng）”四句：语本《明史·石天柱传》：“（正德）十一年，都督马昂进其女弟，已有娠，帝嬖之。天柱率同官合词抗论，未报。又上疏曰：‘臣等请出孕妇，未蒙进止。窃疑陛下之意将遂立为己子欤？秦以吕易嬴而嬴亡，晋以牛易马而马灭。彼二君者，特出不知，致堕奸计。’”秦以吕易嬴，语本《史记·吕不韦列传》：“吕不韦取邯郸诸姬绝好善舞者与居，知有身。子楚从不韦饮，见而说之，因起为寿，请之。吕不韦怒，念业已破家为子楚，欲以钓奇，乃遂献其姬。姬自匿有身，至大期时，生子政。子楚遂立姬为夫人。”战国时期，秦国公子楚（名异人）在赵国做人质，不为礼待。大商人吕不韦见到他，大呼“奇货可居”，帮助他回到秦国。公子楚后被立为国君，史称“庄襄王”。吕不韦把一个怀了自己孩子的姬妾献给公子楚，生下来的孩子叫嬴政，即后来的秦始皇。因此，人们认为秦始皇实际上不是嬴姓子孙，而是吕家血脉。晋以牛易马，指晋元帝司马睿系琅邪王妃与小吏牛金私通所生，实非司马氏血脉。语本《晋书·帝纪》：“初，玄石图有‘牛继马后’，故宣帝深忌牛氏，遂为二榼，共一口，以贮酒焉，帝先饮佳者，而以毒酒鸩其将牛金。而恭王妃夏侯氏竟通小吏牛氏而生元帝，亦有符云。”暨《魏书·司马睿传》：“僭晋司马睿，字景文，晋将牛金子也。初晋宣帝生大将军、琅邪武王伷，伷生冗从仆射、琅邪恭王觐。觐妃谯国夏侯氏，字铜环，与金奸通，遂生睿，因冒姓司马，仍为觐子。由是自言河内温人。”“牛继

马后”之说，后世文人以为谈资。如，宋·罗大经《鹤林玉露》卷五：“司马氏欺人孤寡，而夺之位，不知魏灭未几，而晋亦灭矣。何也？元帝乃牛金之子，则是司马氏为牛氏所灭也。”怀愍（mǐn）之时，指西晋怀帝、愍帝时期，即晋元帝司马睿出生时。

⑫中宗亲为点筹于韦后，秽（huì）播千秋：语本《旧唐书·后妃传上·中宗韦庶人》：“帝在房州时，常谓后曰：‘一朝见天日，誓不相禁忌。’及得志，受上官昭容邪说，引武三思入宫中，升御床，与后双陆，帝为点筹，以为欢笑，丑声日闻于外。”又，《资治通鉴·唐纪·唐中宗神龙元年》：“上女安乐公主适三思子崇训。上官婉儿，仪之女孙也，仪死，没入掖庭，辩慧善属文，明习吏事。则天爱之，自圣历以后，百司表奏多令参决；及上即位，又使专掌制命，益委任之，拜为婕妤，用事于中。三思通焉，故党于武氏，又荐三思于韦后，引入禁中，上遂与三思图议政事，张柬之等皆受制于三思矣。上使韦后与三思双陆，而自居旁为之点筹；三思遂与后通，由是武氏之势复振。”唐中宗皇后韦氏与武三思私通，韦后与武三思博戏双陆，中宗亲自为他们点筹码。

⑬明皇赐洗儿钱于贵妃，丑遗万代：语本《资治通鉴·唐纪·唐玄宗天宝十载》：“上闻后宫欢笑，问其故，左右以贵妃三日洗禄儿对。上自往观之，喜，赐贵妃洗儿金银钱。”元·白朴《梧桐雨·楔子》：“是贵妃娘娘与安禄山做洗儿会哩。”唐玄宗时，杨贵妃收安禄山为义子，于后宫举行“洗儿”仪式，唐玄宗特为之赐“洗儿钱”。野史小说则附会安禄山与杨贵妃有染。

⑭非类相从，不如鹑（chún）鹊：语本《诗经·鄘风·鹑之奔奔》：“鹑之奔奔，鹊之彊彊。人之无良，我以为兄。鹊之彊彊，鹑之奔奔。人之无良，我以为君。”毛序：“《鹑之奔奔》，刺卫宣姜也。卫人以为宣姜鹑鹊之不若也。刺宣姜者，刺其与公子顽为淫乱行，不如禽鸟。”郑笺：“奔奔、彊彊，言其居有常匹，飞则相随之貌。

刺宣姜与顽非匹偶。”春秋时期，卫国公子顽与主母宣姜私通，卫人作“鹑之奔奔”之诗，讥刺公子顽、宣姜不如禽鸟。鹑鹊，一种鸟，据说雌雄相守，非常忠诚。

⑮父子同牝（pìn），谓之聚麀（yōu）：语本《礼记·曲礼上》：“夫唯禽兽无礼，故父子聚麀。”东汉·郑玄注：“聚，犹共也。鹿牝曰‘麀’。”禽兽不知父子夫妇之伦，故有父子共牝之事。后以“聚麀”指两代的乱伦行为。唐·骆宾王《代李敬业传檄天下文》：“伪临朝武氏者，人非温顺，地实寒微。昔充太宗下陈，尝以更衣入侍。洎乎晚节，秽乱春宫。密隐先帝之私，阴图后庭之嬖。入门见嫉，蛾眉不肯让人；掩袖工谗，狐媚偏能惑主。践元后于翚翟，陷吾君于聚麀。”父子同牝，喻父子共享一女。牝，指雌兽。聚麀，喻指父子共享一女。麀，母鹿。

⑯烝（zhēng）：指晚辈和长辈通奸。《左传·桓公十六年》：“初，卫宣公烝于夷姜，生急子。”晋·杜预注：“夷姜，宣公之庶母也。上淫曰‘烝’。”

⑰野合：谓男女私通，不合礼仪。《新五代史·梁家人传·朱友珪》：“庶人友珪者，太祖初镇宣武，略地宋、亳间，与逆旅妇人野合而生也。”奸伦：非夫妇关系而通奸。

⑱乱：此处特指淫乱。

⑲淑慝（tè）：善恶。《尚书·毕命》：“旌别淑慝，表厥宅里。”西汉·孔安国传：“言当识别顽民之善恶，表异其居里。”《旧唐书·懿宗纪》：“凡合诛锄，审分淑慝，无令胁从横死，元恶偷生。”

⑳法戒：楷式和鉴戒。亦可用作动词。《汉书·刘向传》：“数上疏言得失，陈法戒。”

㉑激扬：“激浊扬清”的省称，亦作“扬清激浊”。语出《尸子·君治》：“水有四德，……扬清激浊，荡去滓秽，义也。”本指冲去污水，浮起清水，后用以喻斥恶奖善。三国魏·刘劭《人物志·利

害》:"其功足以激浊扬清,师范僚友。"《旧唐书·王珪传》:"至如激浊扬清,嫉恶好善,臣于数子,亦有一日之长。"

【译文】

李义府表面柔顺却生性阴险,残害别人,人们称他"笑里藏刀";李林甫生性奸诈却构陷他人,世人称他"口蜜腹剑"。

代人做事,叫"代庖";替人策划,叫"借箸"。

形容将事情看得极其真切,说"明若观火";比喻轻而易举地战胜敌人,说"势若摧枯"。

汉武帝有太多私欲却偏要做出一副仁义样,蔺相如将国难放在私仇之前。

"卧榻之侧,岂容他人鼾睡",这是宋太祖灭南唐说的话;"一统之世,真是胡越一家",这是贞观年间太上皇李渊说的话。

至于暴秦,吕姓取代了嬴姓,嬴秦在庄襄王手中就已灭亡;话说弱晋,牛姓取代了司马氏,司马氏的晋国早在西晋怀帝、愍帝的时候就已经灭亡。

韦后与武三思玩双陆游戏,唐中宗在一旁点筹码,丑闻千年流传;杨贵妃给安禄山办洗儿礼,唐明皇赏赐洗儿钱,丑事遗臭万代。

不伦不类,却配在一起,这样的人真是不如"鹑鹊";父子共享一女的乱伦行为,称为"聚麀"。

晚辈奸淫上辈,叫作"烝";男女私通乱伦,称为"乱"。

邪恶与善良从来便不同路,全在于后人去邪从正;世上清浊品性不同,全靠我辈激浊清扬。

饮食

【题解】

本篇27联,讲的都是和饮食有关的成语典故。

甘脆肥醲，命曰腐肠之药[①]；羹藜含糗，难语太牢之滋[②]。

御食曰珍馐[③]，白米曰玉粒[④]。

好酒，曰青州从事；次酒，曰平原督邮[⑤]。

鲁酒、茅柴[⑥]，皆为薄酒[⑦]；龙团、雀舌[⑧]，尽是香茗[⑨]。

待人礼衰，曰醴酒不设[⑩]；款客甚薄[⑪]，曰脱粟相留[⑫]。

竹叶青、状元红[⑬]，俱为美酒；葡萄绿、珍珠红[⑭]，悉是香醪[⑮]。

【注释】

①甘脆肥醲（nóng），命曰腐肠之药：语本《文选·枚乘〈七发〉》："甘脆肥脓，命曰'腐肠之药'。"唐·李善注："《吕氏春秋》曰：肥肉厚酒，务以相强，命曰'烂肠之食'。东汉·高诱注《老子》云：五味入口爽伤，故谓之'烂肠之食'。《广雅》曰：'脆，弱也。……脓，厚之味也。'"甘脆肥醲，分指甘甜、松脆、肥美、醇厚的饮食。四字合用，泛指各种美酒佳肴，也写作"肥脓甘脆"。语出《淮南子·主术训》："肥醲甘脆，非不美也。然民有糟糠菽粟不接于口者，则明主弗甘也。"命曰，称为，称作。

②羹藜（gēng lí）含糗（qiǔ），难语太牢之滋：语本《文选·王褒〈圣主得贤臣颂〉》："羹藜唅糗者，不足与论太牢之滋味。"唐·李周翰注："藜，野菜；唅，食也。"唐·李善注："服虔曰：唅，音含。糗，干食也。"羹藜唅糗，亦作"羹藜含糗"。隋·王通《中说·王道》："越公以《食经》遗子，子不受，曰：'羹藜含糗，无所用也。'"太牢之滋，指世间的至尊美味。古代祭祀，牛、羊、豕三牲具备谓之"太牢"。《庄子·至乐》："具太牢以为膳。"唐·成玄英疏："太牢，牛羊豕也。"亦有专指牛为太牢者。《大戴礼记·曾子天圆》："诸侯之祭，牛曰'太牢'。"

③御食：又称“御膳”，指帝王享用的饮食。《后汉书·灵帝纪》：“诏减太官珍羞，御食一肉。”《北齐书·邢邵传》：“太昌初，敕令恒直内省，给御食。”珍馐（xiū）：珍奇名贵的食物。馐，美味的食物。亦作“珍羞”。东汉·张衡《南都赋》：“珍羞琅玕，充溢圆方。”《周礼·天官·膳夫》：“膳夫掌王之食饮、膳羞，以养王及后、世子。凡王之馈，食用六谷，膳用六牲，饮用六清，羞用百有二十品，珍用八物，酱用百有二十瓮。”东汉·郑玄注：“羞，出于牲及禽兽，以备滋味，谓之‘庶羞’。《公食大夫礼》《内则》下大夫十六，上大夫二十，其物数备焉。天子诸侯有其数，而物未得尽闻。珍谓淳熬、淳母、炮豚、炮牂、捣珍、渍、熬、肝膋也。”明·陶宗仪《辍耕录·续演雅发挥》：“所谓八珍，则醍醐、麈沆、野驼蹄、鹿唇、驼乳麋、天鹅炙、紫玉浆、玄玉浆也。”俗以龙肝、凤髓、豹胎、鲤尾、鸮炙、猩唇、熊掌、酥酪蝉为“八珍”。

④玉粒：用以比喻光亮圆润的米、粟颗粒。代指白米。南朝梁·简文帝《〈昭明太子集〉序》：“发私藏之铜凫，散垣下之玉粒。……受惠之家、飡恩之士咸谓栎阳之金自空而坠，南阳之粟自野而生。”唐·杜甫《茅堂检校收稻》诗之一：“红鲜终日有，玉粒未吾悭。”《初学记（卷二十七）·草部·五谷》引晋·王嘉《拾遗记》曰：“东极之东，有琼脂粟。言质白如玉，柔滑如膏，食之尽寿不病。又曰：员峤之山名环丘，上有方湖千里，多大鹤，高一丈，群飞于湖际，衔采不周之粟于环丘之上。粟生穗，高五丈，其粒皎然如玉也。”旧注引《博物志》：“归州有米田，屈原耕此，产白米似玉。”按，今检传世本《博物志》，无此条。不知旧注何据。称米为玉粒，典或出于《战国策·楚策三》：“苏秦之楚，三月乃得见乎王。谈卒，辞而行。楚王曰：‘寡人闻先生，若闻古人。今先生乃不远千里而临寡人，曾不肯留，愿闻其说。’对曰：‘楚国之食贵于玉，薪贵于桂，谒者难得见如鬼，王难得见如天帝。今令臣食玉炊桂，

因鬼见帝。'"后以"桂薪玉粒"指柴米昂贵。

⑤"好酒"四句:语本《世说新语·术解》:"桓公有主簿善别酒,有酒辄令先尝。好者谓'青州从事',恶者谓'平原督邮'。青州有齐郡,平原有鬲县。'从事'言'到脐','督邮'言在'鬲上住'。"东晋桓温手下有个主簿善于品酒,他把好酒叫作"青州从事",因为他认为好酒的酒力能直达脐部,而青州有齐郡,前往青州齐郡担任从事(从事为职官名),也即"到齐",正好谐音"到脐"(古"齐""脐"音同),因以"青州从事"代指好酒。又将劣酒叫作"平原督邮",因为他认为次酒的酒力只能止于胸腹之间的膈(gé)部,而平原郡有鬲(gé)县,在平原担任督邮(督邮也是职官名),也即"鬲上住"(在鬲县驻留),恰好谐音"膈上住"(酒力仅止于膈上),因以"平原督邮"代指劣酒。

⑥鲁酒:语出《庄子·胠箧》:"故曰:唇竭则齿寒,鲁酒薄而邯郸围,圣人生而大盗起。"鲁国出产的酒。味淡薄。后作为薄酒、淡酒的代称。唐·陆德明释文:"许慎注《淮南》云:'楚会诸侯,鲁、赵俱献酒于楚王,鲁酒薄而赵酒厚。楚之主酒吏求酒于赵,赵不与。吏怒,乃以赵厚酒易鲁薄酒奏之。楚王以赵酒薄,故围邯郸也。'"《淮南子·缪称训》:"鲁酒薄而邯郸围,羊羹不斟而宋国危。"茅柴:劣质酒的代称。明·冯时化《酒史·酒品》:"茅柴酒:恶酒曰'茅柴'。"清·赵翼《陔馀丛考·茅柴酒》:"酒之劣者,俗谓之'茅柴酒'。此语盖亦起于宋时。东坡诗:'几思压茅柴,禁网日夜急。'《学斋占毕》引李白'金樽美酒斗十千',杜甫诗'速来相就饮一斗,恰有三百青铜钱'之句,以为酒价何太相悬如此,想是老杜不择饮,而醉村店中压茅柴耳。又苏叔党诗:'茅柴一杯酒,相对奈愁何。'刘后村诗:'茅柴且酌兄。'是'茅柴酒'宋人已用之于诗文矣。然曰'压茅柴',盖酒之新酿,用茅柴压而榨之耳。"

⑦薄酒:寡淡无味的酒。

⑧龙团：宋代贡茶名。圆饼状，上有龙纹，故称。亦名“小团龙”。“龙团”之外，另有“凤团”。宋人文献，多有记载。宋·苏轼《荔支叹》诗“君不见武夷溪边粟粒芽，前丁后蔡相笼加”，自注：“大、小龙茶始于丁晋公，而成于蔡君谟。欧阳永叔闻君谟进小龙团，惊叹曰：‘君谟士人也，何至作此事耶！’”宋·叶梦得《石林燕语》卷八：“仁宗时，蔡君谟……择茶之精者，为小龙团十斤以献。”宋·张舜民《画墁录》卷一：“先丁晋公为福建转运使，始制为凤团，后又为龙团，贡不过四十饼，专拟上供，虽近臣之家，徒闻之而未尝见也。”宋·欧阳修《归田录》卷二：“茶之品，莫贵于龙凤，谓之‘团茶’，凡八饼重一斤。庆历中蔡君谟为福建路转运使，始造小片龙茶以进，其品绝精，谓之‘小团’，凡二十饼重一斤，其价直金二两。……宫人往往镂金花于其上，盖其贵重如此。”宋·王辟之《渑水燕谈录·事志》：“建茶盛于江南，近岁制作尤精，龙凤团茶最为上品，一斤八饼。庆历中，蔡君谟为福建运使，始造小团以充岁贡，一斤二十饼，所谓上品龙茶者也。仁宗尤所珍惜，虽宰臣未尝辄赐，惟郊礼致斋之夕，两府各四人，共赐一饼。宫人翦金为龙凤花贴其上，八人分蓄之，以为奇玩，不敢自试，有嘉客，出而传玩。”亦省称“龙凤”。宋徽宗《〈大观茶论〉序》：“本朝之兴，岁修建溪之贡，龙团凤饼名冠天下，婺源之品亦自此盛。”清·梁章钜《归田琐记·品泉》：“然所谓龙团凤饼，皆须碾碎，方可入饮，非惟烦琐弗便，即茶之真味恐亦无存。”雀舌：以尖细如雀舌的嫩芽焙制的上等茶。唐·刘禹锡《病中一二禅客见问因以谢之》诗：“添炉烹雀舌，洒水净龙须。”宋·沈括《梦溪笔谈·杂志一》：“茶芽，古人谓之‘雀舌’‘麦颗’，言其至嫩也。”明·汪廷讷《种玉记·拂券》：“玉壶烹雀舌，金碗注龙团。”

⑨茗（míng）：茶。

⑩待人礼衰，曰醴（lǐ）酒不设：语本《汉书·楚元王传》：“初，元王

敬礼申公等，穆生不耆酒，元王每置酒，常为穆生设醴。及王戊即位，常设，后忘设焉。穆生退曰：'可以逝矣！醴酒不设，王之意怠，不去，楚人将钳我于市。'" 西汉初年，楚元王刘交礼待大儒，穆生不喜喝酒，特为准备甜酒。到楚元王孙刘戊为王时期，有一次忘了备甜酒，穆生说我可以走了，楚王对我已有怠慢之意。后遂以"醴酒不设"比喻对人的礼敬渐渐减弱。醴酒，甜酒。

⑪款客甚薄：招待客人很不周到。款，款待。薄，疏忽简单。

⑫脱粟（sù）：只去谷皮、不加精制的糙米。泛指粗粮。《晏子春秋·内篇杂下》："晏子相齐，衣十升之布，食脱粟之食。"《史记·平津侯主父列传》："食一肉脱粟之饭。"唐·司马贞索隐："脱粟，才脱谷而已，言不精凿也。"

⑬竹叶青：又称"竹叶清"，古代酒名。旧注："苍梧之地，酿酒杂以竹叶，极清洁，故名竹叶青。"其历史可以追溯到南北朝时期。后代诗文常用以代指名酒、美酒。晋·张华《轻薄篇》："苍梧竹叶清，宜城九酝醝。"宋·苏轼《竹叶酒》："楚人汲汉水，酿酒古宜城。春风吹酒熟，犹似汉江清。耆旧人何在，丘坟应已平。惟余竹叶在，留此千古情。"宋·邹浩《简君瑞觅竹叶清》："通道三杯如李白，解酲五斗似刘伶。尔来心渴鸭头绿，应许唇沾竹叶青。"状元红：酒名。主产于浙江绍兴一带的一种糯米酿制的上等黄酒，历史可以追溯到明代。也用以代指各种好酒。明·汤显祖《牡丹亭·如杭》："这酒便是状元红了。"明·陆人龙《型世言》（第三回）："他积祖在阊门外桥边，开一个大酒坊，做造上京三白、状元红、莲花白，各色酒浆。"

⑭葡萄绿：葡萄可酿酒，味美。古诗文中常以葡萄或以葡萄构词代指美酒。《史记·大宛列传》："（大宛）去汉可万里，……有蒲陶酒。"晋·张华《博物志》卷五："西域有蒲萄酒，积年不败。彼俗云：可至十年饮之，醉弥月乃解。"唐·李白《杂歌谣辞·襄阳

歌》:“遥看汉水鸭头绿,恰似葡萄初酦醅。此江若变作春酒,垒麹便筑糟丘台。”宋·乐史《访白陂陈处士·其二》:“更泻葡萄绿,千杯沃倒愁。”明·王薛《题屿南林遵性学圃轩》:“家人解压葡萄绿,寂寂林扉绝四邻。”珍珠红:酒名。历史可以上溯到唐代。在古诗文中多用以泛称各类名酒佳酿。《大宋宣和遗事》(前集)引唐·李贺《将进酒》诗:“琉璃钟,琥珀浓,小槽酒滴珍珠红。”(今本李贺诗作“真珠红”。)宋·蔡绦《西清诗话·红曲酒》:“李贺云:‘酒滴珍珠红。’夏彦刚云:‘江南人造红曲酒。’”金·元好问《饮酒》:“椰瓢朝倾荔支绿,螺杯暮卷珍珠红。”

⑮香醪(láo):美酒。唐·杜甫《崔驸马山亭宴集》诗:“清秋多宴会,终日困香醪。”醪,本指汁滓混合的浊酒,后亦作为酒的泛称。

【译文】

甘甜酥脆肥美醇浓的美味,应当叫“腐肠之药”;整天吃粗粮野菜裹腹的人,你没法和他形容“太牢”的美味。

皇帝吃的食物,叫“珍馐”;精制白米,又称“玉粒”。

好酒,可以叫作“青州从事”;次等的酒,不妨戏称“平原督邮”。

“鲁酒”“茅柴”,都是劣酒的代称;“龙团”“雀舌”,全是香茶的美名。

待人礼节逐渐怠慢,称“醴酒不设”;待客饮食十分简单,称“脱粟相留”。

“竹叶青”“状元红”,同为美酒;“葡萄绿”“珍珠红”,都是佳酿。

五斗解酲,刘伶独溺于酒①;两腋生风,卢仝偏嗜乎茶②。

茶曰酪奴③,又曰瑞草④;米曰白粲⑤,又曰长腰⑥。

太羹、玄酒⑦,亦可荐馨⑧;尘饭、涂羹,焉能充饿⑨。

酒系杜康所造⑩,腐乃淮南所为⑪。

僧谓鱼曰水梭花,僧谓鸡曰穿篱菜⑫。

临渊羡鱼，不如退而结网[13]；扬汤止沸，不如去火抽薪[14]。羔酒自劳，田家之乐[15]；含哺鼓腹，盛世之风[16]。

【注释】

①五斗解酲（chéng），刘伶（líng）独溺于酒：语本《世说新语·任诞》："刘伶病酒，渴甚，从妇求酒，妇捐酒毁器，涕泣谏曰：'君饮太过，非摄生之道，必宜断之。'伶曰：'甚善！吾不能自禁，唯当祝鬼神自誓断之耳。便可具酒肉。'妇曰：'敬闻命。'供酒肉于神前，请伶祝誓。伶跪而祝曰：'天生刘伶，以酒为名。一饮一斛，五斗解酲。妇人之言，慎不可听。'便引酒进肉，隗然已醉矣。"南朝梁·刘孝标注："《毛公注》曰：'酒病曰酲。'"五斗解酲，是刘伶对妻子的戏言，谓大量饮酒才能解除酒病。酲，指病酒，酒后神志不清。刘伶，字伯伦，生卒年不详，沛国（今安徽淮北）人。魏晋之际名士，竹林七贤之一。魏末曾官建威参军。酷爱喝酒，肆意放荡，蔑视礼法，崇尚无为。后世常常用他的名字代指嗜酒旷逸之人。《晋书·刘伶传》："刘伶，字伯伦，沛国人也。身长六尺，容貌甚陋。放情肆志，常以细宇宙齐万物为心。澹默少言，不妄交游，与阮籍、嵇康相遇，欣然神解，携手入林。初不以家产有无介意。常乘鹿车，携一壶酒，使人荷锸而随之，谓曰：'死便埋我。'其遗形骸如此。尝渴甚，求酒于其妻。妻捐酒毁器，涕泣谏曰：'君酒太过，非摄生之道，必宜断之。'伶曰：'善！吾不能自禁，惟当祝鬼神自誓耳。便可具酒肉。'妻从之。伶跪祝曰：'天生刘伶，以酒为名。一饮一斛，五斗解酲。妇儿之言，慎不可听。'仍引酒御肉，隗然复醉。"

②两腋生风，卢仝（tóng）偏嗜（shì）乎茶：语本唐·卢仝《走笔谢孟谏议寄新茶》诗："一碗喉吻润，两碗破孤闷。三碗搜枯肠，唯有文字五千卷。四碗发轻汗，平生不平事，尽向毛孔散。五碗肌

骨清。六碗通仙灵。七碗吃不得也,唯觉两腋习习清风生。蓬莱山,在何处?玉川子,乘此清风欲归去。"两腋生风,有清风生于腋下,似乎可以乘风羽化登仙,比喻饮茶到了一种如仙似幻的境界。卢仝(796?—835),唐济源(今属河南)人,祖籍范阳(今河北涿州)。初隐少室山,自号玉川子。元和年间移居洛阳。时韩愈为河南令,厚遇之。卢仝尝作《月蚀诗》以刺时政,为韩愈所称。好饮茶,为《茶歌》,句多奇警。唐文宗大和九年(835),甘露之祸起,宦官追捕宰相王涯,卢仝适与诸客会食王涯馆中,且留宿,被误杀。有《玉川子诗集》。

③酪(lào)奴:语出北魏·杨衒之《洛阳伽蓝记·正觉寺》:"肃与高祖殿会,食羊肉酪粥甚多。高祖怪之,谓肃曰:'卿,中国之味也。羊肉何如鱼羹?茗饮何如酪浆?'肃对曰:'羊者,是陆产之最;鱼者,乃水族之长。所好不同,并各称珍。以味言之,甚是优劣。羊比齐、鲁大邦,鱼比邾、莒小国。唯茗不中,与酪作奴。……'彭城王谓肃曰:'卿不重齐、鲁大邦,而爱邾、莒小国。'肃对曰:'乡曲所美,不得不好。'彭城王重谓曰:'卿明日顾我,为卿设邾、莒之食,亦有酪奴。'因此复号茗饮为酪奴。"南齐人王肃(字恭懿)因父兄为齐武帝所杀,乃奔魏,甚得北魏孝文帝元宏器重。孝文帝问王肃南北饮食口味差异,王肃说茶好比酪奴。彭城王元勰宴请王肃,专门准备南方口味的饭菜,还加一句"亦有酪奴",意即备有茶。后世遂称茶为"酪奴"。酪,奶酪,以牛羊乳汁制成的饮品。

④瑞草:"瑞草魁"的省称,亦是茶的别名。语本唐·杜牧《题茶山》诗:"山实东吴秀,茶称'瑞草魁'。"宋·孙奕《履斋示儿编·杂记·人物异名》:"茗曰'酪奴''瑞草魁'。"

⑤白粲(càn):本为秦汉时的一种刑罚,令罪人选精米以供祭祀,施于高级官员命妇及其后裔中的女子犯罪者。《汉书·惠帝纪》:"上造以上及内外公孙、耳孙有罪当刑及当为城旦舂者,皆耐为

鬼薪白粲。”唐·颜师古注引东汉·应劭曰：“坐择米使正白为白粲。”《后汉书·章帝纪》：“系囚鬼薪、白粲已上，皆减本罪各一等。”唐·李贤注：“男子为鬼薪，取薪以给宗庙。女子为白粲，使择米白粲粲然。”后遂用指白米。《宋书·孝义传·何子平》：“扬州辟从事史，月俸得白米，辄货市粟麦。人或问曰：‘所利无几，何足为烦？’子平曰：‘尊老在东，不办常得生米，何心独飨白粲。’”宋·苏轼《送江公著知吉州》诗：“白粲连樯一万艘，红妆执乐三千指。”

⑥长腰：亦称“长腰枪”，稻米的品名。宋·苏轼《和文与可洋川园池》之十二：“劝君多拣长腰米，消破亭中万斛泉。”宋·赵次公注：“长腰米，汉上米之绝好者。”唐·李贺《始为奉礼忆昌谷山居》“长枪江米熟”，清·姚文燮集注：“汉上呼米为长腰枪。”亦省称“长腰”。宋·范成大《劳畬耕》诗：“吴田黑壤腴，吴米玉粒鲜。长腰瓠犀瘦，齐头珠颗圆。”自注：“长腰米狭长，亦名‘箭子’，齐头白圆净如珠，……皆吴中米品也。”

⑦太羹（gēng）：通常写作“大羹”。不和五味的肉汁，用以祭祀。《周礼·天官·亨人》：“祭祀，共大羹、铏羹。”东汉·郑玄注：“大羹，肉湆。郑司农云：‘大羹，不致五味也。’”《礼记·乐记》：“大飨之礼，尚玄酒而俎腥鱼，大羹不和，有遗味者矣。”东汉·郑玄注：“大羹，肉湆（qì，肉汁），不调以盐菜。”玄酒：古代祭礼中当酒用的清水。《礼记·礼运》：“故玄酒在室，醴醆在户。”唐·孔颖达疏：“玄酒，谓水也。以其色黑，谓之‘玄’。而太古无酒，此水当酒，故谓之‘玄酒’。”

⑧荐馨（xīn）：献祭。荐，献。馨，祭品的香味。

⑨尘饭、涂羹，焉能充饿：语本《韩非子·外储说左上》：“夫婴儿相与戏也，以尘为饭，以涂为羹，以木为胾，然至日晚必归饷者，尘饭涂羹可以戏而不可食也。”尘饭、涂羹，儿童嬉戏，以土做饭，以泥

做羹,比喻以假当真或无足轻重的事物。涂,烂泥。

⑩杜康:传说中最早造酒的人。《尚书·酒诰》:“惟天降命,肇我民惟元祀。”唐·孔颖达疏引东汉·应劭《世本》:“杜康造酒。”《文选·魏武帝(曹操)〈短歌行〉》:“何以解忧,唯有杜康。”唐·李善注引晋·张华《博物志》:“杜康作酒。”

⑪腐:豆腐。淮南:指西汉淮南王刘安(前179—前122)。相传他是豆腐的发明者。明·李时珍《本草纲目·豆腐》:“豆腐之法,始于汉淮南王刘安。凡黑豆、黄豆及白豆、泥豆、豌豆、绿豆之类,皆可为之。”然,“豆腐”似始见于宋人文献,颇疑唐、五代前并无此物。

⑫僧谓鱼曰水梭花,僧谓鸡曰穿篱菜:语本宋·苏轼《东坡志林》卷二:“僧谓酒为‘般若汤’,谓鱼为‘水梭花’,鸡为‘钻篱菜’,竟无所益,但自欺而已。世常笑之,人有为不义而文之以美名者,与此何异哉!”水梭花,僧人对鱼的隐称。僧人素食,讳言荤腥之名,因鱼往来水中,形似穿梭,故称。穿篱菜,亦作“钻篱菜”。僧人对鸡的隐称。僧人素食,讳言荤腥之名,因鸡善于穿篱而过,故称。

⑬临渊羡鱼,不如退而结网:广为汉人引用,当为古代俗语。比喻空有愿望,而无实际行动。《淮南子·说林训》:“临河而羡鱼,不如归家织网。”东汉·高诱:“羡,愿也。”《汉书·董仲舒传》暨《汉书·礼乐志》载董仲舒对策:“古人有言曰:‘临渊羡鱼,不如退而结网。’今临政而愿治七十余岁矣,不如退而更化;更化则可善治,善治则灾害日去,福禄日来。”西汉·扬雄《河东赋》:“雄以为临川羡鱼,不如归而结网。”

⑭扬汤止沸,不如去火抽薪:广为秦汉人引用,当为古代俗语。把烧开的水舀出来再倒回去,是不能使它凉下来不沸腾的;要想让烧开的水不沸腾,只能是抽掉柴火以断绝火源。比喻处理问题,不能只治标而不治本。西汉·枚乘《上书谏吴王》:“欲汤之沧,一

人炊之，百人扬之，无益也；不如绝薪止火而已。”《后汉书·董卓传》：“卓得召，即时就道。并上书曰：‘中常侍张让等窃幸承宠，浊乱海内。臣闻：“扬汤止沸，莫若去薪；溃痈虽痛，胜于内食。”昔赵鞅兴晋阳之甲，以逐君侧之恶人。今臣辄鸣钟鼓如洛阳，请收让等，以清奸秽。’”而在“扬汤止沸”之先，已有“以汤止沸”。《吕氏春秋·季春纪·尽数》：“夫以汤止沸，沸愈不止，去其火则止矣。”《淮南子·精神训》：“故以汤止沸，沸乃不止，诚知其本，则去火而已矣。”

⑮羔酒自劳，田家之乐：语本西汉·杨恽《报孙会宗书》：“田家作苦，岁时伏腊，烹羊炰羔，斗酒自劳。”羔酒自劳，宰羊饮酒来慰劳自己。劳，慰劳，犒劳。田家，农户，农民。

⑯含哺（bǔ）鼓腹，盛世之风：语本《庄子·马蹄》：“夫赫胥氏之时，民居不知所为，行不知所之，含哺而熙，鼓腹而游，民能以此矣。”唐·成玄英疏：“赫胥，上古帝王也；亦言有赫然之德，使民胥附，故曰‘赫胥’，盖炎帝也。夫行道之时，无为之世，心绝缘虑，安居而无所为；率性而动，游行而无所往。既而含哺而熙戏，与婴儿而不殊；鼓腹而遨游，将童子而无别。此至淳之世，民能如此也。”含哺鼓腹，含着食物，鼓起肚子，形容太平时代无忧无虑的生活。哺，含在口里的食物。

【译文】

声称要再喝五斗才能解酒，刘伶一味沉溺饮酒到如此地步；两腋习习生风，嗜茶的卢仝喝七碗后竟产生这样的幻觉。

茶别称“酪奴”，也叫“瑞草”；米别称“白粲”，又称“长腰”。

“太羹”和“玄酒”，均可用于祭祀；“尘饭”“涂羹”，怎能饱肚充饥？

酒是杜康最早酿造，豆腐由淮南王首先发明。

馋嘴和尚戏称鱼为“水梭花”，又把鸡叫作“穿篱菜”。

与其趴在水边看着鱼儿流口水，不如回去编织渔网；舀动开水指望它不再沸腾冒泡，不如直接抽走柴火。

宰羊饮酒，慰劳自己，是农家生活的乐趣；口含食物，拍着肚子四处游逛，是太平盛世的景象。

人贪食，曰徒铺啜[①]；食不敬，曰嗟来食[②]。

多食不厌，谓之饕餮之徒[③]；见食垂涎，谓有欲炙之色[④]。

未获同食，曰向隅[⑤]；谢人赐食，曰饱德[⑥]。

安步可以当车，晚食可以当肉[⑦]。

饮食贫难，曰半菽不饱[⑧]；厚恩图报，曰每饭不忘[⑨]。

谢扰人，曰兵厨之扰[⑩]；谦待薄，曰草具之陈[⑪]。

白饭青刍，待仆马之厚[⑫]；炊金馔玉[⑬]，谢款客之隆。

【注释】

①徒铺（bǔ）啜（zhuì）：语出《孟子·离娄上》："孟子谓乐正子曰：'子之从于子敖来，徒铺啜也。'"朱子集注："铺，食也；啜，饮也。言其不择所从，但求食耳。"只图吃喝，犹今言"大吃货"。铺，同"哺"，吃。啜，与"啜"同义，饮，喝。

②食不敬，嗟（jiè）来食：语出《礼记·檀弓下》："齐大饥，黔敖为食于路，以待饿者而食之。有饿者蒙袂辑屦，贸贸然来。黔敖左奉食，右执饮，曰：'嗟！来食。'扬其目而视之曰：'予唯不食嗟来之食，以至于斯也！'从而谢焉，终不食而死。"原指悯人饥饿，呼其来食，后多指侮辱性的施舍。嗟，不礼貌的招呼声，相当于现在的叹词"喂"。

③多食不厌，谓之饕餮（tāo tiè）之徒：语本《左传·文公十八年》："缙云氏有不才子，贪于饮食，冒于货贿，侵欲崇侈，不可盈厌，聚敛积实，不知纪极，不分孤寡，不恤穷匮，天下之民以比三凶，谓

之‘饕餮’。”暨《史记·五帝本纪》:“缙云氏有不才子,贪于饮食,冒于货贿,天下谓之‘饕餮’。”不厌,不满足。饕餮之徒,贪婪贪吃的人。

④见食垂涎,谓有欲炙之色:语本《晋书·顾荣传》:“会赵王伦诛淮南王允,收允僚属付廷尉,皆欲诛之,荣平心处当,多所全宥。及伦篡位,伦子虔为大将军,以荣为长史。初,荣与同僚宴饮,见执炙者貌状不凡,有欲炙之色,荣割炙啖之。坐者问其故,荣曰:‘岂有终日执之而不知其味!’及伦败,荣被执,将诛,而执炙者为督率,遂救之,得免。”西晋顾荣与同僚宴饮,看见烤肉的人想吃肉,就送了一份他吃。垂涎,流口水。炙,烤肉。

⑤未获同食,曰向隅(yú):语本西汉·刘向《说苑·贵德》:“故圣人之于天下也,譬犹一堂之上也。今有满堂饮酒者,有一人独索然向隅而泣,则一堂之人皆不乐矣。”向隅,面壁,对着墙角。后遂以比喻孤独失意或不得机遇而失望。

⑥饱德:饱受德惠。《诗经·大雅·既醉》:“既醉以酒,既饱以德。君子万年,介尔景福。”朱子集传:“此父兄所以答《行苇》之诗。言享其饮食恩意之厚,而愿其受福如此也。”《礼记·坊记》:“子云:‘敬则用祭器。故君子不以菲废礼,不以美没礼。故食礼,主人亲馈,则客祭,主人不亲馈,则客不祭。故君子苟无礼,虽美不食焉。《易》曰:“东邻杀牛,不如西邻之禴祭,实受其福。”《诗》云:“既醉以酒,既饱以德。”以此示民,民犹争利而忘义。’”

⑦安步可以当车,晚食可以当肉:语本《战国策·齐策四》:“颜斶辞去,曰:‘夫玉生于山,制则破焉;非弗宝贵矣,然夫璞不完。士生乎鄙野,推选则禄焉;非不得尊遂也,然而形神不全。斶愿得归,晚食以当肉,安步以当车,无罪以当贵,清静贞正以自虞。制言者,王也;尽忠直言者,斶也。言要道已备矣,愿得赐归,安行而反臣之邑屋!’则再拜而辞去也。”战国时,齐宣王邀请高士颜斶出

仕做官，颜斶回绝说："我吃饭晚些相当于吃肉（因为胃口更好），从容步行就当是乘车，不犯法相当于身份高贵，内心清静忠贞自娱自安。"

⑧饮食贫难，曰半菽（shū）不饱：语本《汉书·项籍传》："今岁饥民贫，卒食半菽，军无见粮。"唐·颜师古注："孟康曰：'半，五升器名也。'臣瓒曰：'士卒食蔬菜以菽杂半之。'瓒说是也。'菽'谓豆也。"《史记·项羽本纪》作"今岁饥民贫，士卒食芋菽，军无见粮"。南朝宋·裴骃集解引晋·徐广云："芋，一作'半'。"半菽，谓半菜半粮，饭食粗劣。菽，豆。

⑨每饭不忘：语出《史记·张释之冯唐列传》："文帝曰：'吾居代时，吾尚食监高祛数为我言赵将李齐之贤，战于钜鹿下。今吾每饭，意未尝不在钜鹿也。'"吃饭时都没有忘记，形容时刻不忘。

⑩谢扰人，曰兵厨之扰：语本《三国志·魏书·阮籍传》："瑀子籍，才藻艳逸，而倜傥放荡，行己寡欲，以庄周为模则。官至步兵校尉。"南朝宋·裴松之注引《魏氏春秋》曰："籍旷达不羁，不拘礼俗。性至孝，居丧虽不率常检，而毁几至灭性。兖州刺史王昶请与相见，终日不得与言，昶叹赏之，自以不能测也。太尉蒋济闻而辟之，后为尚书郎、曹爽参军，以疾归田里。岁余，爽诛，太傅及大将军乃以为从事中郎。后朝论以其名高，欲显崇之，籍以世多故，禄仕而已，闻步兵校尉缺，厨多美酒，营人善酿酒，求为校尉，遂纵酒昏酣，遗落世事。"暨《世说新语·任诞》："步兵校尉缺，厨中有贮酒数百斛，阮籍乃求为步兵校尉。"晋代阮籍嗜酒，听说步兵校尉厨中藏了很多美酒，就申请做步兵校尉。兵厨，步兵校尉之厨的简称。

⑪草具：指粗劣的饭食。《战国策·齐策四》："左右以君贱之也，食以草具。"《史记·范雎蔡泽列传》："秦王弗信，使舍食草具，待命岁余。"唐·司马贞索隐："谓亦舍之，而食以下客之具，然草具，

谓粗食草莱之馔具。”《史记·陈丞相世家》：“汉王为太牢具，举进。见楚使，即佯惊曰：‘吾以为亚父使，乃项王使。’复持去，更以恶草具进楚使。”

⑫白饭青刍（chú），待仆马之厚：语本唐·杜甫《入奏行赠西山检察使窦侍御》诗：“江花未落还成都，肯访浣花老翁无。为君酤（一作“酣”）酒满眼酤，与奴白饭马青刍。”以白米饭款待仆人，以新鲜青草喂马，比喻待客周到。青刍，新鲜草料。

⑬炊金馔（zhuàn）玉：又作“馔玉炊金”。语本《战国策·楚策三》：“楚国之食贵于玉，薪贵于桂。”指食品贵如玉，燃料贵似金。原形容物价昂贵，生活艰难；后形容生活奢华。此处比喻饮食珍贵豪奢，待客热情。唐·骆宾王《帝京篇》：“平台戚里带崇墉，炊金馔玉待鸣钟。”清·洪昇《长生殿·献饭》：“寻常进御大官，馔玉炊金，食前方丈，珍羞百味，犹兀自嫌他调和无当。”此句，李光明庄本作“炊金爨玉”，据《战国策》及他本改。

【译文】

贪食的人绰号“徒铺啜”；给人东西吃但语气轻蔑侮辱，叫“嗟来食”。

贪食而不知足的人，叫“饕餮之徒”；看见食物流口水，称有“欲炙之色”。

未能同桌吃饭而独自面壁，称为“向隅”；感谢别人馈赠食物，客气说法是“饱德”。

从容步行，可以代替乘车；晚些吃饭，效果如同吃肉。

家境贫困，难得吃饱，称为“半菽不饱”；受人厚恩，常思报答，叫作“每饭不忘”。

表达叨扰饭食的谢意，说“兵厨之扰”；自谦待客不周，说“草具之陈”。

“白饭青刍”，接待来客的仆人和马匹也如此周到；“炊金馔玉”，形容饮食豪奢精致，是感谢主人款待隆重的客气话。

家贫待客，但知抹月披风[①]；冬月邀宾，乃曰敲冰煮茗[②]。

君侧元臣，若作酒醴之曲蘖；朝中冢宰，若作和羹之盐梅[③]。

宰肉甚均，陈平见重于父老[④]；戛羹示尽，丘嫂心厌乎汉高[⑤]。

毕卓为吏部而盗酒，逸兴太豪[⑥]；越王爱士卒而投醪，战气百倍[⑦]。

惩羹吹齑[⑧]，谓人惩前警后[⑨]；酒囊饭袋[⑩]，谓人少学多餐。

隐逸之士，漱石枕流[⑪]；沉湎之夫，藉糟枕曲[⑫]。

昏庸桀纣，胡为酒池肉林[⑬]？苦学仲淹，惟有断齑画粥[⑭]！

【注释】

①抹月披风：一般写作“抹月批风”。用风月当菜肴。家贫无可待客的戏言。抹，细切。批，薄切。宋·苏轼《和何长官六言次韵》之四：“贫家何以娱客，但知抹月批风。”宋·杨万里《寄题俞叔奇国博郎中园亭咏·亦好亭》：“客来莫道无供给，抹月批风当八珍。”

②冬月邀宾，乃曰敲冰煮茗：语本五代·王仁裕《开元天宝遗事·敲冰煮茗》：“逸人王休，居太白山下，日与僧道异人往还。每至冬时，取溪冰敲其晶莹者煮建茗，共宾客饮之。”又，唐·白居易《晚起》诗：“融雪煎香茗，调酥煮乳糜。”冬月，农历十一月的别称。这里泛指冬季。敲冰煮茗，敲取冰块用以煮茶。

③“君侧元臣”四句：语本《尚书·说命下》：“尔惟训于朕志。若作

酒醴，尔惟曲蘖，若作和羹，尔惟盐梅。”西汉·孔安国传：“酒醴须曲蘖以成，亦言我须汝以成。盐，咸。梅，醋。羹须咸醋以和之。”酿酒不能没有曲蘖发酵；做肉羹不能没有盐梅调味。故将君王身边的元老重臣比作曲蘖、盐梅。君侧元臣，帝王身边的重臣元老。曲蘖（qū niè），酒曲。冢宰，官名。即太宰。见前《文臣》篇“吏部，天官大冢宰”条注。此指朝廷重臣。和羹，调和羹汤。盐梅，盐和梅子。在古代是重要的调味品。盐味咸，梅味酸，均为调味所需。亦喻指国家所需的贤才。

④宰肉甚均，陈平见重于父老：语本《史记·陈丞相世家》：“里中社，平为宰，分肉食甚均。父老曰：‘善，陈孺子之为宰！’平曰：‘嗟乎，使平得宰天下，亦如是肉矣！’”《汉书·陈平传》亦载。西汉丞相陈平年轻时，乡里祭社时，陈平为宰，分肉均匀，受到父老称赞。陈平说将来我若能做宰相，处理事情也会如此公平。宰肉，主持分肉。陈平（？—前178），西汉阳武（今河南原阳）人。家贫，好学。秦末，陈胜起事，事魏王咎为太仆。后从项羽入关，任都尉。旋归刘邦，任护军中尉。为谋士。献离间项羽、范增，笼络韩信之计，均被采纳。刘邦为匈奴围于平城，以计赂匈奴阏氏，得出。汉高祖七年（前200），封曲逆侯。惠帝、吕后、文帝时，历任丞相。吕后死，陈平与太尉周勃等合谋，诛诸吕，迎立文帝。任丞相。卒谥献。

⑤戛（jiá）羹示尽，丘嫂心厌乎汉高：语本《史记·楚元王世家》：“高祖兄弟四人，长兄伯，伯蚤卒。始高祖微时，尝辟事，时时与宾客过巨嫂食。嫂厌叔，叔与客来，嫂详为羹尽，栎釜，宾客以故去。已而视釜中尚有羹，高祖由此怨其嫂。及高祖为帝，封昆弟，而伯子独不得封。太上皇以为言，高祖曰：‘某非忘封之也，为其母不长者耳。’于是乃封其子信为羹颉侯。”汉高祖刘邦年轻时带朋友到大嫂家里蹭饭，大嫂不耐烦地刮着锅底假装没有了。刘邦因此

埋怨大嫂，当上皇帝之后，不肯分封大嫂的儿子，后来因为太上皇说情，才封大嫂的儿子刘信为羹颉侯。戛羹示尽，戛戛地刮着锅盆底的残羹，表示吃完了。戛，象声词。拟刮锅声。丘嫂，长嫂，大嫂。汉高，汉高祖刘邦。

⑥毕卓为吏部而盗酒，逸兴太豪：语本《晋书·毕卓传》："毕卓字茂世，新蔡鲖阳人也。父谌，中书郎。卓少希放达，为胡毋辅之所知。太兴末，为吏部郎，常饮酒废职。比舍郎酿熟，卓因醉夜至其瓮间盗饮之，为掌酒者所缚，明旦视之，乃毕吏部也，遽释其缚。卓遂引主人宴于瓮侧，致醉而去。卓尝谓人曰：'得酒满数百斛船，四时甘味置两头，右手持酒杯，左手持蟹螯，拍浮酒船中，便足了一生矣。'及过江，为温峤平南长史，卒官。"晋元帝太兴末年，吏部郎毕卓醉后潜入邻家偷酒喝被抓。毕卓，字茂世，生卒年不详，晋新蔡鲖阳（今安徽临泉）人。大兴（按，亦作"太兴"。晋元帝年号，起于318年，讫于321年）末年，任吏部郎，酷爱喝酒。他曾经说：左手擘蟹螯，右手执酒杯，在酒池中拍浮，便可以终此一生。

⑦越王爱士卒而投醪（láo），战气百倍：语本《吕氏春秋·季秋纪·顺民》："越王苦会稽之耻，欲深得民心，以致必死于吴。身不安枕席，口不甘厚味，目不视靡曼，耳不听钟鼓。三年苦身劳力，焦唇干肺。内亲群臣，下养百姓，以来其心。有甘脆不足分，弗敢食；有酒流之江，与民同之。"东汉·高诱注："投醪，同味。"越王勾践为报仇雪耻，事事与百姓同甘共苦。有美酒，不敢独自享用，而是倒进江里，和百姓同饮。后遂以"投醪"指与军民同甘苦。投醪，将美酒投入江河之中。战气，士气。

⑧惩羹吹齑（jī）：语出《楚辞·九章·惜诵》："惩于羹者而吹齑兮，何不变此志也。"东汉·王逸章句："言人有歠羹而中热，心中惩忿，见齑则恐而吹之。"被热汤烫过嘴，吃凉菜也要吹一吹，比喻受到过教训，遇事过分小心。齑，切得细碎的菜。也指咸菜、酱菜

之类。

⑨惩前警后：同“惩前毖（bì）后”。指批判以前所犯的错误，吸取教训，使以后谨慎些，不致再犯。《诗经·周颂·小毖》：“予其惩而毖后患。”惩，警戒。毖，谨慎。

⑩酒囊饭袋：语出东汉·王充《论衡·别通》：“饱食快饮，虑深求卧，腹为饭坑，肠为酒囊。”比喻只会吃喝而不会做事的无能之辈。《类说》卷二十二引宋·陶岳《荆湖近事》：“马氏奢僭，诸院王子仆从烜赫，文武之道，未尝留意。时谓之‘酒囊饭袋’。”

⑪隐逸之士，漱石枕流：语本南朝宋·刘义庆《世说新语·排调》：“孙子荆年少时，欲隐。语王武子‘当枕石漱流’，误曰‘漱石枕流’。王曰：‘流可枕，石可漱乎？’孙曰：‘所以枕流，欲洗其耳；所以漱石，欲砺其齿。’”晋代孙楚（字子荆）年轻时想隐居，称志在“枕石漱流”（以山石为枕，用流水漱口），结果口误说成“枕流漱石”，遂辩称：“枕流是为了洗耳，漱石是为了磨砺牙齿。”后以“漱石枕流”形容隐居生活。

⑫沉湎之夫，藉（jiè）糟（zāo）枕曲：语本《晋书·刘伶传》所载《酒德颂》：“先生于是方捧罂承槽，衔杯漱醪，奋髯箕踞，枕曲藉糟，无思无虑，其乐陶陶。”藉糟枕曲，指以酒曲做枕头，以酒糟做垫席。比喻极度嗜酒。藉，垫席。此处活用为动词。

⑬昏庸桀（jié）纣（zhòu），胡为酒池肉林：语本《史记·殷本纪》：“大冣乐戏于沙丘，以酒为池，县肉为林，使男女倮相逐其间，为长夜之饮。”后即以“酒池肉林”形容极度奢侈腐朽的生活。桀纣，桀和纣，分别为夏朝和商朝的亡国之君。相传都很荒淫残暴，后亦用以泛指暴君、昏君。胡，为什么，怎么，怎样。

⑭苦学仲淹，惟有断齑（jī）画粥：语本宋·朱熹《五朝名臣言行录（七之二）·参政范文正公》“公生二岁而孤”条原注引宋·魏泰《东轩笔录》：“公（范仲淹）少与刘某同上长白山僧舍修学，惟煮

粟米二升,作粥一器,经宿遂凝,以刀画为四块,早晚取二块,断齑十数茎,醋汁半盂,入少盐,暖而啖之。如此者三年。”范仲淹小时候家里很穷,曾寄居寺庙读书,每天煮粥待凝固后划成四块,早晚各取两块,就着数十根咸菜吃。断齑,将咸菜切成几段。画粥,用刀将冷粥划成几块。后遂以“断齑画粥”形容贫苦力学。

【译文】

家贫招待客人,只知“抹月批风”;冬天邀请宾朋雅聚,文雅说法是“敲冰煮茗”。

君王身边的元老,作用如同酿酒的酒曲;朝堂之上的重臣,地位好像调羹汤的盐梅。

因为分割祭肉十分公平,陈平深受父老乡亲的推重好评;敲锅刮盆表示羹饭已经吃完,这是大嫂心里厌烦刘邦上门蹭饭的表现。

毕卓官居吏部郎,竟然半夜三更潜入邻家盗酒,他的兴致太豪放;越王爱惜士卒,在河中倾倒美酒供大家同饮,令将士们斗志百倍。

被羹烫伤后吃冷菜也要吹一吹,是说吸取教训到了谨小慎微的地步;“酒囊饭袋”,是形容不学无术只知道吃喝。

借山石磨牙,用流水洗耳,这是形容隐士的生活;垫着酒糟,枕着酒曲,则是描述酒鬼的醉态。

桀、纣这样的昏君,为何“酒池肉林”,奢靡无度?范仲淹求学之时,只能“断齑画粥”度日,何等刻苦!

宫室

【题解】

宫室,即房屋建筑。本篇24联,讲的都是和房屋建筑有关的成语典故。

洪荒之世，野处穴居；有巢以后，上栋下宇[①]。

竹苞松茂[②]，谓制度之得宜[③]；鸟革翚飞[④]，谓创造之尽善。

朝廷，曰紫宸[⑤]；禁门[⑥]，曰青琐[⑦]。

宰相职掌丝纶[⑧]，内居黄阁[⑨]；百官具陈章疏[⑩]，敷奏丹墀[⑪]。

木天署[⑫]，学士所居[⑬]；紫薇省[⑭]，中书所莅[⑮]。

金马、玉堂，翰林院宇[⑯]；柏台、乌府，御史衙门[⑰]。

布政司[⑱]，称为藩府[⑲]；按察司[⑳]，系是臬司[㉑]。

潘岳种桃于满县，故称花县[㉒]；子贱鸣琴以治邑，故曰琴堂[㉓]。

潭府[㉔]，是仕宦之家[㉕]；衡门[㉖]，乃隐逸之宅。

【注释】

①“洪荒之世”四句：语本《周易·系辞下》：“上古穴居而野处，后世圣人易之以宫室，上栋下宇，以待风雨，盖取诸大壮。”洪荒，混沌、蒙昧的状态。借指远古时代。宋·杨万里《汉文帝有圣贤之风论》：“洪荒之世，人与禽之未别。”野处穴居，在野外生活，在洞穴居住，形容人类未有房屋前的生活状态。东汉·班固《白虎通·崩薨》：“太古之时，穴居野处，衣被带革，故死，衣之以薪，内藏不饰。”有巢，指有巢氏，中国上古传说人物，传说他教会了人们筑巢而居。《韩非子·五蠹》：“上古之世，人民少而禽兽众，人民不胜禽兽虫蛇，有圣人作，构木为巢以避群害，而民悦之，使王天下，号之曰‘有巢氏’。”上栋下宇，语出《周易·系辞下》。宋·袁文《瓮牖闲评》卷六：“今人呼庭宇、院宇、宇下，乃《易》所谓上栋下宇者，宇下，屋檐是也。”“上栋”是房屋顶部支撑房瓦的

椽子、檩子及其总称；而“下宇”则是支撑“上栋”的房柱、房梁的总称。

②竹苞松茂：语出《诗经·小雅·斯干》：“如竹苞矣，如松茂矣。”毛传：“苞，本也。”唐·孔颖达疏：“以竹言苞，而松言茂，明各取一喻，以竹笋丛生而本概，松叶隆冬而不凋，故以为喻。”此诗以“竹苞松茂”喻根基稳固，枝叶繁荣，后多用作新屋落成或向人祝寿时的颂词。

③制度：制作。唐·赵元一《奉天录》卷一：“臣望奉天有天子气，宜制度为垒，以备非常。”

④鸟革翚（huī）飞：语出《诗经·小雅·斯干》：“如鸟斯革，如翚斯飞。”毛传：“革，翼也。”孔疏：“其斯革、斯飞，言檐阿之势似鸟飞也。翼言其体，飞象其势，各取喻也。”朱子集传：“其栋宇峻起，如鸟之警而革也，其檐阿华采而轩翔，如翚之飞而矫其翼也，盖其堂之美如此。”如同鸟儿展翅、野鸡飞翔一般，比喻飞檐斗拱建造华美，形容房屋建造得好。革，鸟翅膀。此处活用为动词，是展翅之义。翚，羽毛五彩的野鸡。

⑤紫宸（chén）：宫殿名。紫宸殿，汉代为天子所居，唐宋时期的紫宸殿为接见群臣及外国使者朝见庆贺的内朝正殿。亦泛指宫廷。借指帝王、帝位。参阅《唐六典·尚书工部》、宋·王应麟《玉海·宫室·唐紫宸殿》。唐·杜甫《冬至》诗：“杖藜雪后临丹壑，鸣玉朝来散紫宸。”

⑥禁门：宫门。《汉书·霍光传》：“皇太后乃车驾幸未央承明殿，诏诸禁门毋内昌邑群臣。”亦借指宫廷。南朝梁·沈约《授李居壬等制》：“尽力禁门，诚著夷险。”

⑦青琐（suǒ）：装饰皇宫门窗的青色连环花纹。汉代紫宸殿门窗以青色涂抹。《汉书·元后传》：“曲阳侯根骄奢僭上，赤墀青琐。”三国魏·孟康注：“以青画户边镂中，天子制也。”唐·颜师古注：

“孟说是。青琐者，刻为连环文，而青涂之也。”代指宫门。亦可借指宫廷。本句“青琐”之“琐”，李光明庄本作“锁”，据《汉书》及他本改。“琐”“锁”二字，可通。镂玉为连环叫“琐”，后以金属为之，作“锁”。

⑧职掌丝纶（lún）：《礼记·缁衣》：“王言如丝，其出如纶。”后中书省代皇帝草拟诏旨，称为“掌丝纶”。

⑨黄阁：汉代丞相、太尉和汉以后的三公官署避用朱门，厅门涂黄色，以区别于天子。东汉·卫宏《汉旧仪》卷上：“（丞相）听事阁曰‘黄阁’。”《宋书·礼志二》：“三公黄阁，前史无其义。……三公之与天子，礼秩相亚，故黄其阁，以示谦不敢斥天子，盖是汉来制也。”后因以“黄阁”指宰相官署。唐·韩翃《奉送王相公缙赴幽州巡边》诗：“黄阁开帷幄，丹墀侍冕旒。”唐时门下省亦称“黄阁”。唐·杜甫《奉赠严八阁老》诗：“扈圣登黄阁，明公独妙年。”宋·王应麟《困学纪闻·评诗》：“旧史《严武传》迁给事中，时年三十二。给事中属门下省，开元曰‘黄门省’，故云‘黄阁’。”亦用以借指宰相。唐·钱起《送张员外出牧岳州》诗：“自怜黄阁知音在，不厌彤幨出守频。”

⑩百官：古指公卿以下的众官，后泛指各级官吏。此处指朝臣。具陈：备陈，详述。这里指向皇帝详细呈奏。章疏：旧时臣下向君上进呈的言事文书。

⑪敷奏：陈奏，向君上报告。《尚书·舜典》：“敷奏以言，明试以功，车服以庸。”西汉·孔安国传：“敷，陈；奏，进也。”丹墀（chí）：指宫中的台阶，用丹朱色涂抹，故称。墀，台阶。

⑫木天署：宋代秘书阁穹窿高敞，称为“木天”。宋·沈括《梦溪笔谈·杂志一》卷二十四：“内诸司舍屋，惟秘阁最宏壮。阁下穹隆高敞，谓之‘木天’。”宋·陆游《恩除秘书监》诗：“扶上木天君莫笑，衰残不似壮游时。”后世亦以“木天署”指翰林院。明·唐

寅《贫士吟》诗:“官袍着处君恩渥,遥上青云到木天。”

⑬学士:此处指翰林学士。

⑭紫薇省:唐开元元年(713)取天文紫微垣之义,改中书省为紫微省,中书令为紫微令。省中种紫薇花,故亦称“紫薇省”。开元五年(717)复原名。

⑮中书:官名。“中书令”的省称。汉设中书令,掌传宣诏令,以宦者为之,后多任用名望之士。隋唐以中书令、侍中、尚书令共议国政,俱为宰相,后因以“中书”称宰相。亦为“中书舍人”的省称。隋唐时为中书省的属官。明清废中书省,于内阁设中书舍人,掌撰拟、缮写之事。

⑯金马、玉堂,翰林院宇:金马玉堂,金马门与玉堂署。汉时学士待诏之处,后因以称翰林院或翰林学士。宋·欧阳修《会老堂致语》诗:“金马玉堂三学士,清风明月两闲人。”清·梅曾亮《欧氏又一村读书图记》:“而苏文忠直禁内,读书夜分,老兵皆倦卧,彼其视金马玉堂之中,波涛尘堁之内,皆学舍也。”原注:“金马门,汉时学士待诏之地;玉堂署,宋时翰林承旨之所。”汉代宫中有金马门,学士常聚集于此等待皇帝诏书。《史记·滑稽列传》:“金马门者,宦(者)署门也。门傍有铜马,故谓之曰‘金马门’。”玉堂为始设于汉代的官署名,汉代玉堂殿为待诏之处。宋以后翰林院亦称“玉堂”。清·王先谦《汉书补注》引何焯:“汉时待诏于玉堂殿,唐时待诏于翰林院,至宋以后,翰林遂并蒙玉堂之号。”宋代苏易简任翰林学士,宋太祖书写“玉堂之署”四字赐给他,故后以“玉堂”指翰林院。

⑰柏台、乌府,御史衙门:语出《汉书·朱博传》:“是时,御史府吏舍百余区井水皆竭;又其府中列柏树,常有野乌数千栖宿其上,晨去暮来,号曰‘朝夕乌’,乌去不来者数月,长老异之。后二岁余,朱博为大司空,奏言:‘帝王之道不必相袭,各由时务。高皇帝以圣

德受命,建立鸿业,置御史大夫,位次丞相,典正法度,以职相参,总领百官,上下相监临,历载二百年,天下安宁。今更为大司空,与丞相同位,未获嘉祐。故事,选郡国守相高第为中二千石,选中二千石为御史大夫,任职者为丞相,位次有序,所以尊圣德,重国相也。今中二千石未更御史大夫而为丞相,权轻,非所以重国政也。臣愚以为大司空官可罢,复置御史大夫,遵奉旧制。臣愿尽力,以御史大夫为百僚率。'哀帝从之,乃更拜博为御史大夫。"柏台、乌府,汉代御史府中有柏树,树上多有乌鸦栖集,故后以"柏台""乌府"称御史衙门。

⑱布政司:即布政使司。官名。明洪武九年(1376)改行中书省为承宣布政使司。宣德后,全国府、州、县等分统于两京和十三布政使司,每司设左、右布政使各一人,为一省最高行政长官。后因军事需要,增设总督、巡抚等官,权位高于布政使。清代始正式定为督、抚属官,专管一省的财赋和人事。康熙六年(1667)后,每省设布政使一员,直隶亦设,江苏则设二员,分驻江宁、苏州。俗称"藩司""藩台"。参阅《续文献通考·职官·布政使司》《清会典事例·吏部·官制》。此处指布政司衙署。

⑲藩府:即藩台,明清两朝布政使的俗称。

⑳按察司:官名。"提刑按察使司"的简称。是明清时期一省的司法和检察机关。主管一省的刑事诉讼事务。同时也是中央监察机关都察院在地方的分支机构,对地方官员行使监察权。主管称为"提刑按察使",简称"提刑按察"或"按察使"。此处指按察司衙署。

㉑臬(niè)司:是宋各路提点刑狱司、元代肃政廉访使司与明清各省提刑按察使司的俗称。

㉒潘岳种桃于满县,故称花县:见前《文臣》篇"河阳遍种桃花,乃潘岳之为县官"条注。

㉓子贱鸣琴以治邑，故曰琴堂：语本《吕氏春秋·察贤》："宓子贱治单父，弹鸣琴，身不下堂而单父治。"孔子的弟子宓子贱担任单父（今山东单县）的地方长官时，常常身不出公堂，抚琴弹曲，结果把县里的事治理得井井有条，受到老百姓的拥戴。后遂称州、府、县署为"琴堂"。唐·韦应物《送唐明府赴溧水》诗："到此安甿俗，琴堂又晏然。"子贱，宓不齐（前521—？），字子贱，春秋末期鲁国人，孔门七十二贤之一。曾为单父宰，弹琴而治，为后世儒家所称道。《汉书·艺文志》载，儒家有《宓子》十六篇，久佚。《史记·仲尼弟子列传》："宓不齐字子贱。少孔子三十岁。孔子谓'子贱君子哉！鲁无君子，斯焉取斯？'子贱为单父宰，反命于孔子，曰：'此国有贤不齐者五人，教不齐所以治者。'孔子曰：'惜哉不齐所治者小，所治者大则庶几矣。'"

㉔潭府：深广如渊潭的府第宅院。唐·韩愈《符读书城南》："一为公与相，潭潭（深邃貌）府中居。"韩诗中形容深宅大院，后因以"潭府"尊称他人的居宅。

㉕仕宦之家：做官的人家。仕宦，出仕，做官。

㉖衡门：语出《诗经·陈风·衡门》："衡门之下，可以栖迟。"毛传："衡门，横木为门，言浅陋也。"朱子集传："衡门，横木为门也。门之深者，有阿塾堂宇，此惟横木为之。"横木为门，指简陋的房屋。借指隐者所居。东汉·蔡邕《郭有道林宗碑文》："尔乃潜隐衡门，收朋勤诲，童蒙赖焉，用祛其蔽。"

【译文】

上古洪荒时代，人们在野外生活，在洞穴里居住；有巢氏以后，世人才跟他学会营建梁栋屋宇并居住其中。

房基像竹根一样坚固，椽瓦像松叶一样繁密，这样设计建造的房屋才算合乎规制；檐宇像鸟儿展翅翱翔，像野鸡炫耀羽毛，如此建造落成的宫室可谓完美成功。

朝廷，也称“紫宸”；宫门，又名“青琐”。

宰相处理皇帝诏书，在“黄阁”内办公；百官拟好奏章文疏，登“丹墀”恭呈圣上。

“木天署”，是学士长驻办公的地方；“紫薇省”，是中书前往理事的场所。

“金马”“玉堂”，指的都是翰林院；“柏台”“乌府”，说的都是御史台。

布政司衙门，又称“藩府”；按察司衙门，就是“臬司”。

潘岳在河阳县辖境内栽满桃树，人称河阳为“花县”；宓子贱以弹琴的方式治理单父县，地方官署因此被称为“琴堂”。

“潭府”，指做官人家的宅第；“衡门”，指高人隐士的居所。

贺人有喜，曰门阑蔼瑞①；谢人过访②，曰蓬荜生辉③。

美奂美轮，《礼》称屋宇之高华④；肯构肯堂，《书》言父子之同志⑤。

土木方兴，曰经始⑥；创造已毕，曰落成⑦。

楼高可以摘星⑧，屋小仅堪容膝⑨。

寇莱公庭除之外，只可栽花⑩；李文靖厅事之前，仅容旋马⑪。

躬贺屋成，曰燕贺⑫；自谦屋小，曰蜗庐⑬。

民家，名曰闾阎⑭；贵族，称为阀阅⑮。

朱门⑯，乃富豪之第⑰；白屋⑱，是布衣之家⑲。

【注释】

①门阑（lán）蔼（ǎi）瑞：门庭充满吉祥的气息。门阑，亦作“门栏”。门框或门栅栏。东汉·王充《论衡·乱龙》：“故今县官斩桃为人，立之户侧，画虎之形，着之门阑。”亦借指家门、门庭。《史记·楚世

家》:"敝邑之王所甚说者,无先大王;虽仪之所甚愿为门阑之厮者,亦无先大王。"唐·杜甫《李监宅》诗(之一):"门阑多喜色,女婿近乘龙。"蔼瑞,犹言瑞霭、吉祥云气,亦以美称烟雾。此处代指喜气。宋·赵长卿《浣溪沙》:"金兽喷香瑞霭氛,夜凉如水酒醺醺。"

②过访:登门拜访。

③蓬荜(bì)生辉:使陋室增加光彩。多用作谦辞。明清以来习用语。明·无名氏《鸣凤记·邹林游学》:"得兄光顾,蓬荜生辉。"蓬荜,"蓬门荜户"的省语。蓬门,用蓬草编的门;荜户,用荆条、竹木之类编成的门户;形容穷苦人家所住的简陋房屋。晋·葛洪《〈抱朴子内篇〉自序》:"藜藿有八珍之甘,而蓬荜有藻棁之乐也。"

④美奂美轮,《礼》称屋宇之高华:语本《礼记·檀弓下》:"晋献文子成室,晋大夫发焉。张老曰:'美哉轮焉,美哉奂焉!'"东汉·郑玄注:"轮,轮囷,言高大。奂,言众多。"后遂用"美轮美奂"形容房屋建筑高大、众多且宏丽。美奂美轮,一般作"美轮美奂"。轮,指轮囷(qūn),古代的一种圆形高大的谷仓。此处指高大,名词作形容词。奂,众多,盛大。《礼》,此处指《礼记》。

⑤肯构肯堂,《书》言父子之同志:语本《尚书·大诰》:"若考作室,既底法,厥子乃弗肯堂,矧肯构?"西汉·孔安国传:"以作室喻治政也,父已致法,子乃不肯为堂基,况肯构立屋乎?"构,盖屋。堂,立堂基。儿子连房屋的地基都不肯做,哪里还谈得上肯盖房子。后反其意而用之,比喻儿子能继承父亲的事业。后因以"肯堂肯构"或"肯构肯堂"比喻子能继承父业。亦省作"肯堂"。《书》,指《尚书》。同志,志同道合。

⑥土木方兴,曰经始:语本《诗经·大雅·灵台》:"经始灵台,经之营之。庶民攻之,不日成之。"毛传:"经,度之也。"土木,指建筑工程。方兴,土木,正在兴起。经始,度使,即计划开始。

⑦落成:建筑完工。落,古代宫室建成时举行的祭礼。后因称建筑

物竣工为“落成”。《左传·昭公七年》:“楚子成章华之台,愿与诸侯落之。”晋·杜预注:“宫室始成,祭之为落。”《诗经·小雅·斯干序》毛传:“《斯干》,宣王考室也。”东汉·郑玄笺:“宣王于是筑宗庙群寝,既成而衅之,歌《斯干》之诗以落之。”

⑧摘星:楼名。传说为商纣王所建,极高峻。元·马致远《汉宫秋》第二折:“俺又不曾彻青霄高盖起摘星楼。”但商纣王建摘星楼,乃元明以来演义小说之语。“摘星楼”当是语出“危楼高百尺,手可摘星辰”一诗。此诗,今人或以为唐代李白所作。但据宋人笔记,当为北宋杨亿所作。宋·江少虞《事实类苑》卷三十四:“杨文公亿数岁未能言。一日,家人抱登楼,误触其首,忽便言。家人惊谓曰:‘汝既能言,能吟诗乎?’曰:‘能。’遂令吟楼诗。应声吟曰:‘危楼高百尺,手可摘星辰。不敢高声语,恐惊天上人。’后为天下文章宗主。”

⑨容膝:仅能容纳双膝。多形容容身之地狭小。亦指狭小之地。《韩诗外传》卷九:“今如结驷列骑,所安不过容膝;食方丈于前,所甘不过一肉。以容膝之安,一肉之味,而殉楚国之忧,其可乎?”晋·陶潜《归去来兮辞》:“倚南窗以寄傲,审容膝之易安。”

⑩寇莱公庭除之外,只可栽花:旧注:“寇莱公为相,庭阶下无广地,仅可栽花而已。”寇莱公,指北宋名臣寇准。寇准(962—1023),字平仲,华州下邽(今陕西渭南)人。赵太宗太平兴国五年(980)进士,授大理评事,知归州巴东县,移大名府成安县。累迁三司度支推官,转盐铁判官。淳化二年(991),拜左谏议大夫,枢密副使,改同知枢密院事。四年(993),罢知青州。五年(994),拜参知政事。至道二年(996),罢知邓州。宋真宗即位,迁工部侍郎,权知开封府。咸平六年(1003),迁兵部侍郎,为三司使。景德元年(1004),授同中书门下平章事,集贤殿大学士。同年冬,契丹攻宋,寇准力谏宋真宗亲征,至澶州(今河南濮阳),迫成

和议，是为“澶渊之盟”。三年罢相，为刑部尚书，知陕州。后迁兵部尚书，入判都省。大中祥符七年（1014），复拜同平章事、枢密使。八年（1015）罢。天禧三年（1019），又授同平章事，充景灵宫使。四年（1020）六月，坐与周怀政谋请太子监国、禁皇后预政、奉真宗为太上皇事，罢相，封莱国公，寻贬道州司马。乾兴元年（1022），再贬雷州司户参军。宋仁宗天圣元年（1023），以疾卒于雷州，年六十二。后十一年，诏复太子太傅，赠中书令、莱国公，又赐谥忠愍。有《忠愍公诗集》三卷，集前附有孙汴所撰神道碑。《宋史》卷二百八十一有传。庭除，指庭院。

⑪李文靖厅事之前，仅容旋马：语本《宋史·李沆传》：“沆性直谅，内行修谨，言无枝叶，识大体。居位慎密，不求声誉，动遵条制，人莫能干以私。公退，终日危坐，未尝跛倚。治第封丘门内，厅事前仅容旋马。或言其太隘，沆笑曰：‘居第当传子孙，此为宰相厅事诚隘，为太祝、奉礼厅事已宽矣。’”李沆厅堂前仅容旋马之事，有宋一代传为美谈，见载于司马光《传家集》卷六十七、赵善璙《自警编》卷三、郑玉道《琴堂谕俗编》卷下、叶釐《爱日斋丛抄》卷二等，更因大儒朱子在《宋名臣言行录》（前集卷二）、《小学集注》（卷六）二书中存录，广为后世所知。李文靖，指北宋名臣李沆。李沆（947—1004），字太初，洺州肥乡（今河北肥乡）人。李炳子。宋太宗太平兴国五年（980）进士，为将作监丞、通判潭州，召直史馆。雍熙三年（986），知制诰。四年（987），迁职方员外郎、翰林学士，淳化三年（992），拜给事中、参知政事。出知河南府，俄迁礼部侍郎兼太子宾客。宋真宗咸平初，自户部侍郎、参知政事拜同书门下平章事，监修国史，改中书侍郎，又累加门下侍郎、尚书右仆射。景德元年（1004）卒，年五十八。谥文靖。李沆为相，恪守条制，反对任用浮薄喜事者，常以四方艰难奏闻，戒帝侈心，时称“圣相”。《宋史》卷二百八十二有传。厅事，官署视事问案

的厅堂。古时又写作“听事”。《三国志·吴书·诸葛恪传》:“出行之后,所坐厅事屋栋中折。”宋·陆游《入蜀记》卷四:“州治陋甚,厅事仅可容数客。”亦指私人住宅的堂屋。《魏书·夏侯夬传》:“忽梦见征虏将军房世宝来至其家,直上厅事。”旋马,一匹马转身。旋,回旋,回转。

⑫躬贺屋成,曰燕贺:语本《淮南子·说林训》:“汤沐具而虮虱相吊,大厦成而燕雀相贺,忧乐别也。”谓燕雀因大厦落成有栖身之所而互相庆贺。后用“燕贺”做贺人新屋落成之语。《北齐书·卢询祖传》:“询祖初袭爵封大夏男,有宿德朝士谓之曰:‘大夏初成。’应声答曰:‘且得燕雀相贺。’”躬贺,亲自登门祝贺。他本多作“恭贺”,或因“躬贺”一词较“恭贺”稀见。然,古人诗文实不乏用“躬贺”者,如宋·王炎午《贺高逢斋讼杀牛者抢夺帽并珠》:“旋报儿辈之破贼,亲朋吐气,闾里揭声。某适阻尘坌,末由躬贺。”宋·姚勉《谭氏孺人墓志铭》:“以伏枕,不能躬贺拜。”且“躬贺”与下文“自谦”,对仗极为工稳,自不必改“躬贺”为“恭贺”。

⑬蜗(wō)庐:典出《三国志·魏书·管宁传·胡昭(附焦先)》南朝宋·裴松之注引《魏略》曰:“先字孝然。……自作一瓜牛庐,净扫其中。营木为床,布草蓐其上。”裴松之按:“《魏略》云:‘焦先及杨沛,并作瓜牛庐,止其中。’以为‘瓜’当作‘蜗’;蜗牛,螺虫之有角者也,俗或呼为‘黄犊’。先等作圜舍,形如蜗牛蔽,故谓之‘蜗牛庐’。”形圆似蜗牛的简易庐舍。亦泛指简陋的房屋。常用以谦称自己的居处。

⑭闾阎(lǘ yán):里巷内外的门。后多借指里巷。古代以二十五家为“闾”;阎,指里巷的门。《史记·平准书》:“守闾阎者食粱肉,为吏者长子孙,居官者以为姓号。”亦泛指民间,或借指平民。《史记·樗里子甘茂列传》:“甘茂起下蔡闾阎,显名诸侯,重强齐

楚。”《史记·李斯列传》：“李斯以闾阎历诸侯，入事秦。”

⑮阀阅：亦作“伐阅”。本指功绩和经历。《史记·高祖功臣侯者年表》：“太史公曰：古者人臣功有五品，以德立宗庙定社稷曰‘勋’，以言曰‘劳’，用力曰‘功’，明其等曰‘伐’，积日曰‘阅’。封爵之誓曰：‘使河如带，泰山若厉。国以永宁，爰及苗裔。’始未尝不欲固其根本，而枝叶稍陵夷衰微也。”后指祖先有功业的世家、巨室。亦泛指门第、家世。后世亦用以称仕宦人家门前题记功业的柱子。

⑯朱门：红漆大门。也代指贵族豪富之家。晋·葛洪《抱朴子·嘉遯》：“背朝华于朱门，保恬寂乎蓬户。”唐·杜甫《自京赴奉先县咏怀五百字》诗：“朱门酒肉臭，路有冻死骨。”

⑰第：宅第，府第。旧时指富豪权贵人家的宅院居所。

⑱白屋：指不施彩色、露出本材的房屋。一说，指以白茅覆盖的房屋。为古代平民所居。《尸子·君治》：“人之言君天下者瑶台九累，而尧白屋。”《汉书·王莽传上》：“开门延士，下及白屋。”唐·颜师古注：“白屋，谓庶人以白茅覆屋者也。”宋·程大昌《演繁露·白屋》：“古者宫室有度，官不及数，则居室皆露本材，不容僭施采画，是为白屋也已。”元·李翀《日闻录》：“白屋者，庶人屋也。《春秋》：‘丹桓宫楹，非礼也。’在礼：楹，天子丹，诸侯黝垩，大夫苍士黈黄色也。按此则屋楹循等级用采，庶人则不许，是以谓之‘白屋’也。”《汉书·萧望之传》：“今士见者皆先露索挟持，恐非周公相成王躬吐握之礼，致白屋之意。”唐·颜师古注：“白屋，谓白盖之屋以茅覆之，贱人所居。”

⑲布衣：指平民百姓。古代平民不能穿锦绣，故以借称。《荀子·大略》：“古之贤人，贱为布衣，贫为匹夫。”西汉·桓宽《盐铁论·散不足》：“古者庶人耋老而后衣丝，其余则麻枲而已，故命曰‘布衣’。”

【译文】

祝贺别人家有喜事，说“门阑蔼瑞”；感谢客人登门拜访，说“蓬荜生辉”。

“美奂美轮”，出自《礼记》，形容房屋高大华美；“肯构肯堂”，出自《尚书》，比喻父子志同道合。

开始破土打桩，称为“经始”；房屋建造完工，称为“落成”。

形容楼阁高耸，说可以“摘星”；形容房屋窄小，说仅能“容膝”。

寇准台阶下的庭院，只够栽些花草；李沆厅堂前的空地，仅能调转马头。

亲自登门祝贺别人新居落成，说“燕贺”；自谦家里房舍窄小，说“蜗庐”。

平民百姓住宅，名为“闾阎”；达官贵人门第，称作“阀阅”。

“朱门”，代指富豪宅第；“白屋”，代指平民居所。

客舍①，曰逆旅②；馆驿③，曰邮亭④。

书室，曰芸窗⑤；朝廷，曰魏阙⑥。

成均、辟雍⑦，皆国学之号⑧；黉宫、胶序⑨，乃乡学之称⑩。

笑人善忘，曰徙宅忘妻⑪；讥人不谨，曰开门揖盗⑫。

何楼所市⑬，皆滥恶之物；垄断独登，讥专利之人⑭。

荜门圭窦⑮，系贫士之居；瓮牖绳枢⑯，皆窭人之室⑰。

宋寇准，真是北门锁钥⑱；檀道济，不愧万里长城⑲。

【注释】

①客舍：供旅客投宿的处所。犹今之宾馆、旅店。《管子·轻重乙》：“请以令为诸侯之商贾立客舍，一乘者有食，三乘者有刍菽，五乘者有伍养。”《史记·商君列传》：“商君亡至关下，欲舍客舍。”

②逆旅：客舍，旅店。《左传·僖公二年》："今虢为不道，保于逆旅。"晋·杜预注："逆旅，客舍也。"逆，迎接。旅，众人。

③馆驿（yì）：驿站上设的旅舍。驿站是古代供传递官府文书和军事情报的人或来往官员途中食宿、换马的场所。后蜀·何光远《鉴诫录·陪臣谏》："当路州县凋残，所在馆驿隘小。"

④邮亭：驿馆，驿站。递送文书者中途歇脚投宿之处。《汉书·薛宣传》："过其县，桥梁邮亭不修。"唐·颜师古注："邮，行书之舍，亦如今之驿及行道馆舍也。"

⑤芸窗：指书斋、书房。芸，一种香草，置书页内可以避蠹虫，故古时常以"芸编"指书籍，以"芸窗"指书房。《初学记》卷十二引三国魏·鱼豢《典略》："芸台香辟纸鱼蠹，故藏书台称'芸台'。"

⑥魏阙（què）：古代宫门上巍然高出的瞭望楼，其下常悬挂法令。后用作朝廷的代称。《庄子·让王》："身在江海之上，心居乎魏阙之下。"

⑦成均：古之大学。《周礼·春官·大司乐》："大司乐掌成均之法，以治建国之学政，而合国之子弟焉。"《礼记·文王世子》："三而一有焉，乃进其等，以其序，谓之郊人，远之，于成均，以及取爵于上尊也。"东汉·郑玄注："董仲舒曰：五帝名大学曰'成均'。"泛称官设的最高学府。南朝宋·颜延之《宋武帝谥议》："国训成均之学，家沾抚辜之仁。"唐代曾改国子监为成均监。《新唐书·百官志三》："垂拱元年，改国子监曰'成均监'。"辟雍：本为西周天子所设大学，校址圆形，围以水池，前门外有便桥。东汉以后，历代皆有辟雍，除北宋末年为太学之预备学校（亦称"外学"）外，均为行乡饮、大射或祭祀之礼的地方。东汉·班固《白虎通·辟雍》："天子立辟雍何？所以行礼乐宣德化也。辟者，璧也，象璧圆，又以法天，于雍水侧，象教化流行也。"北魏·郦道元《水经注·穀水》："又径明堂北，汉光武中元元年立，寻其基构，上圆下方，九室重隅十二堂，蔡邕《月令章句》同之，故引水于其下，为

辟雝也。"《三辅黄图·辟雍》:"周文王辟雍在长安西北四十里。亦曰'璧雍'。如璧之圆,雍之以水,象教化之流行也。"辟,通"璧"。

⑧国学:国家设立的学校。《周礼·春官·乐师》:"乐师掌国学之政,以教国子小舞。"晋代始设国子学,为国家教育管理机关和最高学府。历代多称"国子监",与太学或并设、或合一。

⑨黉(hóng)宫:学宫,学校。《后汉书·仇览传》:"农事既毕,乃令子弟群居,还就黉学。"黉,古指学校。胶序:胶与序,泛指学校。殷代学校名"序",周代学校名"胶",后世二词联用作为学校的通称。南朝齐·王融《为竟陵王与隐士刘虬书》:"胶序肇修,经法敷广。"

⑩乡学:古代地方上的官办学校,与"国学"相别。周代特指六乡州党的学校。《汉书·食货志上》:"八岁入小学,学六甲、五方、书计之事,始知室家长幼之节。十五入大学,学先圣礼乐,而知朝廷君臣之礼。其有秀异者,移乡学于庠序;庠序之异者,移国学于少学。"《礼记·乡饮酒义》"主人拜迎宾于庠门之外",东汉·郑玄注:"庠,乡学也。"《孟子·滕文公上》:"设为庠序学校以教之;庠者,养也;校者,教也;序者,射也。夏曰'校',殷曰'序',周曰'庠'。"朱子集注:"'庠'以养老为义,'校'以教民为义,'序'以习射为义,皆乡学也。"

⑪徙宅忘妻:语本西汉·刘向《说苑·敬慎》:"鲁哀公问孔子曰:'予闻忘之甚者,徙而忘其妻,有诸?'孔子对曰:'此非忘之甚者也,忘之甚者忘其身。'"《孔子家语·贤君》亦载。又,《太平御览》卷四百九十引之,而云"《尸子》曰"。则或为先秦俗语。意为搬家时忘记带上妻子。比喻粗心健忘。

⑫开门揖(yī)盗:语出《三国志·吴书·吴主传》:"策长史张昭谓权曰:'……况今奸宄竞逐,豺狼满道,乃欲哀亲戚,顾礼制,是犹

开门而揖盗，未可以为仁也。'”打开房门拱手作揖将强盗让进来，比喻昏庸粗心引进坏人，招致祸患。揖，拱手行礼，古代的一种行礼方式。

⑬何楼：宋代都城里有何氏，楼下所卖的东西多是伪劣之物。后遂以“何楼”指粗陋之物或赝品。宋人笔记，颇有述及“何楼”者。曾慥《类说》卷五十六：“世人语虚伪者为何楼。国初京师有何楼，其下所卖物皆滥者。故人以此目之。今楼已废，语犹相传。”江少虞《事实类苑》卷六十一亦载。

⑭垄（lǒng）断独登，讥专利之人：语本《孟子·公孙丑下》：“孟子曰：‘然。夫时子恶知其不可也？如使予欲富，辞十万而受万，是为欲富乎？季孙曰：“异哉子叔疑！使己为政，不用，则亦已矣，又使其子弟为卿。人亦孰不欲富贵？而独于富贵之中有私龙断焉。”古之为市也，以其所有易其所无者，有司者治之耳。有贱丈夫焉，必求龙断而登之，以左右望而罔市利。人皆以为贱，故从而征之。征商自此贱丈夫始矣。'”朱子集注：“龙，音垄。龙断，冈垄之断而高也。”垄断，本义为高地。古时候有商人为谋取最大利益，登高顾盼，看什么紧缺就卖什么。后引申指把持、独占。宋·杨万里《送次公子之官安仁监税》诗：“关征岂得已，龙（垄）断欲何为？”专利，语出《左传·僖公七年》：“唯我知女（通“汝”），女专利而不厌，予取予求。”原意为一门心思逐财求利，后指垄断某种生产或流通以掠取厚利。

⑮荜（bì）门圭窦（guī dòu）：语本《礼记·儒行》：“儒有一亩之宫，环堵之室。筚门圭窬，蓬户瓮牖。易衣而出，并日而食。上荅之，不敢以疑。上不荅，不敢以谄。其仕有如此者。”编竹为门，穿墙作窗，指贫穷人所居之处。东汉·郑玄注：“筚门，荆竹织门也。圭窬，门旁窬也，穿墙为之，如圭矣。”唐·陆德明释文：“筚，徐音毕。杜预云：‘柴门也。’圭窬，徐音豆。《说文》云：‘穿木户也。’郭璞《玉苍

解诂》云：'门旁小窬也，音更。'《左传》作'窦'。杜预云：'圭窦，小户也，上锐下方，状如圭形也。'"荜，同"筚"，荆条竹木之属。

⑯瓮（wèng）牖（yǒu）绳枢（shū）：以陶瓮做窗，以草绳系户枢做门轴，比喻住房简陋，家境贫寒。西汉·贾谊《过秦论》："然陈涉瓮牖绳枢之子，甿隶之人，而迁徙之徒也。"瓮，一种陶制的坛子。牖，窗。枢，门的转轴。

⑰窭（jù）人：穷苦人。窭，贫穷，贫寒。

⑱宋寇准，真是北门锁钥（yuè）：语本宋·朱熹《宋名臣言行录》前集卷四："公镇大名府。北使道由之，谓公曰：'相公望重，何以不在中书？'公曰：'皇上以朝廷无事，北门锁钥，非准不可。'"寇准外放大名府，辽国使者问他为什么不在朝廷做宰相。寇准说："皇上认为朝廷没什么事情需要处理，而国家北部边疆的安危，非我寇准负责不可。"北门锁钥，北城门上的锁和钥匙。宋代寇准坐镇大名府时，自称"北门锁钥"，意为国家北部边疆的守护者。寇准"北门锁钥"之语，在宋代广为流传。吕中《宋大事记讲义》卷六、黄震《古今纪要》卷十七、曾慥《类说》卷五十二、赵善璙《自警编》卷六、林駉《古今源流至论》后集卷五、谢维新《古今合璧事类备要》后集卷七十三、王君玉《国光谈苑》卷二、孔平仲《谈苑》卷四等皆载。

⑲檀（tán）道济，不愧万里长城：语本《宋书·檀道济传》："初，道济见收，脱帻投地曰：'乃复坏汝万里之长城！'"南北朝时期刘宋大将檀道济蒙冤被诛前悲愤地说："你们这是毁坏自己的万里长城！"檀道济（？—436），南朝宋高平金乡（今山东嘉祥南）人。东晋末，从刘裕平京城，参刘裕建武军事，累迁太尉参军。晋安帝义熙十二年（416），从刘裕攻后秦，为前锋，兵进洛阳，所俘皆释，中原感悦，归者甚众。长安平，以为琅邪内史。入宋，转护军将军，封永修县公。宋武帝临终，与徐羡之等同受顾命，亦参与废杀

少帝之事。宋文帝立，仍重用，元嘉八年(431)，率众北伐，因粮尽南撤，全军而返。进司空，镇寻阳。有威名，魏人惮之。朝廷疑忌之，被杀。被捕时，怒曰："乃复坏汝万里之长城！"

【译文】

迎客留宿的旅舍，称"逆旅"；传送文书的馆驿，叫"邮亭"。

书房，美称"芸窗"；朝廷，也称"魏阙"。

"成均""辟雍"，都是国学的名号；"黉宫""胶序"，则是乡学的称谓。

搬家时忘了带走妻子，是嘲笑人太健忘；开门作揖，请强盗进屋，讥讽别人不谨慎。

"何楼"卖的，都是假冒伪劣产品；"垄断"独占，是骂囤积居奇、牟取暴利的黑心商人。

编竹荆做门，墙上开洞，指贫寒人家的居所；拿破瓮当窗，以草绳系户枢做门轴，都指穷人的房室。

寇准真称得上宋朝的"北门锁钥"，檀道济不愧为南朝刘宋的"万里长城"。

器用

【题解】

"器用"，即各种用途的工具。

本篇34联，讲的都是与器用有关的成语典故。从笔墨纸砚，到衣食住行，所需的各种用具无不涉及。

一人之所需，百工斯为备[①]。但用则各适其用[②]，而名则每异其名。

管城子、中书君[③]，悉为笔号；石虚中、即墨侯[④]，皆为砚称。

墨为松使者[5]，纸号楮先生[6]。

纸曰剡藤[7]，又曰玉版[8]；墨曰陈玄[9]，又曰龙剂[10]。

共笔砚[11]，同窗之谓[12]；付衣钵，传道之称[13]。

笃志业儒，曰磨穿铁砚[14]；弃文就武，曰安用毛锥[15]。

剑有干将、镆铘之名[16]，扇有仁风、便面之号[17]。

何谓"箑"[18]？亦扇之名；何谓"籁"[19]？有声之谓。

【注释】

①一人之所需，百工斯为备：语本《孟子·滕文公上》："且一人之身，而百工之所为备，如必自为而后用之，是率天下而路也。"百工斯为备，各类工匠分别制作完成。百工，各种手工业者和手工业行业的总称。

②各适其用：语出《论语·为政》"子曰'君子不器'"朱子集注"器者，各适其用而不能相通"。指各有各的用途。

③管城子、中书君：语本唐·韩愈《毛颖传》："秦始皇时，蒙将军恬南伐楚，次中山，将大猎以惧楚，召左右庶长与军尉，以连山筮之，得天与人文之兆，筮者贺曰：'今日之获，不角不牙，衣褐之徒，阙口而长须，八窍而趺居，独取其髦，简牍是资，天下其同书，秦其遂兼诸侯乎！'遂猎，围毛氏之族，拔其豪，载颖而归献俘于章台宫，聚其族而加束缚焉。秦皇帝使恬赐之汤沐，而封诸管城，号曰'管城子'，日见亲宠任事。……累拜中书令，与上益狎，上尝呼为'中书君'。"唐代韩愈撰寓言《毛颖传》，说毛颖受封于管城，称"管城子"。因受皇帝亲宠而官至中书令，被呼为"中书君"。"毛颖"是寓言中将毛笔拟人化所赋予的姓名，因古时笔以兔毫制成，有峰颖，故称"毛颖"。管城，则暗指笔管、笔筒。

④石虚中、即墨侯：语本唐人所作《即墨侯石虚中传》（按，作者有二说：据宋·苏易简《文房四谱·砚谱》，作者为文嵩；据宋·高似孙《砚笺》，作者为李观。）曰："石虚中，字居默。……上利其器用，嘉其谨默，诏命常侍御案之右，以备濡染，因累勋绩，封之即墨侯。"《即墨侯石虚中传》，以拟人化手法，为砚取名"石虚中"，字居默，爵封即墨侯。后因以"石虚中""即墨侯"为砚的别称。

⑤松使者：墨的别称。唐·冯贽《云仙杂记·黑松使者》："玄宗御案墨曰'龙香剂'。一日见墨上有小道士，如蝇而行，上叱之，即呼万岁，曰：'臣即墨之精黑松使者也。'"

⑥楮（chǔ）先生：语本唐·韩愈《毛颖传》："颖与绛人陈玄、弘农陶泓及会稽楮先生友善，相推致，其出处必偕。"韩愈在其寓言散文《毛颖传》中将笔、墨、纸、砚拟人化，称纸为"楮先生"，因楮树皮为造纸原料，故称。后以为纸的别称。

⑦剡（shàn）藤：剡溪出产的藤可以造纸，负有盛名。后因称名纸为"剡藤"。唐·李肇《唐国史补》卷下："纸则有越之剡藤苔笺。"唐·顾况《剡纸歌》："剡溪剡纸生剡藤，喷水捣后为蕉叶。"宋·苏轼《六观堂老人草书》诗："苍鼠奋髯饮松腴，剡藤玉版开雪肤。"

⑧玉版：一种光洁坚致的宣纸。后用作好纸的别称。宋·苏轼《孙莘老寄墨四首》诗："溪石琢马肝，剡藤开玉版。"《绍兴府志·物产志二》："玉版纸莹润如玉。"据苏轼诗及《绍兴府志》，唐宋时期似称剡纸为"玉版"。旧注云："成都浣花溪，造纸光滑，故名'玉版'。"不知何据。

⑨陈玄：墨的别称。墨色黑，存放年代越陈越佳，故称。陈玄为唐·韩愈所撰寓言《毛颖传》中的虚拟人物，代表墨。宋·孙奕《履斋示儿编·正误·陈玄》："陈者，久也；玄者，黑也。取其经久胶不败而黑者为最，故墨曰'陈玄'。"

⑩龙剂：墨的别称。唐玄宗用墨名"龙香剂"，简称"龙剂"。出处

见本篇“墨为松使者”条注。

⑪共笔砚：共用毛笔和砚台。谓在一起学习。亦指在一起学习的人。宋·叶适《赵清叔挽词》：“昔我共笔砚，知君贤弟昆。”宋·陈亮《与勾熙载提举书》：“今之君子，或少同笔砚，或二十年游从之旧，一旦贵贱少异，便如路人。”后世遂以“同砚席”“共笔砚”，指在一起研讨诗文或同学。《北史·元晖传》：“周文礼之，命与诸子游处，每同砚席，情契甚厚。”唐·刘禹锡《谢柳子厚寄叠石砚》诗：“常时同砚席，寄此感离群。”

⑫同窗：在同一间教室的同一扇窗下读书，犹言同学。

⑬付衣钵（bō），传道之称：语本《旧唐书·方伎传·神秀》：“昔后魏末，有僧达摩者，本天竺王子，以护国出家，入南海，得禅宗妙法，云自释迦相传，有衣钵为记，世相付授。”中国禅宗初祖至五祖师徒间传授道法，常付衣钵为信。后遂以“付衣钵”“传衣钵”指师徒间学艺上的继承。宋·王闢之《渑水燕谈录·贡举》：“和鲁公凝，梁贞明三年薛廷珪下第十三人及第，后唐长兴四年知贡举，独爱范鲁公质程文，语范曰：‘君文合在第一，暂屈居第十三人；用传老夫衣钵。’时以为荣。其后相继为相。当时有赠诗者曰：‘从此庙堂添故事，登庸衣钵尽相传。’”

⑭笃（dǔ）志业儒，曰磨穿铁砚：语本《新五代史·晋臣传·桑维翰》：“桑维翰，字国侨，河南人也。为人丑怪，身短而面长，常临鉴以自奇曰：‘七尺之身，不如一尺之面。’慨然有志于公辅。初举进士，主司恶其姓，以‘桑’‘丧’同音。人有劝其不必举进士，可以从佗求仕者，维翰慨然，乃著《日出扶桑赋》以见志。又铸铁砚以示人曰：‘砚弊则改而佗仕。’卒以进士及第。晋高祖辟为河阳节度掌书记，其后常以自从。”五代时期，桑维翰因姓与“丧”谐音，屡次应试不中，于是铸了一个铁砚，发誓铁砚磨穿才放弃。后因以“磨穿铁砚”形容一心向学，持久不懈。亦用以形容笔墨功夫

之深。笃志，专心致志，立下坚定的志向。业儒，以儒学为志业。

⑮弃文就武，曰安用毛锥（zhuī）：语本《后汉书·班超传》："（班超）家贫，常为官佣书以供养。久劳苦，尝辍业投笔叹曰：'大丈夫无它志略，犹当效傅介子、张骞立功异域，以取封侯，安能久事笔研间乎？'"暨《旧五代史·汉书·史弘肇》："周太祖有镇邺之命，弘肇欲其兼领机枢之任，苏逢吉异其议，弘肇忿之。翌日，因窦贞固饮会，贵臣悉集，弘肇厉色举爵属周太祖曰：'昨晨廷论，一何同异！今日与弟饮此。'杨邠、苏逢吉亦举大爵曰：'此国家之事也，何足介意！'俱饮釂。弘肇又厉声言曰：'安朝廷，定祸乱，直须长枪大剑，至如毛锥子，焉足用哉！'三司使王章曰：'虽有长枪大剑，若无毛锥子，赡军财赋，自何而集？'弘肇默然，少顷而罢。"东汉班超投笔从戎，弃文就武，立功西域，封定远侯。五代时期的后汉大将史弘肇很看不起文人，说："安朝廷，定祸乱，有长枪大剑就足够了，至于什么毛锥子，能顶什么用！"毛锥，指毛笔，因为笔尖像锥子，俗称为"毛锥子""毛锥"。元·徐再思《蟾宫曲·江淹寺》："文藻珠玑，醉墨淋漓。何似班超，投却毛锥。"

⑯剑有干将、镆铘（mò yé）之名：语本《吴越春秋·阖闾内传·阖闾元年》："干将者，吴人也，与欧冶子同师，俱能为剑。越前来献三枚，阖闾得而宝之，以故使剑匠作为二枚：一曰干将，二曰莫耶（邪）。莫耶（邪），干将之妻也。干将作剑，来五山之铁精，六合之金英。候天伺地，阴阳同光，百神临观，天气下降，而金铁之精不销沦流，于是干将不知其由。莫耶（邪）曰：'子以善为剑闻于王，王使子作剑，三月不成，其有意乎？'干将曰：'吾不知其理也。'莫耶（邪）曰：'夫神物之化，须人而成，今夫子作剑，得无得其人而后成乎？'干将曰：'昔吾师作冶，金铁之类不销，夫妻俱入冶炉中，然后成物。至今后世，即山作冶，麻绖萲服，然后敢铸金于山。今吾作剑不变化者，其若斯耶？'莫耶（邪）曰：'师知烁身

以成物，吾何难哉！’于是干将妻乃断发剪爪，投于炉中，使童女童男三百人鼓橐装炭，金铁乃濡。遂以成剑，阳曰‘干将’，阴曰‘莫耶（邪）’。”干将、镆铘，即干将、莫邪。据《吴越春秋》，吴国有干将、莫邪夫妇善铸剑，曾为吴王阖闾铸阴阳剑，阳曰“干将”，阴曰“莫邪”。另据晋·干宝《搜神记》卷十一、《太平御览》卷三百四十三引《列异志》，楚人干将、莫邪夫妇为楚王铸雌、雄二剑，后遂以“干将”“莫邪”代指名剑、宝剑。

⑰仁风：语出《世说新语·言语》：“袁彦伯为谢安南司马，都下诸人送至濑乡。将别，既自凄惘，叹曰：‘江山辽落，居然有万里之势。’”南朝梁·刘孝标注引《续晋阳秋》曰：“袁宏，字彦伯，陈郡人，魏郎中令焕六世孙也。祖猷，侍中。父勖，临汝令。宏起家建威参军，安南司马记室。太傅谢安赏宏机捷辩速，自吏部郎出为东阳郡，乃祖之于冶亭，时贤皆集。安欲卒迫试之，执手将别，顾左右取一扇而赠之。宏应声答曰：‘辄当奉扬仁风，慰彼黎庶。’合坐叹其要捷。性直亮，故位不显也。在郡卒。”《晋书·文苑传·袁宏》亦载。仁风，原指仁德之风，是古时美化帝王或地方长官的谀辞，言其恩泽如风之遍布。晋代袁宏出任东阳太守，谢安送他一把扇子，袁宏答谢说：“一定会借您送的扇子播扬仁德之风，慰藉当地百姓。”后遂以“仁风”作为扇的雅称。便面：古代用以遮面的扇状物。《汉书·张敞传》：“然敞无威仪，时罢朝会，过走马章台街，使御吏驱，自以便面拊马。”唐·颜师古注：“便面，所以障面，盖扇之类也。不欲见人，以此自障面则得其便，故曰‘便面’，亦曰‘屏面’。今之沙门所持竹扇，上袤平而下圜，即古之便面也。”后称团扇、折扇为“便面”。

⑱箑（shà）：扇子。《方言》卷二：“扇，自关而东谓之‘箑’，自关而西谓之‘扇’。”《说文解字》：“箑，扇也。”西汉·刘安《淮南子》一书多次用此字。《精神训》：“知冬日之箑、夏日之裘无用于己，

则万物之变为尘埃矣。”《说林训》：“中夏用箑，快之，至冬而不知去；褰衣涉水，至陵而不知下；未可以应变。”《人间训》：“小人不知祸福之门户，妄动而结罗网，虽曲为之备，何足以全其身！譬犹失火而凿池，被裘而用箑也。”

⑲籁（lài）：古代的一种管乐器，三孔，似箫。《说文解字》：“籁，三孔龠也。大者谓之‘笙’，其中谓之‘籁’，小者谓之‘箹’。”《尔雅·释乐》注：“箫，一名‘籁’。”《史记·司马相如列传》：“摐金鼓，吹鸣籁。”南朝宋·裴骃集解：“籁，箫也。”引申指各种声音。《庄子·齐物论》：“女（通“汝”）闻人籁而未闻地籁，女闻地籁而未闻天籁夫。……地籁则众窍是已，人籁则比竹是已，敢问天籁。”

【译文】

个人生活所需的各种用品，都是由各类工匠制作完成。只是因为各种物品均有其适用之处，所以对它们的称呼各不相同。

“管城子”“中书君”，都是毛笔的雅号；“石虚中”“即墨侯”，均为砚台的别称。

墨，又称“松使者”；纸，别号“楮先生”。

纸的美称，有“剡藤”，还有“玉版”；墨的别名，有“陈玄”，还有“龙剂”。

“共笔砚”，指同学关系；“付衣钵”，指师傅传道给弟子。

立定志向，以儒学为业，讲法是“磨穿铁砚”；不做文人而从军习武，不妨说“安用毛锥”。

剑有“干将”“镆铘”等别名，扇有“仁风”“便面”等雅号。

什么是“箑”？答案是扇子的别名；“籁”指什么？原来是声音的泛称。

小舟名舴艋[①]，巨舰曰艨艟[②]。

金根，皇后之车[③]；菱花[④]，妇人之镜。

银凿落[⑤]，原是酒器；玉参差[⑥]，乃是箫名。

刻舟求剑，固而不通⑦；胶柱鼓瑟，拘而不化⑧。
斗筲，言其器小⑨；梁栋⑩，谓是大材。
铅刀无一割之利⑪，强弓有六石之名⑫。

【注释】

①舴艋（zé měng）：小船。《广雅·释水》："舴艋，舟也。"清·王念孙疏证："《玉篇》：'舴艋，小舟也。'小舟谓之'舴艋'，小蝗谓之'蚱蜢'，义相近也。"《南齐书·张敬儿传》："部伍泊沔口，敬儿乘舴艋过江，诣晋熙王燮。"舴艋，亦常写作"蚱蜢"。蚱蜢是一种常见小昆虫，蚱蜢舟是一种呈柳叶状的双仓小渔船。宋·李清照《武陵春》："只恐双溪蚱蜢舟，载不动许多愁。"

②艨艟（méng chōng）：亦作"蒙冲"。古代的一种战船，以生牛皮蒙船覆背，两厢开掣棹孔，左右有弩窗、矛穴。三国魏·曹操《营缮令》："诸私家不得有艨冲等船。"《资治通鉴·后梁纪·后梁均王贞明五年》："（贺瓌）以竹笮联艨艟十余艘，……横于河流，以断晋之救兵，使不得渡。"元·胡三省注："艨艟，即蒙冲，战舰也。"《后汉书·文苑传下·祢衡》："黄祖在蒙冲船上，大会宾客。"唐·李贤注引《释名》："外狭而长曰'蒙冲'，以冲突敌船。"

③金根，皇后之车：语本《后汉书·舆服志上》："太皇太后、皇太后法驾，皆御金根，加交络帐裳。"又，《新唐书·诸帝公主传》："赵国庄懿公主，始封武清。贞元元年，徙封嘉诚。下嫁魏博节度使田绪，德宗幸望春亭临饯。厌翟敝不可乘，以金根代之。公主出降，乘金根车，自主始。"东汉时期，太皇太后、皇太后乘金根车。唐代，自赵国庄懿公主始，公主出嫁亦乘金根车。金根，"金根车"的省称。以黄金为饰的车。帝后所乘。东汉·蔡邕《独断》卷下："上所乘曰'金根车'，驾六马，有五色安车、五色立车各一，皆驾四马，是为五时副车。"《后汉书·舆服志上》："秦并天下，阅三

代之礼，或曰殷瑞山车，金根之色。汉承秦制，御为乘舆，所谓孔子乘殷之路者也。”南朝梁·刘昭注：“殷人以为大路，于是始皇作金根之车。殷曰‘桑根’，秦改曰‘金根’。《乘舆马赋》注曰：‘金根，以金为饰。’”《旧唐书·舆服志》：“金根车，朱质，紫油通幰，油画络带，朱丝网，常行则供之。”

④菱花：指菱花镜。古代铜镜多为六角形或背面刻有菱花，故名“菱花镜”。亦泛指镜。《赵飞燕外传》：“飞燕始加大号婕妤，奏上三十六物以贺，有七尺菱花镜一奁。”唐·杨凌《明妃怨》诗：“匣中纵有菱花镜，羞对单于照旧颜。”唐·李白《代美人愁镜》诗（其二）：“狂风吹却妾心断，玉箸并堕菱花前。”

⑤凿落：亦作“凿络”。以镌镂金银为饰的酒盏。镂金者为“金凿络”，镂银者为“银凿落”。唐·白居易《送春》诗：“银花凿落从君劝，金屑琵琶为我弹。”宋·叶廷珪《海录碎事·饮食器用部·饮器门》：“湘楚人以盏斝中镌镂金渡者为金凿络。”

⑥玉参差：镶玉的无底排箫。一说即玉笙。唐·杜牧《望少华》之三：“好伴羽人深洞去，月前秋听玉参差。”宋·姜夔《寄田郎》：“翦烛屡呼金凿落，倚窗闲品玉参差。”箫长短不齐，故用“参差”指箫。语本《楚辞·九歌·湘君》：“望夫君兮未来，吹参差兮谁思。”东汉·王逸章句：“参差，洞箫也。”宋·洪兴祖补注：“舜作箫，其形参差，像凤翼。”

⑦刻舟求剑，固而不通：典出《吕氏春秋·慎大览·察今》：“楚人有涉江者，其剑自舟中坠于水，遽契其舟曰：‘是吾剑之所从坠。’舟止，从其所契者入水求之。舟已行矣，而剑不行，求剑若此，不亦惑乎？”楚国有人坐船渡江，剑掉入江中，他在船上刻下记号，说：“这是剑掉下去的地方。”船停驶时，他才沿着记号跳入河中找剑。后因以“刻舟求剑”喻拘泥成法，固执不知变通。契，一本作“刻”。

⑧胶柱鼓瑟，拘而不化：语本《史记·廉颇蔺相如列传》：“王以名使

括，若胶柱而鼓瑟耳。括徒能读其父书传，不知合变也。”瑟是一种古乐器，柱是瑟上调节声音的短木，用胶把柱粘住以后，柱不能移动，就无法调弦，也就不能调节音的高低，故用“胶柱鼓瑟”比喻固执拘泥，不知变通。

⑨斗筲（shāo），言其器小：语本《论语·子路》：“子贡问曰：‘何如斯可谓之士矣？’子曰：‘行己有耻，使于四方，不辱君命，可谓士矣。’曰：‘敢问其次。’曰：‘宗族称孝焉，乡党称弟焉。’曰：‘敢问其次。’曰：‘言必信，行必果，硁硁然，小人哉！抑亦可以为次矣。’曰：‘今之从政者何如？’子曰：‘噫！斗筲之人，何足算也。’”朱子集注：“斗，量名，容十升。筲，竹器，容斗二升。斗筲之人，言鄙细也。”斗筲，斗与筲，均为容器。一斗容十升，筲是竹制容器，容一斗二升。因为都是量小的容器，往往比喻气量狭小或才识短浅。

⑩梁栋：通常作“栋梁”，指能做房屋大梁的木料。比喻堪当大任的人才。东汉·赵晔《吴越春秋·勾践入臣外传》：“大夫文种者，国之梁栋，君之爪牙。”《晋书·和峤传》：“和峤，字长舆，汝南西平人也。祖洽，魏尚书令。父逌，魏吏部尚书。峤少有风格，慕舅夏侯玄之为人，厚自崇重。有盛名于世，朝野许其能整风俗，理人伦。袭父爵上蔡伯，起家太子舍人。累迁颍川太守，为政清简，甚得百姓欢心。太傅从事中郎庾顗见而叹曰：‘峤森森如千丈松，虽磥砢多节目，施之大厦，有栋梁之用。’”

⑪铅刀无一割之利：语本《后汉书·班超传》：“况臣奉大汉之威，而无铅刀一割之用乎？”铅刀因为不锋利，很难割断东西。偶尔运用得当，也能割断东西。比喻钝驽无能，但是还可一用。出于骈文对偶的需要，反用成语“铅刀一割”。

⑫强弓有六石之名：语本《南史·羊侃传》：“侃少雄勇，膂力绝人，所用弓至二十石，马上用六石弓。”南朝梁人羊侃臂力过人，在马

上能用六石弓。六石弓，是一种极强劲的弓。古代以三十斤为钧，四钧为石；“六石弓”即需七百二十斤拉力才能拉开的弓。

【译文】

小舟，又名“蚱蜢”；巨舰，也叫“艨艟”。

“金根”，是皇后出行所乘之车；“菱花”，是女人梳妆所用之镜。

“银凿落”，原是酒杯的别名；“玉参差”，是排箫的雅号。

“刻舟求剑”，形容固执而不知变通；“胶柱鼓瑟”，比喻拘泥而不懂变化。

“斗筲”，形容器量狭小；“梁栋”，比喻才干超群。

铅制刀具，欠缺切割物品所需的锋利，因此“铅刀”指无用之人；古代强弓，号称需六石之力方能拉开，因此有“六石”这一名号。

杖以鸠名，因鸠喉之不噎①；钥同鱼样，取鱼目之常醒②。

兜鍪③，系是头盔；叵罗④，乃为酒器。

短剑名匕首⑤，毡毯曰氍毹⑥。

琴名绿绮、焦桐⑦，弓号乌号、繁弱⑧。

香炉⑨，曰宝鸭⑩；烛台，曰烛奴⑪。

龙涎、鸡舌⑫，悉是香名；鹢首、鸭头⑬，别为船号。

寿光客⑭，是妆台无尘之镜；长明公⑮，是梵堂不灭之灯⑯。

【注释】

①杖以鸠（jiū）名，因鸠喉之不噎（yē）：语本《后汉书·礼仪志中》：“仲秋之月，县道皆案户比民。年始七十者，授之以王（玉）杖，餔之糜粥。八十九十，礼有加赐。王（玉）杖长九尺，端以鸠鸟为饰。鸠者，不噎之鸟也。欲老人不噎。是月也，祀老人星于国都南郊老人庙。”又，《艺文类聚（卷九十二）·鸟部下·鸠》：“《风俗

通》曰：俗说高祖与项羽战，败于京索，遁丛薄中，羽追求之，时鸠正鸣其上，追者以鸟在无人，遂得脱，及即位，异此鸟，故作鸠杖，以赐老者。按，少皞五鸠，鸠者聚，聚民也。周礼罗氏，献鸠养老。汉无罗氏，故作鸠杖以扶老。"古时尊老，朝廷赐给老人以玉鸠为饰的手杖。据说鸠吃东西不会噎食，杖端以鸠为饰，是希望老人进食时不被噎住。

②钥（yuè）同鱼样，取鱼目之常醒：语本唐·丁用晦《芝田录》："门钥必以鱼者，取其不瞑目守夜之义。"丁氏书已逸，但宋人著作多有引用此条者，如曾慥《类书》卷十一、阙名《锦绣万花谷》卷八、史容《山谷外集诗注》卷六、李壁《王荆公诗注》卷二十一。古代的锁仿照鱼的外形，据说是因为鱼常睁着眼，以提醒人们注意。

③兜鍪（móu）：古代战士戴的头盔。秦汉以前称"胄"，后叫"兜鍪"。《东观汉记·马武传》："（武）身被兜鍪铠甲，持戟奔击。"

④叵（pǒ）罗：西域语音译。当地的一种饮酒器，口敞底浅。亦泛指酒杯。《北齐书·祖珽传》："神武宴僚属，于坐失金叵罗，窦泰令饮酒者皆脱帽，于珽髻上得之。"唐·李白《对酒》诗："蒲萄酒，金叵罗，吴姬十五细马驮。"

⑤短剑：短小的剑。匕首之类。《史记·刺客列传》："桓公与庄公既盟于坛上，曹沫执匕首劫齐桓公。"唐·司马贞索隐："刘氏云'短剑也'。《盐铁论》以为长尺八寸，其头类匕，故云'匕首'也。"《汉书·邹阳传》"匕首窃发"，唐·颜师古注："匕首，短剑也。其首类匕，便于用也。"

⑥氍毹（qú shū）：一种毛织或毛与其他材料混织的毯子。可用作地毯、壁毯、床毯等。旧时演剧用红氍毹铺地，遂用以为歌舞场、舞台的代称。

⑦绿绮（qǐ）：古琴名。为西汉司马相如所有。后亦泛指好琴。晋·傅玄《琴赋》序："齐桓公有鸣琴曰'号钟'，楚庄有鸣琴曰'绕梁'，

中世司马相如有琴曰‘绿绮’，蔡邕有琴曰‘焦尾’，皆名器也。”唐·李白《听蜀僧濬弹琴》诗：“蜀僧抱绿绮，西下峨眉峰。”焦桐：古琴名。相传为东汉蔡邕用烧焦的桐木所制。后亦泛指好琴。《后汉书·蔡邕传》：“吴人有烧桐以爨者，邕闻火烈之声，知其良木，因请而裁为琴，果有美音，而其尾犹焦，故时人名曰‘焦尾琴’焉。”唐·张祜《思归引》：“焦桐弹罢丝自绝，漠漠暗魂愁夜月。”

⑧乌号：古代良弓名。屡见于《淮南子》《史记》等汉代文献。一说为黄帝之弓，一说为柘枝弓。前说见《史记·封禅书》：“黄帝采首山铜，铸鼎于荆山下。鼎既成，有龙垂胡髯下迎黄帝。黄帝上骑，群臣后宫从上者七十余人，龙乃上去。余小臣不得上，乃悉持龙髯，龙髯拔，堕，堕黄帝之弓。百姓仰望黄帝既上天，乃抱其弓与胡髯号，故后世因名其处曰‘鼎湖’，其弓曰‘乌号’。”黄帝乘龙上天而堕其弓，百姓报弓号哭，故名其弓“乌号”。后说见东汉·应劭《风俗通义·正失》：“乌号弓者，柘桑之林，枝条畅茂，乌登其上，下垂着地，乌适飞去，后从拨杀。取以为弓，因名‘乌号’耳。”应劭之说，乃专为破司马迁而发。学者多从之。《太平御览（卷九百五十八）·木部七·柘》引《古史考》曰：“柘木枝长而乌集，将飞，柘弹乌，乌乃号呼。以柘为弓，故称‘乌号弓’。”又引三国蜀·谯周曰：“野柘枝劲。乌集之，飞起，直辕之，乌乃惊号。伐取为弓，故称‘乌号弓’。”《淮南子·原道训》：“射者扜乌号之弓，弯綦卫之箭，重之羿、逢蒙子之巧，以要飞鸟，犹不能与罗者竞多。”东汉·高诱注并引《史记·封禅书》与《风俗通义》二说，而列《风俗通义》之说于前。繁弱：古良弓名。为夏代诸侯封父所造，周灭商而得之，赐予鲁公伯禽。《左传·定公四年》：“分鲁公以大路、大旂，夏后氏之璜，封父之繁弱。”晋·杜预注：“封父，古诸侯也。繁弱，大弓名。”《荀子·性恶》：“繁弱、钜黍，古之良弓也。”《文选·司马相如〈子虚赋〉》：“左乌号之雕弓，右夏服

之劲箭。”唐·李善注引三国魏·张揖曰:“黄帝乘龙上天,小臣不得上,挽持龙须,须拔堕黄帝弓,臣下抱弓而号,名‘乌号’也。”引东汉·服虔曰:“服,盛箭器也。夏后氏之良弓名‘繁弱’,其矢亦良。即繁弱箭服,故曰‘夏服’也。”后世遂以“繁弱”为良弓名。

⑨香炉:古代焚香的器具。用陶瓷或金属制作成种种形式。其用途亦有多种,或熏衣、或陈设、或敬神供佛。东汉·卫宏《汉官旧仪》卷上:“给尚书郎伯二人,女侍史二人,皆选端正者从直。伯送至止车门还,女侍史执香炉烧熏,从入台护衣。”

⑩宝鸭:唐宋时期,香炉多仿造鸭型制造,因称香炉为“宝鸭”。唐·孙魴《夜坐》诗:“划多灰杂苍虬迹,坐久烟消宝鸭香。”宋·秦观《沁园春》:“愁绝处,又香销宝鸭,灯晕兰煤。”

⑪烛奴:语出五代·王仁裕《开元天宝遗事·烛奴》:“申王亦务奢侈,盖时使之然。每夜中与诸王贵戚聚宴,以龙檀木雕成烛发童子,衣以绿衣袍,系之束带,使执画烛列立于宴席之侧,目为‘烛奴’。诸宫贵戚之家皆效之。”原为雕刻成人形的烛台,后泛指烛台。

⑫龙涎(xián):“龙涎香”之省称。实为抹香鲸病胃的分泌物(古人不知,以为龙涎),类似结石,从鲸体内排出,漂浮海面或冲上海岸。为黄、灰乃至黑色的蜡状物质,香气持久,是极名贵的香料。宋代上流社会崇尚龙涎香。宋·陈敬《香谱》卷一“龙涎香”条,引宋·叶廷珪云:“龙涎出大食国,其龙多蟠伏于洋中之大石,卧而吐涎,涎浮水面,人见乌林上异禽翔集,众鱼游泳争噆之,则殳取焉。然龙涎本无香,其气近于臊。白者如百药,煎而腻理。黑者亚之。如五灵脂而光泽,能发众香,故多用之以和香焉。”引宋·潜斋云:“龙涎如胶,每两与金等。舟人得之则巨富矣。”又引宋·温子皮云:“真龙涎,烧之,置杯水于侧,则烟入水。假者,则散。”宋人诗文亦多以“龙涎”代指香。宋·苏轼《过子忽出

新意以山芋作玉糁羹》诗:“香似龙涎仍酽白,味如牛乳更全清。”宋·秦观《浣溪沙》:“恼人香爇是龙涎。”鸡舌:“鸡舌香”之省称,即丁香。因丁香结子如丁(钉),故名“丁香”。又因丁香子可剖分为二,状如鸡舌,故又名“鸡舌香”。古代尚书上殿奏事,口含此香。《初学记》卷十一引东汉·应劭《汉官仪》:“尚书郎含鸡舌香,伏奏事,黄门郎对揖跪受,故称尚书郎怀香握兰,趋走丹墀。”《太平御览(卷二百十九)·职官部十七》引应劭《汉官仪》曰:“侍中乃存年耆口臭,上出鸡舌使含之。鸡舌香,颇小,辛螫,不敢咀咽。自嫌有过,得赐毒药,归舍辞诀,欲就便宜。家人哀泣,不知其故。赖僚友诸贤问其愆失,求视其药及口香,共笑之。更为吞食,其意遂解。”鸡舌香(丁香)为传统中药,古医书多载。宋·陈敬《香谱》卷一“鸡舌香”条,引《唐本草》云:“出昆仑国及交广以南。树有雌雄,皮叶并似栗,其花如梅,结实似枣核者,雌树也,不入香用。无子者,雄树也。采花酿以成香。香微温,主心痛恶疮,疗风毒,去恶气。”“丁香”条,引《开宝本草注》云:“生广州,树高丈余,凌冬不凋,叶似栎,而花圆细,色黄。子如丁,长四五分,紫色中有粗大长寸许者,俗呼为‘母丁香’。击之则顺理拆,味辛,主风毒诸肿。能发诸香,及止心疼、霍乱、呕吐,甚验。”又引宋·叶廷珪云:“丁香,一名‘丁子香’,以其形似丁子也。鸡舌香,丁香之大者,今所谓‘丁香母’是也。”明·周嘉胄《香乘》卷二“鸡舌香即丁香”条,引唐·陈藏器曰:“鸡舌香与丁香同种,花实丛生。其中心最大者为鸡舌,击破有顺理而解为两向如鸡舌,故名。乃是母丁香也。”宋·沈括《梦溪笔谈·药议》:“《予集灵苑方》论鸡舌香以为丁香母,盖出陈氏拾遗。今细考之,尚未然。按《齐民要术》云:‘鸡舌香,世以其似丁子,故一名“丁子香”。即今丁香是也。’日华子云:‘鸡舌香治口气,所以三省故事:郎官日含鸡舌香,欲其奏事对答,其气芬芳。’此正谓丁香治口气。至今方书为然。又古方五香连翘汤，用鸡舌香。《千金》五香连翘汤，无鸡舌香，却有丁香。此最为明验。《新补本草》又出丁香一条，盖不曾深考也。今世所用鸡舌香，乳香中得之，大如山茱萸，剉开。中如柹核，略无气味。以治疾，殊极乖谬。”沈括考辨鸡舌香即丁香，最为用力。

⑬鹢（yì）首：代指船。古代常画鹢鸟于船头，故称。《淮南子·本经训》：“龙舟鹢首，浮吹以娱。”东汉·高诱注：“鹢，大鸟也，画其象着船首，故曰‘鹢首’。”鹢，水鸟名。宋·罗愿《尔雅翼》：“鹢，水鸟也。……善高飞，能风能水，古者天子舟首象鹢，所以厌水神。”鸭头：鸭头船是一种船头如鸭头形的大船，相传为三国时期吴国诸葛恪所创。《初学记（卷二十五）·器物部·舟》引《吴志》曰：“太傅诸葛恪制为鸭头船。”

⑭寿光客：镜子的雅称。唐·司空图仿唐·韩愈《毛颖传》作《容城侯传》，以镜拟人，谓唐蜀郡人金炯以明察，被封为容城侯，奉朝请，进号“寿光先生”。后世因称镜为“寿光先生”“寿光客”。司空图《容城侯传》见收于宋·姚铉所编《唐文粹》；宋·谢维新《古今合璧事类备要》亦具录全文。元·任士林仿唐·司空图撰《寿光先生传》，收于《松乡集》。旧注云：“（隋）御史王度有宝镜，时蒲陕间大疫，度令人持镜照之，病者皆愈。度因作《古镜记》，称为‘寿光先生’。”按，今传世本王度《古镜记》载大业九年（613）冬，王度“以御史带芮城令，持节河北道，开仓粮赈给陕东。时天下大乱，百姓疾病，蒲陕之间病疫尤甚”，有令人持镜照之，病者皆愈事；然通篇无称镜为“寿光先生”文。恐旧注误记。

⑮长明公：佛堂长明灯之雅称。《太平广记（卷三百七十三）·精坚六·杨祯》录唐·李玫著《纂异记》一则，说进士杨祯在昭应县石瓮寺文殊院寺读书，遇见一个红衣女子，善吟诗，自称“西明夫人”，述其十四代祖在汉朝因弘扬佛教被封为“长明公”。此红衣

女子原是西边经幢里一盏油灯。后遂以“长明公”指佛堂长明灯。长明灯，指昼夜不息的油灯。旧多用于供佛或敬神。唐·刘𫗧《隋唐嘉话》卷下：“江宁县寺有晋长明灯，岁久，火色变青而不热。隋文帝平陈，已讶其古，至今犹存。”

⑯梵堂：佛堂。

【译文】

拐杖取名“鸠杖”，因为斑鸠吃食不噎喉，用以祝福老人平安；锁钥制成鱼形，因为鱼眼睛总是睁着，表明警醒守护之意。

“兜鍪”，就是头盔；“叵罗”，则指酒杯。

短剑，又名“匕首”；毡毯，也叫“氍毹”。

琴的别名，有“绿绮”“焦桐”；弓的雅号，有“乌号”“繁弱”。

鸭形香炉，称“宝鸭”；人形烛台，叫“烛奴”。

“龙涎”“鸡舌”，都是香的名称；“鹢首”“鸭头”，均为船的别号。

“寿光客”，是妆台上一尘不染的宝镜；“长明公”，是佛堂里永不熄灭的明灯。

桔槔[1]，是田家之水车[2]；袯襫[3]，是农夫之雨具。

乌金[4]，炭之美誉；忘归[5]，矢之别名。

夜可击，朝可炊，军中刁斗[6]；《云汉》热，《北风》寒，刘褒画图[7]。

勉人发愤，曰猛着祖鞭[8]；求人宥罪，曰幸开汤网[9]。

拔帜立帜，韩信之计甚奇[11]；楚弓楚得，楚王所见未大[12]。

董安于性缓，常佩弦以自急；西门豹性急，常佩韦以自宽[13]。

汉孟敏尝堕甑不顾，知其无益[14]；宋太祖谓犯法有剑，正欲立威[15]。

【注释】

①桔槔（jié gāo）：古代一种井上汲水工具。在井旁架上设杠杆，一端系汲器，一端悬绑石块等重物，用不大的力量即可将灌满水的汲器提起。《庄子·天运》："且子独不见夫桔槔者乎，引之则俯，舍之则仰。"唐·成玄英疏："桔槔，挈水木也。人牵引之则俯下，舍放之则仰上。"

②水车：旧式灌溉机械。用人或畜力作为动力，通过管、筒、水槽等机件将水上提。宋·陆游《入蜀记》卷一："妇人足踏水车，手犹绩麻不置。"《宋史·河渠志五》："地高则用水车汲引，灌溉甚便。"

③袯襫（bó shì）：指古时农夫穿的蓑衣，可以防雨。《国语·齐语六》："首戴茅蒲，身衣袯襫，沾体涂足，暴其发肤，尽其四支之敏，以从事于田野。"三国吴·韦昭注："茅蒲，簦笠也。袯襫，蓑薜衣也。"

④乌金：煤炭的雅名。旧注引唐·孟郊诗："青山白屋有仁人，赠炭价重双乌金。"按，孟郊《答友人赠炭诗》，不作"乌金"而作"乌银"。乌银，是一种用硫黄熏炙和特殊方法熔铸的黑色的银。明·李时珍《本草纲目·金石一·银》（附录）"乌银"引唐·陈藏器曰："今人用硫黄薰银，再宿泻之，则色黑矣。工人用为器，养生者以器煮药。兼于庭高一二丈处，夜承露醴饮之，长年辟恶。"宋人诗文，惯用"乌银"代指炭。谢薖《复用前韵示内》："仍甘作诗穷，乌银以喻炭。"杨万里《雪晚舟中生火》诗其一："乌银见火生绿雾，便当水沉一浓炷。"其二："乌银玉质金石声，见火忽学爆竹鸣。"明清诗文，则惯用"乌金"代指炭。明·于谦《咏煤炭》诗："凿开混沌得乌金，藏蓄阳和意最深。"明·吴宽《又喜廷式夜访》诗："乌金屡爇销寒气，红蜡频烧避月光。"清·陈维崧《满江红·拥炉》："炙尽乌金、销不了，鬓丝微雪。"明清诗文之"乌金"，即宋人诗文之"乌银"。

⑤忘归，矢之别名：忘归，为良箭名。以一去不复返，故称。《公孙龙子·迹府》："龙闻楚王张繁弱之弓，载忘归之矢，以射蛟兕于云梦之圃。"《文选·嵇康〈赠秀才入军〉》："左揽繁若，右接忘归。"唐·李周翰注："忘归，矢名。"此句"忘归"，李光明庄本作"亡归"，据语典及他本改。

⑥刁斗：古代的一种军用器具。又名"金柝""焦斗"。铜质，有柄，能容一斗。军中白天可供一人烧饭，夜间敲击以巡更。《史记·李将军列传》："不击刁斗以自卫。"南朝宋·裴骃集解："孟康曰：以铜作鐎器，受一斗，昼炊饭食，夜击持行，名曰'刁斗'。"

⑦《云汉》热，《北风》寒，刘褒（bāo）画图：语本唐·张彦远《历代名画记》："刘褒，汉桓帝时人。曾画《云汉图》，人见之觉热。又画《北风图》，人见之觉凉。官至蜀郡太守。（见孙畅之《述画记》及张华《博物志》云）。"张华《博物志》（逸文）记载东汉刘褒画《云汉图》，观者都感到热，又画《北风图》，观者都感到凉意。刘褒，东汉人。汉桓帝时曾任蜀郡太守。善画。画乌鹊酷似真禽。所绘《云汉图》，见者觉热；所作《北风图》，见者觉寒。云汉，语本《诗经·大雅·云汉》："倬彼云汉，昭回于天。"东汉·郑玄笺："时旱渴雨，故宣王夜仰视天河，望其候焉。"后因以"云汉"为炎暑干旱之喻。

⑧祖鞭：即"祖生鞭"。语出《世说新语·赏誉下》："刘琨称祖车骑为朗诣。"南朝梁·刘孝标注引晋·虞预《晋书》："刘琨与亲旧书曰：'吾枕戈待旦，志枭逆虏，常恐祖生先吾着鞭（挥鞭打马使疾驰）耳。'"两晋之际，刘琨志在恢复中原，他在写给朋友的信里说："我时刻准备战斗，志在剿灭逆贼，唯恐祖逖比我先行动呢。"后因以"祖生鞭"为勉人努力进取的典故。唐·李白《赠宣城宇文太守兼呈崔侍御》诗："多逢剿绝儿，先着祖生鞭。"

⑨宥（yòu）罪：赦免罪过，饶恕罪行。《周易·解卦》："象曰：雷雨

作，解，君子以赦过宥罪。”唐·孔颖达疏：“过轻则赦，罪重则宥，皆解缓之义也。”

⑩汤网：典出《吕氏春秋·孟冬纪·异用》：“汤见祝网者置四面。其祝曰：‘从天坠者，从地出者，从四方来者，皆离吾网。’汤曰：‘嘻，尽之矣，非桀其孰为此也！’汤收其三面，置其一面，更教祝曰：‘昔蛛蝥作网罟，今之人学纾。欲左者左，欲右者右，欲高者高，欲下者下，吾取其犯命者。’汉南之国闻之，曰：‘汤之德及禽兽矣。’四十国归之。”又，《史记·殷本纪》：“汤出，见野张网四面，祝曰：‘自天下四方皆入吾网。’汤曰：‘嘻，尽之矣！’乃去其三面，祝曰：‘欲左，左。欲右，右。不用命，乃入吾网。’诸侯闻之，曰：‘汤德至矣，及禽兽。’”商汤见人捕鸟，四面用网围住，认为太过赶尽杀绝，命其去掉三面，只留一面。天下诸侯听说后，都赞叹商汤仁及禽兽，诚心归附。后因以“汤网”泛言刑政宽大。

⑪拔帜立帜，韩信之计甚奇：语本《史记·淮阴侯列传》：“平旦，信建大将之旗鼓，鼓行出井陉口，赵开壁击之，大战良久。于是信、张耳详弃鼓旗，走水上军。水上军开入之，复疾战。赵果空壁争汉鼓旗，逐韩信、张耳。韩信、张耳已入水上军，军皆殊死战，不可败。信所出奇兵二千骑，共候赵空壁逐利，则驰入赵壁，皆拔赵旗，立汉赤帜二千。赵军已不胜，不能得信等，欲还归壁，壁皆汉赤帜，而大惊，以为汉皆已得赵王将矣，兵遂乱，遁走，赵将虽斩之，不能禁也。于是汉兵夹击，大破虏赵军，斩成安君泜水上，禽赵王歇。”秦汉之际，韩信带兵与赵国交战，命人趁敌军倾巢而出之际冲入敌人阵地，将对方旗帜拔掉，插上己方旗帜，致使敌方以为阵地丢失，军心动摇而大败。韩信，西汉开国功臣，著名军事家。见前《武职》篇“韩信将兵，多多益善”条注。

⑫楚弓楚得，楚王所见未大：语本《公孙龙子·迹府》：“龙闻楚王张繁弱之弓，载忘归之矢，以射蛟兕于云梦之圃，而丧其弓。左右

请求之。王曰:'止。楚人遗弓,楚人得之,又何求乎?'仲尼闻之曰:'楚王仁义而未遂也。亦曰人亡弓,人得之而已,何必楚?'"楚王的弓丢失了,手下人要去找,楚王制止说:"楚人丢失了弓,还不是楚人拾到了,何必去找呢?"孔子听后,说任何人捡到都可以,不必一定非得是楚人。楚王虽然有仁义之心,但可惜没有达到很高的境界。《孔子家语·好生》亦载,而文字略有出入。

⑬"董安于性缓"四句:语本《韩非子·观行》:"西门豹之性急,故佩韦以自缓;董安于之性缓,故佩弦以自急。"《韩非子》书里说,西门豹因为性子太急,常佩带着牛皮绳以提醒自己要放松;董安于因为性子太缓,常佩着弓弦以提醒自己保持紧张亢奋的精神状态。《文选·任昉〈王文宪集序〉》:"夷雅之体,无待韦弦。"唐·李善注:"韦,皮绳,喻缓也;弦,弓弦,喻急也。……言王公平雅之性,无待此韦弦以成也。""佩韦"的"韦",指熟牛皮做的绳子,富有弹性,可以拉伸。"佩弦"的"弦",指弓弦,绷得很紧。董安于(?—前496),又称"董阏于",春秋末晋国人,是晋卿赵鞅的心腹家臣,古晋阳城的始创者。西门豹,战国初期魏国人。性急,常佩韦以自戒。魏文侯时为邺令。初,邺人为水患所苦,地方豪吏与巫祝勾结,以河伯娶妇愚弄人民。豹至邺,废之。兴建水利,开凿十二支渠,引漳河水灌田,改良土壤,发展生产。并实行寓兵于农、存粮于民等措施。

⑭汉孟敏尝堕甑(zèng)不顾,知其无益:语本《后汉书·郭太传(附孟敏)》:"孟敏字叔达,钜鹿杨氏人也。客居太原。荷甑堕地,不顾而去。林宗见而问其意。对曰:'甑以破矣,视之何益?'林宗以此异之,因劝令游学。十年知名,三公俱辟,并不屈云。"东汉孟敏有一次扛着饭甑走在路上,饭甑掉到地上,他都没回头看一眼就走了。郭太(字林宗)问他这是为什么。他说:"饭甑已经摔破了,回头看它有用吗?"孟敏,字叔达,东汉后期钜鹿杨氏

（今河北宁晋）人。性刚直有决断。为名士郭太所赏识。甑，古代炊具。底部有许多透蒸汽的小孔，放在鬲上蒸煮食物。初期或为陶器，后为木器，即饭甑，形似木桶，用以蒸饭。此句“尝”字，李光明庄本作“常”，据语典及他本改。

⑮宋太祖谓犯法有剑，正欲立威：语本宋太祖赵匡胤与内臣李承进论后唐庄宗败亡教训所云“若犯吾法，惟有剑耳”。宋太祖此圣训，为有宋各种文献广为征引，见于李心传《建炎以来系年要录》卷一百二十、陈均《九朝编年备要》卷二、李焘《续资治通鉴长编》卷十二、彭百川《太平治迹统类》卷三十、吕中《宋大事记讲义》卷三、章如愚《群书考索》后集卷四十一、曾巩《元丰类稿》卷四十九、洪咨夔《平斋集》卷八、张方平《乐全集》卷十八等。明·丘濬《大学衍义补》亦引之。兹引《续资治通鉴长编》卷十二（宋太祖开宝四年）：“时内臣有左飞龙使李承进者，逮事后唐。上问曰：‘庄宗以英武定中原，享国不久，何也？’承进曰：‘庄宗好田猎，务姑息将士，每出次近郊，禁兵卫卒必控马首，告曰：“儿郎辈寒冷，望与救接。”庄宗即随其所欲给之。如此非一。失于禁戢，因而兆乱。盖威令不行，赏赉无节也。’上抚髀叹曰：‘二十年夹河战争，取得天下，不能用军法约束此辈，纵其无厌之求，以兹临御，诚为儿戏。朕今抚养士卒，固不吝惜爵赏；若犯吾法，惟有剑耳！’”

【译文】

“桔槔”，是农夫汲水的工具；“袯襫”，是农夫遮雨的蓑衣。

“乌金”，是炭的美誉；“忘归”，是箭的别名。

军队中的“刁斗”，夜晚可用来敲打巡更，白天可用来煮饭烧菜；刘褒擅长作画，《云汉图》让观众觉得热，《北风图》令大家感到冷。

劝勉别人发愤，可用“猛着祖鞭”这一成语；请求别人恕罪，多用“幸开汤网”这一说法。

拔掉敌军旗帜，换上自家旗号，韩信的计谋真是高妙；认为楚人丢弓，终归楚人拾得，楚王的见识不算远大。

董安于性格不温不火，故而经常佩带弓弦让自己精神紧张；西门豹脾气急躁冲动，所以每每佩带牛皮使自己情绪稳定。

汉代孟敏曾失手摔破饭甑却看都不看就走，因为知道看也没用；宋太祖说对待犯法之人应该亮剑严惩，正是为了竖立威信。

王衍清谈，常持麈拂[①]；横渠讲《易》，每拥皋比[②]。

尾生抱桥而死，固执不通[③]；楚妃守符而亡，贞信可录[④]。

温峤昔燃犀，照见水族之鬼怪[⑤]；秦政有方镜，照见世人之邪心[⑥]。

车载斗量之人，不可胜数[⑦]；南金东箭之品，实是堪奇[⑧]。

传檄可定[⑨]，极言敌之易破；迎刃而解[⑩]，甚言事之易为。

以铜为鉴，可正衣冠；以古为鉴，可知兴替[⑪]。

【注释】

①王衍（yǎn）清谈，常持麈（zhǔ）拂：语本《世说新语·容止》："王夷甫容貌整丽，妙于谈玄，恒捉玉柄麈尾，与手都无分别。"西晋名士王衍清谈时，喜欢手执玉柄麈尾。王衍（256—311），字夷甫，西晋琅邪临沂（今山东临沂）人。王戎从弟。初为太子舍人。累迁黄门侍郎。妙善玄言，喜谈老庄，义理不安，随即更改，时人称为"口中雌黄"。赵王伦杀贾后，王衍以贾氏戚党被禁锢。及赵王伦篡位，王衍佯狂斫婢以自免。"八王之乱"中累居显职，官至尚书令、司空、太尉。不以经国为念，专谋自保。司马越以为太傅军司。晋怀帝永嘉五年（311），司马越卒，王衍为石勒所俘，因劝石勒称帝，欲求自免，被石勒所杀。清谈，清雅的谈论。特指魏

晋时期崇尚老庄，空谈玄理的风气。亦称“玄谈”。清谈重心集中在有无、本末之辨。始于三国魏何晏、夏侯玄、王弼等，至晋王衍辈而益盛，延及齐梁而不衰。麈拂，用麈的尾毛做的拂尘，古人执以驱虫、掸尘。在细长的木条两边及上端插设兽毛，或直接让兽毛垂露外面，类似马尾松。因古代传说麈迁徙时，以前麈之尾为方向标志，故称。古人清谈时必执麈尾拂尘，相沿成习，为名流雅器，不谈时，亦常执在手。麈，即“麋鹿”，俗称“四不像”。

②横渠讲《易》，每拥皋比（gāo pí）：语本《宋史·道学传·张载》：“尝坐虎皮讲《易》京师，听从者甚众。一夕，二程至，与论《易》，次日语人曰：‘比见二程，深明《易》道，吾所弗及，汝辈可师之。’撤坐辍讲。”宋代大儒张载曾坐虎皮垫主讲《周易》，听众甚多。后来与二程（程颢、程颐）兄弟谈论《周易》，心悦诚服，便撤去讲席，让大家追随二程兄弟学习。张载“勇撤皋比”事，在宋代广为流传。宋·朱熹《六先生画像赞·横渠先生》：“早悦孙吴，晚逃佛老。勇撤皋比，一变至道。精思力践，妙契疾书。订顽之训，示我广居。”宋·谢维新《古今合璧事类备要》卷五十六：“尹彦明云：‘横渠昔在京师，坐虎皮说《周易》，听从甚众。一夕，二程先生至，论易。次日，横渠曰：“吾平日为诸公说者，皆乱世耳。二程近至，深明《易》道，吾所弗及，汝辈可师之。”’故朱文公作《横渠赞》云‘勇撤皋比’。”横渠，指北宋理学家张载。张载（1020—1078），字子厚，祖籍大梁（今河南开封），后徙家凤翔郿县（今陕西眉县）横渠镇，世称“横渠先生”。少喜谈兵，至欲结客取洮西地。范仲淹劝读《中庸》，乃博览群书，而反求之“六经”。讲《易》京师，遇程颐兄弟，以为不及，于是撤坐辍讲，尽弃异学。登宋仁宗嘉祐二年（1057）进士，授祁州司法参军，调丹州云岩令。迁著作佐郎，签书渭州军事判官。宋神宗熙宁二年（1069），除崇文院校书。次年移疾。十年（1077）春，复召还馆，同知太常

礼院。同年冬告归,十二月乙亥卒于道中,年五十八。门人欲谥明诚,后定谥献。宋宁宗嘉定十三年(1220),赐谥明公。其学以《易》为宗,以《中庸》为体,以孔孟为法。讲学关中,传其学者称为"关学"。代表作有《正蒙》《易说》等。有《崇文集》十卷《郡斋读书志》卷四下,已佚。事见《张子全书》卷十五附宋·吕大临《横渠先生行状》,《宋史》卷四百二十七有传。皋比,虎皮。《左传·庄公十年》:"自雩门窃出,蒙皋比而先犯之。"晋·杜预注:"皋比,虎皮。"唐·孔颖达疏:"《乐记》云:倒载干戈,包之以虎皮,名之曰'建櫜'。郑玄以为兵甲之衣曰'櫜'。櫜,韬也。而其字或作'建皋'。"古人坐虎皮讲学,后因以"皋比"指讲席,以"坐拥皋比"指任教。

③尾生抱桥而死,固执不通:语本《庄子·盗跖》:"尾生与女子期于梁下,女子不来,水至不去,抱梁柱而死。"尾生与女友相约在桥下见面,女友不至而河水暴涨,尾生抱着桥柱苦苦等候而不肯离开,最终被淹死。后以"尾生抱柱"为坚守信约的典故。亦用以比喻死守陈规而不知变通。清·赵翼《瓯北诗话·苏东坡诗》:"若反以新为嫌,是必拾人牙后,人云亦云;否则抱柱守株,不敢逾限一步,是尚得成家哉!""尾生抱柱"的故事,先秦时期即已流传,秦汉之际被各种典籍广泛引用。《庄子》之外,《韩非子》(守道)、《战国策》(燕策·人有恶苏秦于燕王者)、《淮南子》(氾论训、说山训、说林训)、《史记》(苏秦列传)亦言之。尾生,即《汉书·古今人表》中的尾生高。唐·颜师古注云:"即微生高也。"唐·陆德明释文:"尾生,一本作'微生'。"微生高,春秋时鲁国武城(今山东平邑南)人。以正直闻名。但孔子说微生高不正直,有人向其讨点醋,便向邻居索讨给人。《论语·公冶长》:"子曰:'孰谓微生高直?或乞醯焉,乞诸其邻而与之。'"固执不通,坚持己见,而不知灵活变通。

④楚妃守符而亡，贞信可录：语本《列女传·贞顺传·楚昭贞姜》："贞姜者，齐侯之女，楚昭王之夫人也。王出游，留夫人渐台之上而去。王闻江水大至，使使者迎夫人，忘持其符，使者至，请夫人出。夫人曰：'王与宫人约，令召宫人必以符。今使者不持符，妾不敢从使者行。'使者曰：'今水方大至，还而取符，则恐后矣。'夫人曰：'妾闻之：贞女之义不犯约，勇者不畏死，守一节而已。妾知从使者必生，留必死。然弃约越义而求生，不若留而死耳。'于是使者取符，则水大至，台崩，夫人流而死。王曰：'嗟夫！守义死节，不为苟生，处约持信，以成其贞。'乃号之曰'贞姜'。君子谓贞姜有妇节。诗云：'淑人君子，其仪不忒。'此之谓也。颂曰：'楚昭出游，留姜渐台。江水大至，无符不来。夫人守节，流死不疑。君子序焉，上配伯姬。'"楚昭王出游，将夫人留在渐台，赶上发洪水，楚昭王派使者去接夫人，使者忘带信符，夫人以楚昭王曾约定召唤后宫一定会有信符凭证为由，拒绝随往，不久大水冲垮渐台，夫人被水淹死。贞信，正直诚实，信守诺言。

⑤温峤（qiáo）昔燃犀（xī），照见水族之鬼怪：语本南朝宋·刘敬叔《异苑》卷七："晋温峤至牛渚矶，闻水底有音乐之声，水深不可测。传言下多怪物。乃燃犀角而照之。须臾，水族覆火，奇形异状。或乘马车着赤衣帻。其夜，梦人谓曰：'与君幽明道隔，何意相照耶？'峤甚恶之，未几卒。"《晋书·温峤传》亦载，文字略有异同。相传，晋人温峤在牛渚矶，曾点燃犀牛角探照江水，见到许多怪物。后遂以"燃犀"为烛照水下鳞介之怪的典实。亦用为洞察奸邪、明烛幽微之典。温峤，见前《老寿幼诞》篇"英物称奇，温峤闻声知桓温之异"条注。温峤之"峤"，今人多读作平声（qiáo），实误。考以唐人近体诗，温峤之"峤"皆读仄声（jiào）。例如，唐·李商隐《中元作》诗："羊权须（一作"虽"）得金条脱，温峤终虚玉镜台。"唐·胡曾《咏史诗·牛渚》："温峤南归辍棹晨，燃犀牛渚照通津。

谁知万丈洪流下，更有朱衣跃马人。”水族，水生动物的统称。

⑥秦政有方镜，照见世人之邪心：语本《西京杂记·咸阳宫异物》：“高祖初入咸阳宫，周行库府，金玉珍宝，不可称言。……有方镜，广四尺，高五尺九寸，表里有（一作“洞”）明。人直来照之，影则倒见；以手扪心而来，即见肠胃五脏。历然无碍。人有疾病在内者，则掩心而照之，则知病之所在。又女子有邪心，则胆张心动。秦始皇帝常以照宫人，胆张心动者则杀之也。高祖悉封闭以待项羽。羽并将以东，后不知所在。”传说秦始皇有一面方镜，能照见人的五脏六腑和心气正邪。秦政，指秦始皇嬴政。

⑦车载斗量之人，不可胜数：语本《三国志·吴书·吴主传》“遣都尉赵咨使魏”南朝宋·裴松之注引三国吴·韦昭《吴书》：“（魏文帝）又曰：‘吴如大夫者几人？’咨曰：‘聪明特达者八九十人，如臣之比，车载斗量，不可胜数。’”车载斗量，用车来载，用斗来量，形容数量很多，比喻太过平凡，不足为奇。

⑧南金东箭之品，实是堪奇：语本《晋书·顾荣纪瞻贺循杨方薛兼列传》：“史臣曰：‘元帝树基淮海，百度权舆，梦想群材，共康庶绩。顾、纪、贺、薛等并南金东箭，世胄高门，委质霸朝，豫闻邦政。’”晋代顾荣、纪瞻等人因为品行端庄，被誉为“南金”“东箭”。南金，南方出产的铜。后亦借指贵重之物。《诗经·鲁颂·泮水》：“元龟象齿，大赂南金。”毛传：“南，谓荆扬也。”东汉·郑玄笺：“荆扬之州，贡金三品。”唐·孔颖达疏：“金，即铜也。”后世以“南金”比喻南方的优秀人才。《晋书·薛兼传》：“兼清素有器宇，少与同郡纪瞻、广陵闵鸿、吴郡顾荣、会稽贺循齐名，号为‘五俊’。初入洛，司空张华见而奇之，曰：‘皆南金也。’”东箭，“东南竹箭”的省称。《尔雅·释地》：“东南之美者，有会稽之竹箭焉。”后因以“东南竹箭”比喻优秀人才。《晋书·王舒王翼虞潭顾众张闿传赞》：“顾实南金，虞惟东箭。”

⑨传檄（xí）可定：不用出兵，只需传达一纸文书，即可降服敌方。指不战而使对方降服归顺。檄，语出《史记·张耳陈馀列传》："范阳令乃使蒯通见武信君曰：'……诚听臣之计，可不攻而降城，不战而略地，传檄而千里定，可乎？'……武信君从其计，因使蒯通赐范阳令侯印。赵地闻之，不战以城下者三十余城。"为古代官府用以征召或声讨的文书。

⑩迎刃而解：语出《晋书·杜预传》："今兵威已振，譬如破竹，数节之后，皆迎刃而解，无复着手处也。"把竹子劈开口，下面的一段就会迎着刀刃裂开，比喻主要问题解决了，其他的问题就很容易解决。亦比喻处理事情、解决问题很顺利。

⑪"以铜为鉴"四句：语本《新唐书·魏徵传》："帝后临朝叹曰：'以铜为鉴，可正衣冠；以古为鉴，可知兴替；以人为鉴，可明得失。朕尝保此三鉴，内防己过。今魏徵逝，一鉴亡矣。'"《贞观政要·任贤》《旧唐书·魏徵传》亦载，"鉴"作"镜"。唐代名臣魏徵死后，唐太宗感叹说："拿铜做镜子，可以整理衣冠；拿历史做镜子，可以知道兴衰；拿贤人做镜子，可以明白得失。魏徵死后，我就少了一面镜子。"鉴，镜子。兴替，兴盛与衰亡。

【译文】

王衍与人清谈，经常手持麈尾拂尘；张载讲授《易经》，座位上总是垫着虎皮褥子。

尾生紧抱桥柱被洪水淹死，实在固执迂腐，不懂变通；楚昭王夫人贞姜坚守"召宫人必以符"的约定而溺亡，真是忠贞守信，值得大书特书。

温峤当年点燃犀角，顿时照见水中的各种鬼怪；秦始皇嬴政拥有一面方镜，能够照见世人的不良用心。

用车装不下，用斗量不完，形容世上平庸之人多得数不过来；西南的金石，东南的竹箭，人品才干实在是奇特超凡。

传下檄文便将大事轻松搞定，是极力形容敌人容易击破；如同竹子迎着刀刃自行剖解,是形容事情很好解决。

“以铜为鉴”,可以端正衣冠穿戴;“以古为鉴”,能够了解历史兴亡规律。

珍宝

【题解】

珍宝,指各种珍品宝贝,泛指含各种贵金属在内的奢侈品。

本篇24联,所讲的都是和珍宝相关的成语典故,亦涉及金钱。

山川之精英①,每泄为至宝②;乾坤之瑞气③,恒结为奇珍④。

故玉足以庇嘉谷,珠可以御火灾⑤。

鱼目岂可混珠⑥,碔砆焉能乱玉⑦?

黄金生于丽水⑧,白银出自朱提⑨。

曰孔方,曰家兄,俱为钱号⑩;曰青蚨⑪,曰鹅眼⑫,亦是钱名。

【注释】

①精英:精华。指事物之最精粹、最美好者。

②泄:泄露。古代认为珠玉等宝物是山川精华泄露出来的。至宝:最珍贵的宝物。《后汉书·陈元传》:“至宝不同众好,故卞和泣血。”

③瑞气:瑞应之气。泛指吉祥之气。《晋书·天文志中》:“瑞气:一曰庆云。若烟非烟,若云非云,郁郁纷纷,萧索轮囷,是谓‘庆云’,亦曰‘景云’。此喜气也,太平之应。二曰归邪。如星非星,如云非云。或曰,星有两赤彗上向,有盖,下连星。见,必有归国

者。三曰昌光，赤，如龙状；圣人起，帝受终，则见。”

④恒：常常。奇珍：奇异珍贵之物。《汉书·江都易王刘非传》：“遣人通越繇王闽侯，遗以锦帛奇珍。”

⑤故玉足以庇嘉谷，珠可以御火灾：语本《国语·楚语下》：“圉闻国之宝六而已。明王圣人能制议百物，以辅相国家，则宝之；玉足以庇荫嘉谷，使无水旱之灾，则宝之；龟足以宪臧否，则宝之；珠足以御火灾，则宝之；金足以御兵乱，则宝之；山林薮泽足以备财用，则宝之。若夫哗嚣之美，楚虽蛮夷，不能宝也。”春秋时期，楚国大夫王孙圉和赵简子谈论何为国宝，提到玉足以庇荫嘉谷，珠足以防御火灾，才值得当作宝贝。庇，庇佑。嘉谷，古以粟（小米）为嘉谷，后亦用为五谷的总称。《尚书·吕刑》：“稷降播种，农殖嘉谷。”

⑥鱼目：鱼的眼珠子，似珍珠而非，故有“鱼目混珠”之说。《文选·任昉〈到大司马记室笺〉》：“惟此鱼目，唐突玙璠。”唐·李善注：“鱼目似珠。玙璠，鲁玉也。《雒书》曰：‘秦失金镜，鱼目入珠。’《韩诗外传》曰：‘白骨类象，鱼目似珠。’”

⑦碔砆（wǔ fū）焉能乱玉：语本《战国策·魏策一》：“西门豹为邺令，而辞乎魏文侯。文侯曰：‘子往矣，必就子之功而成子之名。’西门豹曰：‘敢问就功成名，亦有术乎？’文侯曰：‘有之。夫乡邑老者而先受坐之，士子入而问其贤良之士而师事之，求其好掩人之美而扬人之丑者，而参验之。夫物多相类而非也，幽莠之幼也似禾，骊牛之黄也似虎，白骨疑象，武夫类玉，此皆似之而非者也。’”碔砆，亦作“武夫”。像玉的石头。《文选·司马相如〈子虚赋〉》“碝石、碔砆”，唐·李善注引三国魏·张揖：“碝石、碔砆，皆石之次玉者。……碔砆，赤地白采，葱茏白黑不分。”

⑧黄金生于丽水：语本《韩非子·内储说上七术·倒言》：“荆南之地、丽水之中生金，人多窃采金。”又，《千字文》：“金生丽水。”

丽水，金沙江流入云南省丽江纳西族自治县北的一段。自古产金。《旧唐书·贾耽传》："故泸南贡丽水之金，漠北献余吾之马。"明·宋应星《天工开物·五金·黄金》："水金多者出云南金沙江（古名"丽水"）。此水源出吐蕃，绕流丽江府，至于北胜州，回环五百余里，出金者有数截。"

⑨白银出自朱提：语本《汉书·地理志上》："（犍为郡）朱提，山出银。"又，《汉书·食货志下》："朱提银重八两为一流，直一千五百八十，它银一流直千，是为银货二品。"朱提，古地名。汉武帝时置县，治所在今云南昭通境内。后立为郡。南朝梁废。唐武德初置安上县，不久复改为朱提县，天宝中地入南诏，移治今四川宜宾安边镇西南。唐末废。境内山产白银，世称"朱提银"。后世亦用作银的代称。

⑩曰孔方，曰家兄，俱为钱号：语本晋·鲁褒《钱神论》："钱之为体，有乾坤之象，内则其方，外则其圆。……亲之如兄，字曰'孔方'。失之则贫弱，得之则富昌。"孔方，旧时铜钱外圆，中有方孔，故谑称钱为"孔方兄"。《汉书·食货志下》"钱圜函方"，唐·颜师古注引三国魏·孟康曰："外圆而内孔方也。"家兄，因钱别号"孔方兄"，故有此称。晋·鲁褒《钱神论》："京邑衣冠，疲劳讲肆，厌闻清谈，对之睡寐，见我家兄，莫不惊视，钱之所祐，吉无不利，何必读书，然后富贵。"又曰："虽有中人，而无家兄，不异无足而欲行，无翼而欲翔。"又，《太平御览》卷八百三十六引晋·成公绥《钱神论》："路中纷纷，行人悠悠，载驰载驱，唯钱是求。朱衣素带，当涂之士，爱我家兄，皆无能已。"

⑪青蚨（fú）：钱的别名。典出晋·干宝《搜神记》卷十三："南方有虫，名'蠍蝺'，一名'蛸蠋'，又名'青蚨'，形似蝉而稍大，味辛美，可食。生子必依草叶，大如蚕子。取其子，母即飞来，不以远近。虽潜取其子，母必知处。以母血涂钱八十一文，以子血

涂钱八十一文，每市物，或先用母钱，或先用子钱，皆复飞归，轮转无已。故淮南子术以之还钱，名曰‘青蚨。’”又，《太平御览》卷九百五十引西汉·刘安《淮南万毕术》：“青蚨还钱：青蚨一名‘鱼’，或曰‘蒲’，以其子母各置瓮中，埋东行阴垣下，三日后开之，即相从。以母血涂八十一钱，亦以子血涂八十一钱，以其钱更易市，置子用母，置母用子，钱皆自还。”后因用以指钱。青蚨，传说中的一种虫子，据说捉住母虫，子虫就飞来；捉住子虫，母虫也会飞来。相传淮南子会一种法术，用青蚨母虫的血涂在八十一文铜钱上，用青蚨子虫的血涂在另外八十一文铜钱上，每次去买东西，有时先用母钱，有时先用子钱，用掉的钱都会再飞回来，这样循环往复，钱就永远用不完。后因以“青蚨”代指钱。

⑫鹅眼：古代一种劣质的钱。《宋书·颜竣传》：“景和元年，沈庆之启通私铸，由是钱货乱败，一千钱长不盈三寸，大小称此，谓之‘鹅眼钱’。”南朝宋前废帝景和元年（465），朝廷允许私铸铜钱，导致铜钱品质恶劣，一千文串起来还不到三寸长，被称为“鹅眼钱”。后世遂称劣质钱为“鹅眼”。《旧唐书·食货志上》：“京城钱日加碎恶，鹅眼、铁锡、古文、綖环之类，每贯重不过三四斤。”

【译文】

山川中的精萃英华，每每泄露出来化为至宝；天地间的祥瑞之气，经常凝结成为珍奇物品。

所以宝玉可以庇护五谷成熟，明珠可以防御火灾发生。

鱼目怎可混同珍珠，碔砆哪能冒充玉石？

黄金的著名产地是丽水，白银的著名产地是朱提。

“孔方”“家兄”，均为钱的代称；“青蚨”“鹅眼”，也是钱的别名。

可贵者，明月、夜光之珠[①]；可珍者，璠玙、琬琰之玉[②]。宋人以燕石为玉，什袭缇巾之中[③]；楚王以璞玉为石，两刖卞和之足[④]。

惠王之珠，光能照乘[⑤]；和氏之璧，价重连城[⑥]。

鲛人泣泪成珠[⑦]，宋人削玉为楮[⑧]。

贤乃国家之宝[⑨]，儒为席上之珍[⑩]。

王者聘贤，束帛加璧[⑪]；真儒抱道[⑫]，怀瑾握瑜[⑬]。

雍伯多缘，种玉于蓝田而得美妇[⑭]；太公奇遇，钓璜于渭水而遇文王[⑮]。

【注释】

①明月：指明月珠，因珠光晶莹似月而得名。《楚辞·九章·涉江》："被明月兮佩宝璐。"东汉·王逸注："言己背被明月之珠。"《史记·李斯列传》："垂明月之珠，服太阿之剑。"夜光：指夜明珠。因在夜晚能发光而得名。南朝梁·任昉《述异记》卷上："南海有明珠，即鲸鱼目瞳，鲸死而目皆无精，夜可以鉴，谓之'夜光'。""明月""夜光"，后皆可用以指代明珠。

②璠玙（fán yú）：美玉。春秋时的鲁国国宝。《说文解字》："璠：玙璠。鲁之宝玉。从玉，番声。孔子曰：'美哉玙璠！远而望之，奂若也；近而视之，瑟若也。一则理胜，二则孚胜。'"《初学记》卷二十七、《太平御览》卷八十四亦引之。琬琰（wǎn yǎn）：琬、琰，皆为玉名，亦泛指美玉。《楚辞·远游》："吸飞泉之微液兮，怀琬琰之华英。"洪兴祖补注："琬，音宛；琰，音剡；皆玉名。"《淮南子·说山训》："琬琰之玉，在污泥之中，虽廉者弗释。"周代曾以琬、琰制圭，为礼器，名之"琬圭""琰圭"。《尚书·顾命》："弘璧、琬琰在西序。"西汉·孔安国传："大璧琬琰之圭为二重。"宋·蔡沈集传："琬、琰，圭名。"《周礼·考工记·玉人》："琬圭九寸而缫以象德。"东汉·郑玄注："琬，犹圜也，王使之瑞节也。诸侯有

德，王命赐之，使者执琬圭以致命焉。”《周礼·考工记·玉人》：“琰圭九寸，判规，以除慝，以易行。”东汉·郑玄注：“琰圭，琰半以上，又半为瑑饰，诸侯有为不义，使者征之，执以为瑞节也。”《周礼·春官·典瑞》：“琰圭以易行，以除慝。”东汉·郑玄注引东汉·郑众曰：“琰圭有锋芒、伤害、征伐、诛讨之象者。”元·方回《石氏四子名字说》：“诸侯有不义者，王命使持琰圭之节执之，今之风宪将帅近之。”琬圭圆形，天子赏赐诸侯，使者持之，以为符信。琰圭上端尖锐，是征讨不义的符信。

③宋人以燕石为玉，什袭缇（tí）巾之中：语本《文选·应璩〈百一诗〉》：“宋人遇周客，惭愧靡所如。”唐·李善注引《阚子》曰：“宋之愚人，得燕石于梧台之侧，藏之以为大宝，周客闻而观焉。主人斋七日，端冕玄服以发宝，革匮十重，缇巾十袭，客见，俯而掩口卢胡而笑曰：‘此特燕石也，其与瓦甓不殊。’主人大怒曰：‘商贾之言，医匠之心。’藏之愈固，守之弥谨。”《艺文类聚》卷六、《太平御览》卷五十一亦引之。先秦时期，宋国有一个人把燕石当作宝玉，用十重黄红色的丝巾包裹收藏，被识货的人嘲笑。后以“燕石”喻不足珍贵之物。亦用为自谦凡庸之词。燕石，一种似玉而非玉的石头，产于燕山。《山海经·北山经》：“北百二十里，曰燕山，多婴石。”晋·郭璞注：“言石似玉，有符彩婴带，所谓燕石者。”什袭，十重，十层。什，十。袭，量词。层、重的意思。缇巾，橘红色的丝巾。

④楚王以璞（pú）玉为石，两刖（yuè）卞（biàn）和之足：语本《韩非子·和氏》：“楚人和氏得玉璞楚山中，奉而献之厉王，厉王使玉人相之，玉人曰：‘石也。’王以和为诳，而刖其左足。及厉王薨，武王即位，和又奉其璞而献之武王，武王使玉人相之，又曰‘石也’，王又以和为诳，而刖其右足。武王薨，文王即位，和乃抱其璞而哭于楚山之下，三日三夜，泣尽而继之以血。王闻之，使人问其故，

曰:‘天下之刖者多矣,子奚哭之悲也?’和曰:‘吾非悲刖也,悲夫宝玉而题之以石,贞士而名之以诳,此吾所以悲也。’王乃使玉人理其璞而得宝焉,遂命曰‘和氏之璧’。”先秦时期,楚国人卞和得到一块璞玉并献给楚王,结果楚厉王和楚武王都认为他在行骗,先后砍去了他的双足。后来楚文王相信了卞和,剖开璞玉,果真得到一块美玉,起名为“和氏璧”。璞玉,包在石中而尚未雕琢之玉。《韩非子·喻老》:“宋之鄙人得璞玉而献之子罕。”刖,断足,古代的一种酷刑。卞和,春秋时期楚国人。相传他得玉璞,先后献给楚厉王和楚武王,都被认为欺诈,受刑砍去双脚。楚文王即位,他抱璞哭于荆山之下,楚文王使人琢璞,得宝玉,名为“和氏璧”。

⑤惠王之珠,光能照乘(shèng):语本《史记·田敬仲完世家》:“(齐)威王二十三年,与赵王会平陆。二十四年,与魏王会田于郊。魏王问曰:‘王亦有宝乎?’威王曰:‘无有。’梁王曰:‘若寡人国小也,尚有径寸之珠照车前后各十二乘者十枚,奈何以万乘之国而无宝乎?’”唐·司马贞索隐:“韩婴《诗外传》以为齐宣王,其说异也。”战国时期,魏惠王吹嘘自己有玉能照亮前后十二乘车。惠王,指魏惠王(前400—前319),亦称“梁惠王”,姬姓魏氏,名罃,战国时魏国第三任国君。魏武侯子。即位后迁都大梁。与赵、韩构恶,被齐军大败于马陵。又屡败于秦。召集逢泽之会,改侯称王。卑礼厚币以招贤者,邹衍、淳于髡、孟轲等至大梁。孟轲尝劝他行仁义而不能用。国势渐衰。在位三十六年。乘,用于为车辆计数的量词。此指车辆。一车四马,谓之“乘”。

⑥和氏之璧,价重连城:语本《史记·廉颇蔺相如列传》:“赵惠文王时,得楚和氏璧。秦昭王闻之,使人遗赵王书,愿以十五城请易璧。”后用以指极珍贵的东西。战国时期,赵惠文王得到和氏璧,秦昭王派使者送信给赵惠文王,愿以十五座城池换和氏璧。后

遂以“价重连城”或“价值连城”,形容物品极为珍贵,价值极高。和氏之璧,见本篇前注。连城,相连的城池。

⑦鲛(jiāo)人泣泪成珠:语本《博物志·异人》:“南海外有鲛人,水居如鱼,不废织绩,其眼能泣珠。”又,《太平御览》卷八百三引《博物志》逸文曰:“鲛人从水出,寓人家,积日卖绢。将去,从主人索一器,泣而成珠满盘,以与主人。”鲛人,神话传说中鱼尾人身的生物。相传鲛人哭泣,泪滴可以变成珍珠。

⑧宋人削玉为楮(chǔ):语本《列子·说符》:“宋人有为其君以玉为楮叶者,三年而成。锋杀茎柯,毫芒繁泽,乱之楮叶中而不可别也。此人遂以巧食宋国。子列子闻之,曰:‘使天地之生物,三年而成一叶,则物之有叶者寡矣。故圣人恃道化而不恃智巧。’”《韩非子·喻老》《淮南子·泰族训》亦载之。相传,古代宋国有人用三年时间,将玉刻削成楮树叶,放在真楮叶中难以分辨真假。楮,树名。叶似桑,皮可以造纸。

⑨贤乃国家之宝:语本《新序·杂事》:“秦欲伐楚,使使者往观楚之宝器,楚王闻之,召令尹子西而问焉:‘秦欲观楚之宝器,吾和氏之璧,随侯之珠,可以示诸?’令尹子西对曰:‘臣不知也。’召昭奚恤问焉,对曰:‘此欲观吾国之得失而图之。国之宝器在于贤臣。夫珠宝玩好之物,非国所宝重者。’王遂使昭奚恤应之。……昭奚恤自居西面之坛,称曰:‘客欲观楚国之宝器,楚国之所宝者贤臣也。……’”战国时期,楚国大臣昭奚恤对秦国使者说,楚国的宝贝是贤臣。

⑩儒为席上之珍:语本《礼记·儒行》暨《孔子家语·儒行解》:“哀公命席。孔子侍坐曰:‘儒有席上之珍以待聘,夙夜强学以待问,怀忠信以待举,力行以待取,其自立有如此者。’”席上之珍,席上的珍宝,比喻儒者美善的才学。南朝梁·刘勰《文心雕龙·原道》:“木铎起而千里应,席珍流而万世响。”

⑪王者聘贤,束帛加璧:语本《史记·儒林列传》:“于是天子使使束帛加璧、安车驷马迎申公,弟子二人乘轺传从。”汉武帝曾以束帛加璧、安车驷马之仪,礼迎大儒申公。又,《史记·孟子荀卿列传》:“后淳于髡见,壹语连三日三夜无倦。惠王欲以卿相位待之,髡因谢去。于是送以安车驾驷,束帛加璧,黄金百镒。终身不仕。”束帛加璧,束帛之上又加玉璧。古代表示贵重的礼物。《仪礼·聘礼》:“受享束帛加璧。”《礼记·礼器》:“束帛加璧,尊德也。”束帛,捆为一束的五匹帛。古代用为聘问、馈赠的礼物。《周易·贲卦》:“束帛戋戋。”《周礼·春官·大宗伯》“孤执皮帛”,东汉·郑玄注:“皮帛者,束帛而表以皮为之。”唐·贾公彦疏:“束者十端,每端丈八尺,皆两端合卷,总为五匹,故云‘束帛’也。”

⑫真儒:真正的儒者。犹大儒。西汉·扬雄《法言·寡见》:“如用真儒,无敌于天下。”唐·韩愈《答殷侍御书》:“每逢学士真儒,叹息踧踖,愧生于中,颜变于外,不复自比于人。”《宋史·道学传·程颢》:“道不行,百世无善治;学不传,千载无真儒。……无真儒,则贸贸焉莫知所之,人欲肆而天理灭矣。”抱道:胸怀理想,持守正道。《三国志·魏书·管宁传》:“宁抱道怀贞,潜翳海隅,比下征书,违命不至。”

⑬怀瑾(jǐn)握瑜(yú):语出《楚辞·九章·怀沙》:“怀瑾握瑜兮,穷不知所示。”东汉·王逸章句:“在衣为怀,在手为握。瑾、瑜,美玉也。”比喻有高贵的品德和才能。

⑭雍伯多缘,种玉于蓝田而得美妇:见前《婚姻》篇“蓝田种玉,雍伯之缘”条注。

⑮太公奇遇,钓璜(huáng)于渭水而遇文王:语本《尚书大传·西伯戡耆》:“周文王至磻溪,见吕望。文王拜之。尚父云:‘望钓得玉璜,刻曰:“周受命,吕佐检德合,于今昌来提。”’”太公,指姜太公吕尚,史书称“吕尚”“吕望”,俗称“姜太公”“姜子牙”。相传

他垂钓于渭水，得遇周文王，并辅佐周朝灭商，是周朝开国第一功臣，也是春秋战国时齐国的始祖。钓璜，垂钓而得玉璜。喻臣遇明主，君得贤相。文王，指周文王。姬姓，名昌。

【译文】

“明月”和“夜光”，是弥足珍贵的宝珠；“璠玙”和“琬琰”，是最为珍稀的美玉。

宋国有人误把燕石认作宝玉，用十层缇巾精心包裹；两位楚王都将璞玉当成石头，先后砍断卞和的双足。

魏惠王的宝珠，光芒能照亮前后十二辆车；和氏璧的价值，能换取十五座城池。

鲛人哭出的泪滴，能凝结成珍珠；宋人将玉削刻成楮叶，足以乱真。

贤人是国家的宝贝，儒者是席上的珍品。

古代的君王诚聘贤人，用“束帛加璧”之礼，送上捆成一束的五匹丝帛，还加赠美玉；真正的儒者坚持道义，堪比“怀瑾握瑜”。

杨伯雍有良缘，在蓝田种出宝玉，后来娶到美妇人；姜太公遭奇遇，在渭水钓得玉璜，后来遇见周文王。

剖腹藏珠，爱财而不爱命①；缠头作锦②，助舞而更助娇③。
孟尝廉洁，克俾合浦还珠④；相如勇忠，能使秦廷归璧⑤。
玉钗作燕飞，汉宫之异事⑥；金钱成蝶舞，唐库之奇传⑦。
广钱固可以通神⑧，营利乃为鬼所笑⑨。
以小致大，谓之抛砖引玉⑩；不知所贵，谓之买椟还珠⑪。
贤否罹害⑫，如玉石俱焚⑬；贪吝无厌⑭，虽锱铢必算⑮。

【注释】

①剖腹藏珠，爱财而不爱命：语本《资治通鉴·唐纪·唐太宗贞

观元年》："上谓侍臣曰：'吾闻西域贾胡得美珠，剖身以藏之，有诸？'侍臣曰：'有之。'上曰：'人皆知彼之爱珠而不爱其身也；吏受赇抵法，与帝王徇奢欲而亡国者，何以异于彼胡之可笑邪！'"剖腹藏珠，破开肚子把珍珠藏进去，比喻为物伤身，轻重颠倒。

②缠头：古代歌舞艺人表演完毕，客以罗锦为赠，称"缠头"。唐·杜甫《即事》诗："笑时花近眼，舞罢锦缠头。"《太平御览》卷八百十五引《唐书》："大历初，代宗诏许宰臣元载、王缙及左仆射裴冕、户部侍郎判度支第五琦、京兆尹黎幹，各出钱三十万，宴郭子仪于子仪私第，内侍鱼朝恩参其会焉。朝恩出锦三十匹、罗五十匹、绫一百匹，为子仪缠头之费。极欢而罢。旧俗，赏歌舞人以锦彩置之头上，谓之'缠头'。宴飨加惠，借以为词。"（按，《旧唐书·郭子仪传》："（大历）二年二月，子仪入朝，宰相元载、王缙、仆射裴冕、京兆尹黎幹、内侍鱼朝恩共出钱三十万，置宴于子仪第，恩出罗锦二百匹，为子仪缠头之费，极欢而罢。"无"旧俗"以下文字。）后来又作为赠送妓女财物的通称。宋·陆游《梅花绝句》："濯锦江边忆旧游，缠头百万醉青楼。"

③助娇：语出五代·王仁裕《开元天宝遗事·助娇花》："御苑新有千叶桃花。帝亲折一枝，插于妃子宝冠上，曰：'此个花尤能助娇态也。'"意指使其更加娇美。

④孟尝廉洁，克俾（bǐ）合浦还珠：语本《后汉书·循吏传·孟尝》："（合浦）郡不产谷实，而海出珠宝，与交阯比境。……先时宰守并多贪秽，诡人采求，不知纪极，珠遂渐徙于交阯郡界。于是行旅不至，人物无资，贫者饿死于道。尝到官，革易前敝，求民病利。曾未逾岁，去珠复还，百姓皆反其业。"汉代的时候，合浦太守过分贪婪，大肆捕捞珍珠，致使珍珠移往别处。后来孟尝做合浦太守，禁止搜刮百姓，改革以前的错误政策，于是珍珠又回到合浦。后遂以成语"合浦还珠"比喻东西失而复得。孟尝，字伯周，东汉

会稽上虞(今浙江上虞)人。策孝廉,举茂才。任徐县令,迁合浦太守。郡不产谷实,而海出珠宝,前守贪秽,珠渐尽而民生艰。乃革前弊,复珍珠生产,百姓返其业,商货流通。后以病去官,隐处穷泽,身自耕佣。汉桓帝时屡被荐举,终不用。卒于家,年七十。克俾,能使。克,能。俾,使。

⑤相如勇忠,能使秦廷归璧:语本《史记·廉颇蔺相如列传》:"赵惠文王时,得楚和氏璧。秦昭王闻之,使人遗赵王书,愿以十五城请易璧。赵王与大将军廉颇诸大臣谋:欲予秦,秦城恐不可得,徒见欺;欲勿予,即患秦兵之来。计未定,求人可使报秦者,未得。宦者令缪贤曰:'臣舍人蔺相如可使。'王问:'何以知之?'对曰:'臣尝有罪,窃计欲亡走燕,臣舍人相如止臣,曰:"君何以知燕王?"臣语曰:"臣尝从大王与燕王会境上,燕王私握臣手,曰'愿结友'。以此知之,故欲往。"相如谓臣曰:"夫赵强而燕弱,而君幸于赵王,故燕王欲结于君。今君乃亡赵走燕,燕畏赵,其势必不敢留君,而束君归赵矣。君不如肉袒伏斧质请罪,则幸得脱矣。"臣从其计,大王亦幸赦臣。臣窃以为其人勇士,有智谋,宜可使。'于是王召见,问蔺相如曰:'秦王以十五城请易寡人之璧,可予不?'相如曰:'秦强而赵弱,不可不许。'王曰:'取吾璧,不予我城,奈何?'相如曰:'秦以城求璧而赵不许,曲在赵。赵予璧而秦不予赵城,曲在秦。均之二策,宁许以负秦曲。'王曰:'谁可使者?'相如曰:'王必无人,臣愿奉璧往使。城入赵而璧留秦;城不入,臣请完璧归赵。'赵王于是遂遣相如奉璧西入秦。秦王坐章台见相如,相如奉璧奏秦王。秦王大喜,传以示美人及左右,左右皆呼万岁。相如视秦王无意偿赵城,乃前曰:'璧有瑕,请指示王。'王授璧,相如因持璧却立,倚柱,怒发上冲冠,谓秦王曰:'大王欲得璧,使人发书至赵王,赵王悉召群臣议,皆曰"秦贪,负其强,以空言求璧,偿城恐不可得"。议不欲予秦璧。臣以为布衣

之交尚不相欺,况大国乎!且以一璧之故逆强秦之欢,不可。于是赵王乃斋戒五日,使臣奉璧,拜送书于庭。何者?严大国之威以修敬也。今臣至,大王见臣列观,礼节甚倨;得璧,传之美人,以戏弄臣。臣观大王无意偿赵王城邑,故臣复取璧。大王必欲急臣,臣头今与璧俱碎于柱矣!'相如持其璧睨柱,欲以击柱。秦王恐其破璧,乃辞谢固请,召有司案图,指从此以往十五都予赵。相如度秦王特以诈详为予赵城,实不可得,乃谓秦王曰:'和氏璧,天下所共传宝也,赵王恐,不敢不献。赵王送璧时,斋戒五日,今大王亦宜斋戒五日,设九宾于廷,臣乃敢上璧。'秦王度之,终不可强夺,遂许斋五日,舍相如广成传。相如度秦王虽斋,决负约不偿城,乃使其从者衣褐,怀其璧,从径道亡,归璧于赵。秦王斋五日后,乃设九宾礼于廷,引赵使者蔺相如。相如至,谓秦王曰:'秦自缪公以来二十余君,未尝有坚明约束者也。臣诚恐见欺于王而负赵,故令人持璧归,间至赵矣。且秦强而赵弱,大王遣一介之使至赵,赵立奉璧来。今以秦之强而先割十五都予赵,赵岂敢留璧而得罪于大王乎?臣知欺大王之罪当诛,臣请就汤镬,唯大王与群臣孰计议之。'秦王与群臣相视而嘻。左右或欲引相如去,秦王因曰:'今杀相如,终不能得璧也,而绝秦赵之欢,不如因而厚遇之,使归赵,赵王岂以一璧之故欺秦邪!'卒廷见相如,毕礼而归之。"战国时,赵国蔺相如受命带和氏璧去秦国换取十五座城池,见秦王没有诚意,在秦廷与秦王斗智斗勇,终凭自己的聪明才智,使玉璧完好回归赵国。本句"勇忠",他本多作"忠勇",从联语平仄格律角度而言,"勇忠"优于"忠勇"。

⑥玉钗作燕飞,汉宫之异事:语本东汉·郭宪《汉武帝别国洞冥记》卷二:"元鼎元年,起招仙阁于甘泉宫西。……神女留玉钗以赠帝,帝以赐赵婕妤。至昭帝元凤中,宫人犹见此钗。黄诛欲之。明日示之,既发匣,有白燕飞升天。后宫人学作此钗,因名'玉燕钗',

言吉祥也。”据传，西域神女赠汉武帝玉钗，汉武帝转赐赵婕妤，宫人想打碎玉钗，结果玉钗化为白燕飞天而去。

⑦金钱成蝶舞，唐库之奇传：语本唐·苏鹗《杜阳杂编》卷中：“穆宗皇帝殿前种千叶牡丹，花始开，香气袭人，一朵千叶，大而且红。上每睹芳盛，叹曰人间未有。自是宫中每夜即有黄白蛱蝶万数，飞集于花间，辉光照耀，达晓方去。宫人竞以罗巾扑之，无有获者。上令张网于宫中，遂得数百。于殿内纵嫔御追捉，以为娱乐。迟明视之，则皆金玉也。其状工巧，无以为比。而内人争用绛缕绊其脚，以为首饰，夜则光起于妆奁中。其后开宝厨，睹金钱玉屑之内将有化为蝶者，宫中方觉焉。”传说唐穆宗时，宫中牡丹花开放，有黄色、白色的蝴蝶数万只在花间飞舞，唐穆宗命令张网捕捉，得到数百只，后来发现是府库金钱所化。

⑧广钱固可以通神：语本唐·张固《幽闲鼓吹》：“相国张延赏将判度支。知有一大狱，颇有冤滥，每甚扼腕。及判，使即召狱史严诫之，且曰：‘此狱已久，旬日须了。’明旦视事，案上有一小帖子，曰：‘钱三万贯，乞不问此狱。’公大怒，更促之。明日帖子复来曰：‘钱五万贯。’公益怒，命两日须毕。明日复见帖子曰：‘钱十万贯。’公曰：‘钱至十万，可通神矣。无不可回之事，吾惧及祸，不得不止。’”后遂以“钱可通神”形容金钱魔力极大，可买通一切。

⑨营利乃为鬼所笑：语本《南史·刘粹传（附刘伯龙）》：“有刘伯龙者，少而贫薄。及长，历位尚书左丞、少府、武陵太守，贫窭尤甚。常在家慨然，召左右将营十一之方，忽见一鬼在傍抚掌大笑。伯龙叹曰：‘贫穷固有命，乃复为鬼所笑也。’遂止。”传说南朝刘宋官吏刘伯龙因为家穷，想赚点钱，旁边有一个鬼拍手大笑。刘伯龙叹息说：“贫穷都是因为命啊，今天竟被鬼笑话了。”

⑩抛砖引玉：抛出砖去，引出玉来，比喻用自己不成熟的意见（或作品）引出别人更好的意见（或作品）。旧注：“赵嘏至吴，常建以

其有诗名，必游灵岩寺，建先题二句，及嘏游寺，为续成之。人谓建乃抛砖引玉。”按，此事见清·西厓《谈徵·言部·抛砖引玉》，当为附会。常建为唐玄宗开元时进士，赵嘏于唐武宗会昌二年（842）进士及第，二人相去百年，绝无相见之理。考察语典出处，“抛砖引玉”屡见于《祖堂集》《五灯会元》《景德传灯录》等佛门典籍，当为唐、五代佛教徒习用语。

⑪买椟（dú）还珠：典出《韩非子·外储说左上》：“楚人有卖其珠于郑者，为木兰之柜，薰以桂椒，缀以珠玉，饰以玫瑰，辑以羽翠，郑人买其椟而还其珠，此可谓善卖椟矣，未可谓善鬻珠也。”买珠宝而只拿走漂亮的盒子，却不要里面真正值钱的珠宝，常用来比喻没有眼光，取舍不当。后以“买椟还珠”喻舍本逐末，取舍不当。椟，木匣。

⑫贤否（pǐ）罹（lí）害：好人坏人一同遭殃受害。贤，贤德之人。否，不贤之人。罹，遭逢，遭遇。

⑬玉石俱焚：语出《尚书·胤征》：“火炎昆岗，玉石俱焚。天吏逸德，烈于猛火。”美玉和石头一同被烧坏，比喻好坏不分，同归于尽。俱，全，都。焚，烧。

⑭贪吝（lìn）：贪婪吝啬。东汉·王充《论衡·定贤》：“使谷食如水火，虽贪吝之人，越境而布施矣。”《周书·达奚武传》：“武性贪吝，其为大司寇也，在库有万钉金带，当时宝之，武因入库，乃取以归。”明·屠隆《昙花记·众生业报》：“自家晋朝王戎是也，一生贪吝，不舍一个钱儿。”无厌：不满足，没有限止。《左传·襄公三十一年》：“大夫多贪，求欲无厌。”厌，满足。此句“贪吝无厌”，他本多作“贪婪无厌”。“贪婪无厌”，语出《左传·昭公二十八年》：“昔有仍氏生女，鬒黑而甚美，光可以鉴，名曰‘玄妻’。乐正后夔取之，生伯封，实有豕心，贪婪无厌，忿类无期，谓之‘封豕’。”贪婪，贪得无厌，不知足。《楚辞·离骚》：“众皆竞进以贪婪兮，凭

不耽乎求索。”东汉·王逸注：“爱财曰‘贪’，爱食曰‘婪’。”“贪吝”较之“贪婪”偏重吝啬，舍不得花费。“贪吝无厌”语典虽晚于“贪婪无厌”，但与下文“锱铢必算”更为契合，不劳改字。“贪吝无厌”，语见《北史》《北齐书》。《北齐书·恩幸传·韩宝业》：“一戏之赏，动逾巨万，丘山之积，贪吝无厌。”《北史·恩幸传》同。

⑮锱铢（zī zhū）必算：同“锱铢必较”。很少的利益也一定要计较，形容非常小气。锱、铢，都是古代很小的重量单位。《说文解字》：“锱，六铢也。”“铢，权十絫黍之重也。”古人以二十四铢为一两。比喻微小的数量。《庄子·达生》：“累丸二而不坠，则失者锱铢。”《淮南子·兵略训》：“能分人之兵，疑人之心，则锱铢有余。不能分人之兵，疑人之心，则数倍不足。”比喻微利，极少的钱。

【译文】

剖开肚皮藏珍珠，爱财到了不惜性命的地步；头盘锦缎起舞，为舞姿添彩更为容貌增色。

孟尝很廉洁，能使珍珠重返合浦郡；蔺相如忠勇，终令秦王完好归还玉璧。

玉钗化作白燕飞去，这是汉代宫廷的异事；金钱变成蝴蝶起舞，此乃唐朝国库的传奇。

钱多固然可以打通神明，谋利却被鬼魅嘲笑。

以微物末技引出超值之物，称为“抛砖引玉”；有眼无珠认不出贵重之物，叫作“买椟还珠”。

贤人坏蛋一同遭殃，称为“玉石俱焚”；贪财小气永不知足，即使“锱铢”也一定计较。

崔烈以钱买官，人皆恶其铜臭①；秦嫂不敢视叔，自言畏其多金②。

熊衮父亡，天乃雨钱助葬③；仲儒家窘，天乃雨金济贫④。

汉杨震畏四知而辞金[⑤]，唐太宗因惩贪而赐绢[⑥]。

晋鲁褒作《钱神论》[⑦]，尝以钱为孔方兄[⑧]；王夷甫口不言钱，乃谓钱为阿堵物[⑨]。

然而床头金尽，壮士无颜[⑩]；囊内钱空，阮郎羞涩[⑪]。

但匹夫不可怀璧[⑫]，人生孰不爱财？

【注释】

①崔烈以钱买官，人皆恶其铜臭（xiù）：语本《后汉书·崔骃传（附崔烈）》："寔从兄烈，有重名于北州，历位郡守、九卿。灵帝时，开鸿都门榜卖官爵，公卿州郡下至黄绶各有差。其富者则先入钱，贫者到官而后倍输，或因常侍、阿保别自通达。是时段颎、樊陵、张温等虽有功勤名誉，然皆先输货财而后登公位。烈时因傅母入钱五百万，得为司徒。及拜日，天子临轩，百僚毕会。帝顾谓亲幸者曰：'悔不小靳，可至千万。'程夫人于傍应曰：'崔公冀州名士，岂肯买官？赖我得是，反不知姝邪！'烈于是声誉衰减。久之不自安，从容问其子钧曰：'吾居三公，于议者何如？'钧曰：'大人少有英称，历位卿守，论者不谓不当为三公；而今登其位，天下失望。'烈曰：'何为然也？'钧曰：'论者嫌其铜臭。'烈怒，举杖击之。"东汉崔烈用五百万钱买了一个司徒的官职，儿子崔均说："外面的人都说你有铜臭味。"崔烈（？—192），字威考，东汉涿郡安平（今河北安平）人。崔寔从兄。有重名于北州，历位郡守、九卿。汉灵帝时公开卖官，崔烈因入钱五百万，得为司徒，于是声誉衰减，其子崔钧谓"论者嫌其铜臭"。官至太尉。及李傕入长安，为乱兵所杀。铜臭，铜钱的臭气。原用来讥讽用钱买官或豪富者，后常用来讥讽唯利是图的人。

②秦嫂不敢视叔，自言畏其多金：语本《战国策·秦策一》："苏秦始

将连横，……说秦王书十上而说不行，黑貂之裘弊，黄金百斤尽，资用乏绝，去秦而归。羸縢履蹻，负书担橐，形容枯槁，面目犁黑，状有归色。归至家，妻不下纴，嫂不为炊，父母不与言。苏秦喟叹曰：'妻不以我为夫，嫂不以我为叔，父母不以我为子，是皆秦之罪也！'……将说楚王，路过洛阳。父母闻之，清宫除道，张乐设饮，郊迎三十里；妻侧目而视，倾耳而听；嫂蛇行匍伏，四拜自跪谢。苏秦曰：'嫂何前倨而后卑也？'嫂曰：'以季子之位尊而多金。'苏秦曰：'嗟乎！贫穷则父母不子，富贵则亲戚畏惧。人生世上，势位富贵，盖可忽乎哉！'"苏秦落魄时，嫂子不给他做饭。后来苏秦发迹，嫂子跪在地上不敢抬头看他。苏秦问她为何，嫂子回答："因为你地位高，钱非常多。"秦，指苏秦。苏秦（？—前284），字季子，东周洛阳（今属河南）人。战国著名纵横家。主张合纵攻秦。先奉燕昭王命入齐，进行反间活动，使齐疲于对外战争。齐湣王末年任齐相。与赵国李兑一起约五国合纵攻秦，迫使秦归还部分侵占的魏、赵之地。齐亦趁机攻灭宋国。后来燕将乐毅联合五国大举攻齐，他的反间活动暴露，被车裂处死。马王堆汉墓出土帛书有苏秦书信和游说辞十六章，与《战国策》及《史记·苏秦列传》所说有异。

③熊衮（gǔn）父亡，天乃雨（yù）钱助葬：语本《建宁府志》（《钦定古今图书集成理学汇编学行典·孝弟部名贤列传》引）："熊衮，建阳人，其先南昌人。昭宗时，为兵部尚书兼御史大夫，性至孝。时当乱，后例无俸给，惟立功时有赏赉，衮悉散之部下。父丧不能葬，昼夜号泣天，忽雨钱三日，始毕葬事。所剩钱尽举入官其邻里，仆隶得者悉化为土。后人称'忠孝雨钱公'。"唐代御史熊衮正直廉洁，家无积蓄。据说他父亲死后因无钱料理丧事，上天降下十万钱帮他安葬。熊衮，唐朝末年建州建阳（今福建建阳）人。唐昭宗时官至兵部尚书兼御史大夫。雨钱，意为钱像雨一样落

下。雨,此处作动词用,念作去声。

④仲儒家窘,天乃雨(yù)金济贫:语本南朝梁·任昉《述异记》卷下:"汉世翁仲孺,家贫力作,居渭川。一旦,天雨金十斛于其家。"仲儒,指翁仲儒。据任昉《述异记》,汉代翁仲孺,家住渭川,穷困潦倒。一天,上天降下十斛金给他。

⑤汉杨震畏四知而辞金:语本《后汉书·杨震传》:"(杨震)当之郡,道经昌邑,故所举荆州茂才王密为昌邑令,谒见,至夜怀金十斤以遗震。震曰:'故人知君,君不知故人,何也?'密曰:'暮夜无知者。'震曰:'天知,神知,我知,子知。何谓无知!'密愧而出。"东汉杨震赴任东莱太守途中,路过昌邑,昌邑县令王密带了十斤金子晚上送他,说没人知道。杨震说天知道、神知道、我知道、你知道,怎么能说没人知道呢?拒绝了王密的贿赂。杨震,见前《师生》篇"人称杨震为关西夫子"条注。

⑥唐太宗因惩贪而赐绢:语本《旧唐书·长孙顺德传》:"长孙顺德,文德顺圣皇后之族叔也。……太宗践祚,真食千二百户,特赐以宫女,每宿内省。后,顺德监奴,受人馈绢事发,太宗谓近臣曰:'顺德地居外戚,功即元勋,位高爵厚,足称富贵。若能勤览古今,以自鉴诫,弘益我国家者,朕当与之同有府库耳。何乃不遵名节,而贪冒发闻乎!'然惜其功,不忍加罪,遂于殿庭赐绢数十匹,以愧其心。大理少卿胡演进曰:'顺德枉法受财,罪不可恕,奈何又赐之绢?'太宗曰:'人生性灵,得绢甚于刑戮;如不知愧,一禽兽耳,杀之何益!'"唐代开国功臣长孙顺德受贿,接受别人馈赠的绢,事情被发觉后,唐太宗故意赐给他十匹绢,目的是让他内心羞愧。

⑦鲁褒:字元道,西晋南阳(今属河南)人。晋惠帝元康后,纲纪大坏,货赂公行,鲁褒乃隐姓埋名,著《钱神论》以刺世,后不知所终。事见《晋书·隐逸传》。

⑧孔方兄：见本篇“曰孔方”条注。

⑨王夷甫口不言钱，乃谓钱为阿堵物：语本《世说新语·规箴》：“王夷甫雅尚玄远，常嫉其妇贪浊，口未尝言‘钱’字。妇欲试之，令婢以钱绕床不得行。夷甫晨起，见钱阂行，呼婢曰：‘举却阿堵物。’”西晋名士王夷甫自命清高，从不言“钱”。有一天他妻子故意让人将铜钱堆在床前，他早晨起来发现后，命奴婢“举却阿堵物（搬走这个东西）”，仍不说“钱”字。后世遂以“阿堵物”指钱。王夷甫，即王衍（256—311）。见前《宫室》篇“王衍清谈，常持麈拂”条注。阿堵物，“阿堵”为西晋口语，是“这个”的意思。阿堵物，也即“这个东西”。因西晋名士曾呼铜钱为“阿堵物”，后世遂以“阿堵物”称钱，含有讽刺揶揄之意。

⑩然而床头金尽，壮士无颜：语本唐·张籍《行路难》诗：“湘东行人长叹息，十年离家归未得。弊裘羸马苦难行，僮仆饥寒（一作“尽饥”）少筋力。君不见床头黄金尽，壮士无颜色。龙蟠泥中未有云，不能生彼升天翼。”张籍《行路难》诗似用苏秦金尽之典。《战国策·秦策一》：“苏秦始将连横，……说秦王书十上而说不行，黑貂之裘弊，黄金百斤尽，资用乏绝，去秦而归。羸縢履蹻，负书担橐，形容枯槁，面目犁黑，状有归色。”床头金尽，宋前床榻，可坐可卧，床头指身边极近之处。南朝宋·鲍照《拟行路难》之五：“且愿得志数相就，床头恒有沽酒钱。”“床头黄金尽”自张籍诗后，为唐宋人诗文习用语，比喻钱财用完了，陷入贫困境地。

⑪囊内钱空，阮（ruǎn）郎羞涩：即“阮囊羞涩”之典。相传晋代名士阮孚手拿一个黑包游会稽，别人问他包里有什么，他说就只有一文钱，用来看包，免得包羞涩。后因以“阮囊羞涩”指手头拮据，身无钱财。这一典故，广为流传。但并不见于《世说新语》和《晋书·阮孚传》。宋·潘自牧《记纂渊海》卷五十一载：“阮孚日持一皂囊游会稽，客问囊中何物，但一钱看囊，庶免羞涩。”潘

自牧该条下注据《晋书》本传，实不见于传世本《晋书》，或另有所本。宋元之际阴时夫《韵府群玉（卷六）·七阳·一钱囊》亦载："阮孚持一皂囊，游会稽，客问：'囊中何物？'阮曰：'但有一钱看囊，空恐其羞涩。'""阮囊羞涩"之典，虽查不到早期文献出处。但唐代杜甫《空囊》诗就有"囊空恐羞涩，留得一钱看"的句子，绝非宋人所造。

⑫但：只是。匹夫不可怀璧：语本《左传·桓公十年》："初，虞叔有玉，虞公求旃。弗献，既而悔之，曰：'周谚有之："匹夫无罪，怀璧其罪。"吾焉用此，其以贾害也？'乃献之。"晋·杜预注："人利其璧，以璧为罪。"一个人本没有罪，但因为他身藏玉璧，别人贪图他的玉璧，就会找各种借口来谋害他。后因以"怀璧"比喻多财招祸或怀才遭忌。

【译文】

崔烈花大钱买官来做，人们都嫌他满身"铜臭"味；苏秦的嫂子不敢看他，自称因他"多金"而感到害怕。

熊衮父亲亡故，上天洒下钱雨帮他办丧事；翁仲儒家里穷，天空中落下金雨助其脱贫。

汉代杨震因为畏惧天知、地知、你知、我知，而严词拒绝别人赠送黄金；唐太宗为惩戒贪腐，而故意将绢帛赐给败露的贪官。

晋代鲁褒作《钱神论》，曾称钱为"孔方兄"；王夷甫绝口不提"钱"字，把钱叫作"阿堵物"。

然而床头余钱用尽，豪杰壮士也面上无光；口袋里没有钱，阮郎也会羞涩惭愧。

只是百姓不能露财炫富，遭来祸端；世人哪个不贪爱钱财？

贫富

【题解】

贫富不均，是自古就有的社会现象。传统中国提倡节俭和安贫乐道精神。

本篇21联，讲的都是和贫富有关的典故。

命之修短有数，人之富贵在天①。

惟君子安贫，达人知命②。

贯朽粟陈，称羡财多之谓③；紫标黄榜，封记钱库之名④。

贪爱钱物，谓之钱愚⑤；好置田宅，谓之地癖⑥。

守钱虏，讥蓄财而不散⑦；落魄夫⑧，谓失业之无依。

贫者地无立锥，富者田连阡陌⑨。

室如县磬⑩，言其甚窘；家无儋石⑪，谓其极贫。

【注释】

①命之修短有数，人之富贵在天：语本《论语·颜渊》："司马牛忧曰：'人皆有兄弟，我独亡！'子夏曰：'商闻之矣："死生有命，富贵在天。"君子敬而无失，与人恭而有礼。四海之内皆为兄弟也，君子何患乎无兄弟也？'"又，宋·朱熹《家礼·丧礼·吊奠赙》吊唁宽慰孝子之语曰："修短有数，病毒奈何，愿抑孝思，俯从礼制。"命，寿命。修短，长短。修，长。有数，命中注定。数，气数，因缘。在天：取决于上天安排。

②惟君子安贫，达人知命：语本唐·王勃《滕王阁序》："所赖君子安贫，达人知命。"安贫，安于清贫，不追逐名利。《后汉书·蔡邕传》："安贫乐贱，与世无营。"知命，充分认识并坦然接受天命或

命运。《周易·系辞上》:"乐天知命,故不忧。"唐·孔颖达疏:"顺天道之常数,知性命之始终,任自然之理,故不忧也。"《论语·为政》:"五十而知天命。"三国魏·何晏集解:"孔曰:'知天命之终始。'"

③贯朽粟陈,称羡财多之谓:语本《史记·平准书》:"至今上即位数岁,汉兴七十余年之间,国家无事,非遇水旱之灾,民则人给家足,都鄙廪庾皆满,而府库余货财。京师之钱累巨万,贯朽而不可校;太仓之粟陈陈相因,充溢露积于外,至腐败不可食。"贯朽,穿钱的绳子朽断,形容积钱多而经久不用。贯,穿钱的绳子。粟陈,粟谷堆陈腐烂。后因以"贯朽粟陈"比喻国库充盈,钱粮极为充足富有。

④紫标黄榜,封记钱库之名:语本《南史·临川静惠王宏传》:"宏性爱钱,百万一聚,黄榜标之,千万一库,悬一紫标,如此三十余间。"南朝梁临川王萧宏贪财爱钱,聚集无数,每百万为一堆,挂上黄榜,每千万为一库,挂上紫标。

⑤钱愚:典出《南史·临川静惠王宏传》:"晋时有《钱神论》,豫章王综以宏贪吝,遂为《钱愚论》,其文甚切。帝知以激宏,宣旨与综:'天下文章何限,那忽作此?'虽令急毁,而流布已远,宏深病之,聚敛稍改。"南朝梁临川王萧宏贪财好聚敛,豫章王萧综作《钱愚论》讽刺他。"钱愚"指愚蠢的守财奴,形容嗜钱成痴。

⑥好置田宅,谓之地癖(pǐ):语本《旧唐书·忠义传·李憕》:"憕丰于产业,伊川膏腴,水陆上田,修竹茂树,自城及阙口,别业相望,与吏部侍郎李彭年皆有地癖。郑岩,天宝中仕至绛郡太守,入为少府监,田产亚于憕。"唐代官员李憕和李彭年热衷置办田产,人称"地癖"。又,《新唐书·忠义传上·李憕》:"憕通《左氏春秋》,颇殖产伊川,占膏腴,自都至阙口,畴墅弥望,时谓'地癖'。"

⑦守钱虏,讥蓄财而不散:语本《后汉书·马援传》:"因处田牧,至

有牛、马、羊数千头，谷数万斛。既而叹曰：'凡殖货财产，贵其能施赈也，否则守钱虏耳。'乃尽散以班昆弟故旧，身衣羊裘皮绔。"东汉马援财产众多，有牛马数千头，谷数万斛。他说财富的价值在于能赈济施舍，不然的话，聚敛那么多钱财，不就是个守财奴嘛！于是将财物全部赠送给亲戚朋友。守钱虏，犹今言守财奴。

⑧落魄夫：典出《史记·郦生陆贾列传》："（郦食其）好读书，家贫落魄，无以为衣食业。"指穷困失意之人。落魄，形容失意的样子。

⑨贫者地无立锥，富者田连阡陌：语本《汉书·食货志》引西汉·董仲舒之言："富者田连阡陌，贫者无立锥之地。"富贵人家拥有连成一大片的田产，贫寒人家连一小片田产都没有。阡陌，指田间小径，多用以区分地界。立锥，插立锥尖，形容地方极小。《汉书·王莽传中》："强者规田以千数，弱者曾无立锥之居。"《三国志·魏书·仓慈传》："旧大族田地有余，而小民无立锥之土。"

⑩室如县罄（xuán qìng）：亦作"室如悬磬"。典出《左传·僖公二十六年》："夏，齐孝公伐我北鄙。卫人伐齐，洮之盟故也。公使展喜犒师，使受命于展禽。齐侯未入竟，展喜从之，曰：'寡君闻君亲举玉趾，将辱于敝邑，使下臣犒执事。'齐侯曰：'鲁人恐乎？'对曰：'小人恐矣，君子则否。'齐侯曰：'室如县罄，野无青草，何恃而不恐？'……"晋·杜预注："时夏四月，今之二月，野物未成，故言居室而资粮县尽，在野则无蔬食之物，所以当恐。"晋·杜预注释"如"为"而"，释"罄"为"尽"，释"室如县罄"为居室内（资粮）行将用尽。唐·孔颖达疏引刘炫云"如罄在县，下无粟帛"，意为室内就像只有磬挂在那里，空空荡荡，再没有其他东西。《国语·鲁语上》亦载展喜犒师之言，作"室如悬磬"，形容室中空无所有，比喻一贫如洗，物资极度匮乏。县，同"悬"。罄，通"磬"。三国吴·韦昭注："悬磬，言鲁府藏空虚，但有榱梁，如悬磬也。"

⑪家无儋（dàn）石：家里连少量的存粮也没有，形容家境极其困

难。《汉书·扬雄传上》："家产不过十金，乏无儋石之储，晏如也。"唐·颜师古注："应劭曰：'齐人名小罂为儋，受二斛。'晋灼曰：'石，斗石也。'……或曰：儋者，一人之所负担也。"儋、石，皆古代容量单位。十斗为一石。儋，石罂。儋受一石，故称"儋石"。一说一石为石，二石为儋，谓一人所担。

【译文】

寿命长短早有注定之数，人的贫富贵贱取决于上天安排。

只有君子甘愿安贫乐道，达人懂得乐天顺命。

钱串朽坏、米粮腐烂，是羡慕财产太多的说法；贴上紫标，挂上黄榜，是封存钱库所做的标记。

贪爱金钱财物，称为"钱愚"；热衷置地买房，号称"地癖"。

"守钱虏"，笑的是只知敛财的吝啬抠门之辈；"落魄夫"，指的是穷困失业而无所依靠的人。

穷人的住房小得难以立下锥尖，富豪的田地阡陌纵横南北相连。

"室如悬磬"，形容家徒四壁非常穷窘；"家无儋石"，是说缺米少粮极其贫困。

无米，曰在陈[①]；守死，曰待毙[②]。

富足，曰殷实[③]；命蹇[④]，曰数奇[⑤]。

甦涸鲋，乃济人之急[⑥]；呼庚癸，是乞人之粮[⑦]。

家徒壁立，司马相如之贫[⑧]；扊扅为炊，秦百里奚之苦[⑨]。

鹄形菜色[⑩]，皆穷民饥饿之形；炊骨爨骸[⑪]，谓军中乏粮之惨。

饿死留君臣之义，伯夷、叔齐[⑫]；资财敌王公之富，陶朱、猗顿[⑬]。

石崇杀妓以侑酒，恃富行凶[⑭]；何曾一食费万钱，奢侈过甚[15]。

【注释】

①无米，曰在陈：语本《论语·卫灵公》："在陈绝粮，从者病，莫能兴。子路愠见曰：'君子亦有穷乎？'子曰：'君子固穷，小人穷斯滥矣。'"又，《史记·孔子世家》："孔子迁于蔡三岁，吴伐陈。楚救陈，军于城父。闻孔子在陈、蔡之间，楚使人聘孔子。孔子将往拜礼，陈、蔡大夫谋曰：'孔子贤者，所刺讥皆中诸侯之疾。今者久留陈、蔡之间，诸大夫所设行皆非仲尼之意。今楚，大国也，来聘孔子。孔子用于楚，则陈、蔡用事大夫危矣。'于是乃相与发徒役围孔子于野。不得行，绝粮。从者病，莫能兴。孔子讲诵弦歌不衰。子路愠见曰：'君子亦有穷乎？'孔子曰：'君子固穷，小人穷斯滥矣。'"孔子周游列国期间，楚国派人聘问孔子，孔子欲前往楚国，经过陈、蔡时被围困不能通过，断粮多天。

②守死，曰待毙：守死，典出《论语·泰伯》："笃信好学，守死善道。"意为坚持到死而不改变。此处仅取"等死"之意。待毙，犹等死。多以四字成语"坐以待毙"（坐而待毙）形式出现。《旧五代史·汉书·隐帝纪下》引《东都事略》："汉隐帝遣使害太祖，魏仁浦曰：'公有大功于朝廷，握强兵，临重镇，以谗见疑，岂可坐而待毙！'教以易其语，云诛将士，以激怒众心。太祖纳其言。"

③殷实：富裕，充实。《后汉书·寇恂传》："今河内带河为固，户口殷实。"《晋书·孙恩传》："时东土殷实，莫不粲丽盈目。"

④命蹇（jiǎn）：命运不好。常指仕途不顺。蹇，艰阻，不顺利。唐·杨炯《原州百泉县令李君神道碑》："数奇命蹇，遂无望于高门。"

⑤数奇（jī）：命数单而不偶合，指命运不好，遇事多不利。数，命运，命数。奇，不偶，不好。古代占卜以偶为吉，奇为凶。《汉书·李将军传》："大将军阴受上指，以为李广数奇，毋令当单于，恐不得

所欲。”唐·颜师古注:“言广命只,不耦合也。”

⑥甦(sū)涸鲋(hé fù),乃济人之急:语本《庄子·外物》:“庄周家贫,故往贷粟于监河侯。监河侯曰:‘诺。我将得邑金,将贷子三百金,可乎?’庄周忿然作色曰:‘周昨来,有中道而呼者,周顾视车辙中,有鲋鱼焉。周问之曰:“鲋鱼来!子何为者邪?”对曰:“我,东海之波臣也。君岂有斗升之水而活我哉?”周曰:“诺。我且南游吴越之王,激西江之水而迎子,可乎?”鲋鱼忿然作色曰:“吾失我常与,我无所处,吾得斗升之水然活耳,君乃言此,曾不如早索我于枯鱼之肆。”’”《庄子·外物》篇记载,庄子家贫,向监河侯借贷,没想到监河侯却对他说,等我收到税金后,借给你三百金。庄周因此很生气,说,昨天我在来的路上,听到车辙下的小坑洼里有一条鲫鱼在呼救。它说它是从东海而来,希望我能拿斗升之水救救它。我对它说,好吧,我将去游说吴王、越王,让他们引西江的水救你。鲫鱼很生气,说,那你倒不如早点儿到干鱼市场去找我。甦,使之苏醒,死而复生。涸鲋,即“涸辙之鲋”,困在干涸的车辙里的鲫鱼。用以比喻处于极度窘困的境地、亟待救援的人。《庄子·外物》中用一条失水将死的鲋鱼渴望“斗升之水”救命的寓言来比喻燃眉之急。涸,水干。鲋,鲫鱼。

⑦呼庚癸(gēng guǐ),是乞人之粮:语本《左传·哀公十三年》:“吴申叔仪乞粮于公孙有山氏,曰:‘佩玉蘂兮,余无所系之。旨酒一盛兮,余与褐之父睨之。’对曰:‘粱则无矣,粗则有之。若登首山以呼曰:“庚癸乎!”则诺。’”晋·杜预注:“军中不得出粮,故为私隐。庚,西方,主谷;癸,北方,主水。”后遂称向人告贷为“庚癸之呼”,又称同意告贷为“庚癸诺”。庚癸,“庚”指西方,主谷;“癸”指北方,主水;故古代军中以“庚癸”为隐语,指代粮食。

⑧家徒壁立,司马相如之贫:语本《史记·司马相如列传》:“文君夜亡奔相如,相如乃与驰归成都。家居徒四壁立。”《汉书·司马相

如传上》作:"文君夜亡奔相如,相如与驰归成都,家徒四壁立。"唐·颜师古注:"徒,空也。但有四壁,更无资产。"家徒壁立,家里就只有四面墙壁,形容家境贫寒,一无所有。司马相如(约前179—前118),字长卿,蜀郡成都(今四川成都)人。汉景帝时为武骑常侍,因病免。依附梁孝王,从枚乘等游。后于临邛遇新寡家居的卓文君,携以私奔。汉武帝读司马相如所作《子虚赋》而善之,召为郎。后为中郎将,奉使通西南夷,有功。拜孝文园令,病免。司马相如是最伟大的汉赋作家,代表作有《子虚赋》《上林赋》等。《史记》《汉书》皆为其立传。

⑨扊扅(yǎn yí)为炊,秦百里奚(xī)之苦:语本《颜氏家训·书证》:"《古乐府》歌百里奚词曰:'百里奚,五羊皮。忆别时,烹伏雌,吹扊扅;今日富贵忘我为!''吹'当作'炊煮'之'炊'。案:蔡邕《月令章句》曰:'键,关牡也,所以止扉,或谓之"剡移"。'然则当时贫困,并以门牡木作薪炊耳。《声类》作'扊',又或作'扂'。"相传百里奚未显之时离家出游,其妻以扊扅烹鸡为之饯行。扊扅,门闩。古代木门的门栅。功能类似于现代的门后插销。百里奚,百里氏,一说百氏,名奚,一作"傒",字里,或说字井伯,春秋时楚国宛(今河南南阳)人,亦说为虞国(今山西平陆北)人。本为虞国大夫,晋灭虞时被俘,为秦穆公夫人陪嫁之臣,后出逃至宛,被楚人抓获。秦穆公听说他很贤能,于是用五张羊皮将他赎回来,用为大夫,世称"五羖大夫"。与蹇叔、由余等共佐穆公以建霸业。一说,以虞公不可谏而至秦。又一说,本楚之鄙人,闻秦穆公贤,乃自卖于秦,被褐饲牛,为穆公所识拔。

⑩鹄(hú)形:像鹄的样子,形容瘦弱。宋·胡继宗《书言故事·贫乏》:"言饥饿者为鹄形。"《资治通鉴·梁纪·梁简文帝大宝元年》:"死者蔽野。富室无食,皆鸟面鹄形。"鹄,天鹅。菜色:形容营养不良的脸色。《礼记·王制》:"虽有凶旱水溢,民无菜色。"东

汉·郑玄注："菜色，食菜之色。民无食菜之饥色。"《汉书·翼奉传》："连年饥馑，加之以疾疫，百姓菜色，或至相食。"唐·颜师古注："人专食菜，故饥肤青黄，为菜色也。"

⑪炊骨爨（cuàn）骸：（军中没有粮食），拿人马的骨骸来烧火做饭。极言凄惨。爨骸，犹炊骨。"炊骨"为先秦习用语。《战国策·齐策六》："食人炊骨，士无反北之心，是孙膑、吴起之兵也。"《史记·平原君虞卿列传》："邯郸之民，炊骨易子而食，可谓急矣。""爨骸"即"析骸以爨"，典出《左传·宣公十五年》："宋人惧，使华元夜入楚师，登子反之床，起之曰：'寡君使元以病告，曰："敝邑易子而食，析骸以爨。虽然，城下之盟，有以国毙，不能从也。去我三十里，惟命是听。"'"《左传·哀公八年》："景伯曰：'楚人围宋，易子而食，析骸而爨，犹无城下之盟。我未及亏，而有城下之盟，是弃国也。吴轻而远，不能久，将归矣，请少待之。'"后以"析骸以爨"极言被围日久、粮尽柴绝的困境。亦以形容战乱或灾荒时期百姓的悲惨生活。爨，炊。

⑫饿死留君臣之义，伯夷、叔齐：语本《史记·伯夷列传》："伯夷、叔齐，孤竹君之二子也。父欲立叔齐，及父卒，叔齐让伯夷。伯夷曰：'父命也。'遂逃去。叔齐亦不肯立而逃之。国人立其中子。于是伯夷、叔齐闻西伯昌善养老，盍往归焉。及至，西伯卒，武王载木主，号为文王，东伐纣。伯夷、叔齐叩马而谏曰：'父死不葬，爰及干戈，可谓孝乎？以臣弑君，可谓仁乎？'左右欲兵之。太公曰：'此义人也。'扶而去之。武王已平殷乱，天下宗周，而伯夷、叔齐耻之，义不食周粟，隐于首阳山，采薇而食之。及饿且死，作歌。其辞曰：'登彼西山兮，采其薇矣。以暴易暴兮，不知其非矣。神农、虞、夏忽焉没兮，我安适归矣？于嗟徂兮，命之衰矣！'遂饿死于首阳山。"伯夷、叔齐是商末孤竹君的两个儿子，兄弟互让国君之位而出逃。周武王兴兵伐商，伯夷、叔齐认为以臣弑君不义，

曾加劝阻。周灭商后，他们耻食周粟，采薇而食，饿死于首阳山。

⑬资财敌王公之富，陶朱、猗（yī）顿：语本《史记·货殖列传》："范蠡既雪会稽之耻，乃喟然而叹曰：'计然之策七，越用其五而得意。既已施于国，吾欲用之家。'乃乘扁舟浮于江湖，变名易姓，适齐为鸱夷子皮，之陶为朱公。朱公以为陶天下之中，诸侯四通，货物所交易也。乃治产积居。与时逐而不责于人。故善治生者，能择人而任时。十九年之中三致千金，再分散与贫交疏昆弟。此所谓富好行其德者也。后年衰老而听子孙，子孙修业而息之，遂至巨万。故言富者皆称'陶朱公'。……猗顿用盬（gǔ）盐起。而邯郸郭纵以铁冶成业，与王者埒富。"陶朱、猗顿，是历史上著名的富商，富可敌国，后遂以"陶朱""猗顿"指代富人。陶朱，即陶朱公，春秋时越国大夫范蠡的别称。范蠡辅佐越王勾践灭吴之后，弃官远去，居于陶，称"朱公"，以经商致巨富。猗顿，本为鲁国贫士，曾向陶朱公请教致富之术，后成为一代富豪。《孔丛子·陈士义》："猗顿，鲁之穷士也。耕则常饥，桑则长寒。闻陶朱公富，往而问术焉。朱公告之曰：'子欲速富，当畜五牸。'于是乃适西河，大畜牛羊于猗氏之南，十年之间，其滋息不可计，赀拟王公，驰名天下。以兴富于猗氏，故曰'猗顿'。"《孔丛子》说他以畜牧业致富，《史记·货殖列传》则说他以盐业致富。

⑭石崇杀妓以侑（yòu）酒，恃（shì）富行凶：语本《世说新语·汰侈》："石崇每要客燕集，常令美人行酒；客饮酒不尽者，使黄门交斩美人。王丞相与大将军尝共诣崇。丞相素不能饮，辄自勉强，至于沉醉。每至大将军，固不饮以观其变，已斩三人，颜色如故，尚不肯饮。丞相让之，大将军曰：'自杀伊家人，何预卿事！'"据《世说新语》记载，石崇在王导和王敦面前炫耀富贵，让美人行酒，客人饮酒不尽，就马上让人把美人推出去斩首。石崇，见前《衣服》篇"锦帐四十里，富羡石崇"条注。侑酒，劝酒。侑，佐，助。

⑮何曾一食费万钱，奢侈过甚：语本《晋书·何曾传》："然性奢豪，务在华侈。帷帐车服，穷极绮丽，厨膳滋味，过于王者。每燕见，不食太官所设，帝辄命取其食。蒸饼上不坼作十字不食。食日万钱，犹曰无下箸处。人以小纸为书者，敕记室勿报。刘毅等数劾奏曾侈忲无度，帝以其重臣，一无所问。"西晋重臣何曾性喜奢豪，饮食讲究。一顿饭花费万钱，还说无处下筷。何曾（199—278），字颖考，魏晋间陈国阳夏（今河南太康）人。魏明帝为平原侯，曾为文学。魏咸熙中，官至司徒。助司马氏废魏帝。晋武帝受禅，任丞相，拜太尉，封朗陵公，官至太傅。性豪侈，日食万钱，犹云无下箸处。谄附贾充，为时人所非。卒谥元。

【译文】

无米下锅，称为"在陈"；坐而等死，称为"待毙"。

家境富足，叫"殷实"；背运倒霉，称"数奇"。

"苏涸鲋"，指的是帮人解救燃眉之急；"呼庚癸"，说的是向人借讨钱财粮食。

家里空剩四堵墙，司马相如早年竟如此贫穷；拆下门闩当柴烧，秦国百里奚也曾十分困苦。

身体像鹄一样瘦、脸色青黄，都是形容穷人饥饿的模样；人骨当柴、马骨下锅，说的则是军中乏粮的惨状。

伯夷、叔齐宁肯饿死，也要坚守君臣大义；陶朱、猗顿资财殷实，富有程度和王公不相上下。

石崇杀妓劝客人喝酒，分明是自恃钱财，仗势行凶；何曾一顿饭花费万钱，奢侈浪费，实在过分。

二月卖新丝，五月粜新谷，真是剜肉医疮[①]。

三年耕而有一年之食，九年耕而有三年之食，庶几遇荒有备[②]。

贫士之肠习藜苋[③]，富人之口厌膏粱[④]。

石崇以蜡代薪，王恺以饴沃釜[⑤]。

范丹土灶生蛙，破甑生尘[⑥]。

曾子捉襟见肘，纳履决踵，贫不胜言[⑦]；韦庄数米而炊，称薪而爨，俭有可鄙[⑧]。

总之：饱德之士，不愿膏粱；闻誉之施，奚图文绣[⑨]？

【注释】

①“二月卖新丝”三句：语本唐·聂夷中《咏田家》诗：“二月卖新丝，五月粜新谷。医得眼前疮，剜却心头肉。我愿君王心，化作光明烛。不照绮罗筵，只照逃亡屋。”清·宋俊《柳亭诗话》卷一：“聂夷中诗：‘二月卖新丝，五月粜新谷。’或谓：‘二月蚕尚未生，新丝乌有？’何燕泉曰：‘盖谓贫民预指丝谷作借贷之资耳。至丝谷出时，俱是他人之物，故谓“医得眼前疮，剜却心头肉”也。’……陆宣公奏议曰：‘蚕事方毕，已输缣税；农功未艾，遽敛谷租。有者急卖而耗其半直，无者求假而费其倍酬。’夷中盖用其意。”二月蚕种始生，焉有丝卖？五月秧苗始插，哪来谷粜？聂夷中诗“二月卖新丝，五月粜新谷”，乃是旧时“卖青”现象（旧时贫苦农民把未成熟的庄稼预先作价贱卖与人）。粜（tiào），卖米。剜（wān）肉医疮，比喻只顾眼前，用有害的方法来救急。剜，削割。

②“三年耕而有一年之食”三句：语本《礼记·王制》：“冢宰制国用，必于岁之杪，五谷皆入，然后制国用。用地小大，视年之丰耗。以三十年之通制国用，量入以为出，祭用数之仂。丧，三年不祭，唯祭天地社稷为越绋而行事。丧用三年之仂，丧祭，用不足曰‘暴’，有余曰‘浩’。祭，丰年不奢，凶年不俭。国无九年之蓄曰‘不足’，无六年之蓄曰‘急’，无三年之蓄曰‘国非其国’也。三

年耕，必有一年之食，九年耕，必有三年之食。以三十年之通，虽凶旱水溢，民无菜色，然后天子食，日举以乐。”庶几（shù jī），差不多，或许可以。

③贫士之肠习藜苋（lí xiàn）：语本唐·韩愈《崔十六少府摄伊阳以诗及书见投因酬三十韵》诗：“三年国子师，肠肚习藜苋。”藜苋，泛指贫者所食之粗劣菜蔬。藜，一年生草本植物，茎直立，嫩叶可吃，茎可以做拐杖。亦称“灰条菜”。苋，苋菜。一年生草本植物，茎细长，叶椭圆形，开绿白色或黄绿色小花，茎和叶可食。

④厌：满足。膏粱（gāo liáng）：肥肉和细粮。泛指精致的食物。《国语·晋语七》：“夫膏粱之性难正也。”三国吴·韦昭注：“膏，肉之肥者；粱，食之精者。言食肥美者，率多骄放，其性难正。”

⑤石崇以蜡代薪，王恺以饴（yí）沃釜（fǔ）：语本《世说新语·汰侈》：“王君夫以饴糒澳釜，石季伦用蜡烛作炊。”晋代石崇与王恺斗富，王恺用糖浆刷锅，石崇用蜡烛当柴烧。王恺，字君夫，西晋东海郡郯县（今山东郯城）人。王肃子。司马昭妻弟。晋惠帝永平初以讨杨骏功，封山都县公。累官龙骧将军、后军将军。性豪侈，尝与石崇斗富。卒谥丑。饴，用米及麦芽为原料而制成的糖浆。沃，洗。釜，锅。

⑥范丹土灶生蛙，破甑（zèng）生尘：语本《后汉书·独行传·范冉》：“遭党人禁锢，遂推鹿车，载妻子，捃拾自资。或寓息客庐，或依宿树荫。如此十余年，乃结草室而居焉。所止单陋，有时粮粒尽，穷居自若，言貌无改。闾里歌之曰：‘甑中生尘范史云，釜中生鱼范莱芜。’”他书引用，“范冉”多作“范丹”。范丹，即范冉（112—185），字史云，东汉陈留外黄（今河南民权）人。曾师事马融，通五经。汉桓帝时为莱芜长，遭母忧，不赴。后辟太尉府，议者欲以为侍御史，遂遁出，卖卜于市，生活贫困。后遭党锢，穷居自若，言貌无改。及党禁解，三府累辟不就。卒谥贞节先生。

后人常以“范丹”指代贫困而有操守的贤士。土灶生蛙，灶长期不用，里面住了青蛙。“土灶生蛙”，典出《战国策·赵策一》：“知伯从韩、魏兵以攻赵，围晋阳而水之，城不沉者三板。郄疵谓知伯曰：‘韩、魏之君必反矣。’知伯曰：‘何以知之？’郄疵曰：‘以其人事知之。夫从韩、魏之兵而攻赵，赵亡，难必及韩、魏矣。今约胜赵而三分其地。今城不没者三板，臼灶生蛙，人马相食，城降有日，而韩、魏之君无憙志，而有忧色，是非反如何也？’”甑，蒸食炊器。其底有孔，古用陶制，殷周时期有以青铜制，后多用木制。因多用来煮饭，俗名“饭甑”。《后汉书·独行传》云“甑中生尘范史云，釜中生鱼范莱芜”，不云“土灶生蛙”。《幼学琼林》此句多作“土灶生蛙”，窃疑此处当为“（某）（某）土灶生蛙，范丹破甑生尘”，方与上二句为对。

⑦“曾子捉襟（jīn）见肘”三句：语本《庄子·让王》：“曾子居卫，缊袍无表，颜色肿哙，手足胼胝。三日不举火，十年不制衣，正冠而缨绝，捉衿而肘见，纳屦而踵决。曳縰而歌《商颂》，声满天地，若出金石。天子不得臣，诸侯不得友。故养志者忘形，养形者忘利，致道者忘心矣。”曾子，见前《地舆》篇“里名胜母，曾子不入”条注。捉襟见肘，整一整衣襟便露出手肘，形容衣衫褴褛。引申为顾此失彼，处境困难。纳履（lǚ）决踵（zhǒng），穿上鞋子露出脚后跟。纳，穿，戴。履，鞋。决，裂开。踵，脚后跟。

⑧“韦庄数米而炊”三句：语本《太平广记》卷一百六十五引《朝野佥载》：“韦庄颇读书，数米而炊，秤薪而爨。炙少一脔而觉之。一子八岁而卒，妻敛以时服。庄剥取，以故席裹尸。殡讫，擎其席而归。其忆念也，呜咽不自胜，唯悭吝耳。”《朝野佥载》作者张鷟是唐玄宗时人，则此韦庄未必是五代大词人韦庄。数米而饮、称薪而爨（cuàn），数算米粒煮饭、称量柴火烧火，形容生活极困窘或为人极吝啬。“数米而饮”“称薪而爨”，早在先秦及汉初典

籍中就频繁出现，或为先秦俗语。《庄子·庚桑楚》："简发而栉，数米而炊，窃窃乎又何足以济世哉！"唐·成玄英疏："譬如择简毛发，梳以为剃，格量米数，炊以供餐，利益盖微，为损更甚。"《淮南子·泰族训》："称薪而爨，数米而炊，可以治小而未可以治大也。"《淮南子·诠言训》："蓼菜成行，瓶瓯有堤，量粟而舂，数米而炊，可以治家，而不可以治国。"早期语境，多用以比喻过分计较琐细的事情，不足以成大事。

⑨"饱德之士"四句：语本《孟子·告子上》："孟子曰：'欲贵者，人之同心也。人人有贵于己者，弗思耳矣。人之所贵者，非良贵也。赵孟之所贵，赵孟能贱之。《诗》云："既醉以酒，既饱以德。"言饱乎仁义也，所以不愿人之膏粱之味也。令闻广誉施于身，所以不愿人之文绣也。'"朱子集注："闻，去声。……饱，充足也。愿，欲也。膏，肥肉。粱，美谷。令，善也。闻，亦誉也。文绣，衣之美者也。仁义充足而闻誉彰著，皆所谓良贵也。"饱德，心中充满仁德。闻誉之施，众人施授的好名声。闻誉，犹"令闻广誉"，指赞誉与好名声。闻，名声。此处作名词用，古念去声。奚（xī）图，哪还在乎。奚，文言疑问词，意为哪里、为什么、何必。图，希冀，希图，企望。文绣，绣画的锦帛。

【译文】

二月蚕刚孵化，就已典卖新丝；五月秧苗插下不久，就已典卖新谷；真是割下心头肉，聊补身上疮。

耕种三年，可以积蓄一年的口粮；劳作九年，可以攒下三年的粮食；这样的话，即便遇上荒年，基本上有备无患。

穷人的肠胃，习惯粗藜野苋；富人的胃口，满足于肥肉细粮。

石崇用白蜡当柴，王恺拿糖浆洗锅。

范丹穷得揭不开锅，青蛙住进炉灶，灰尘落满饭甑。

曾子衣服破旧，扯一下衣襟就露出手肘，鞋子破旧，穿上就露出脚后跟，真是穷得没法说；韦庄数着米粒下锅，称量柴薪的分量烧火，简直吝啬得讨人嫌。

总之：高尚的人，不贪图物质享受；有名望的人，哪里稀罕外表光鲜？

疾病死丧

【题解】

疾病死丧，始终伴随人类。《论语·述而》云："子之所慎：齐，战，疾。"《论语·学而》载曾子之言："慎终追远，民德归厚矣。"儒家经典《仪礼》和《礼记》，有诸多篇目是讲丧葬祭祀之礼的。传统中国，很重视疾病，对丧葬祭拜之礼格外看重。丧葬祭祀，自先秦时期即有"五服"之礼。"五服"，是根据和死者的亲疏远近关系，制定的五种不同规格的孝服。

本篇41联，讲的都是和疾病死丧有关的成语典故，而尤偏重于"死丧"之礼。

福寿康宁①，固人之所同欲②；死亡疾病，亦人所不能无③。

惟智者能调④，达人自玉⑤。

问人病，曰贵体违和⑥；自谓疾，曰偶沾微恙⑦。

罹病者，甚为造化小儿所苦⑧；患疾者，岂是实沈、台骀为灾⑨？

病不可疗，曰膏肓⑩；平安无事，曰无恙⑪。

采薪之忧⑫，谦言抱病；河鱼之患，系是腹灾⑬。

可以勿药，喜其病安⑭；厥疾勿瘳⑮，言其病笃⑯。

疟不病君子，病君子政为疟耳⑰；卜所以决疑，既不疑复何卜哉⑱？

【注释】

①福寿康宁：语出《尚书·洪范》："五福：一曰寿，二曰富，三曰康宁，四曰攸好德，五曰考终命。"西汉·孔安国传："康宁，无疾病。"

②人之所同欲：语出宋·朱熹《大学》章句："财者，人之所同欲。"

③人所不能无：语出宋·朱熹《大学》章句："盖是四者，皆心之用，而人所不能无者。"

④惟智者能调：语本晋·王叔和《脉经·诊脉入式歌》："智者能调五脏和。"

⑤达人自玉：通达的人懂得自我珍重。也即看破外物，以身为宝，待之如玉。达人，看破升沉、名利之人。晋·葛洪《抱朴子外篇·行品》："顺通塞而一情，任性命而不滞者，达人也。"唐·王勃《滕王阁序》："所赖君子见机，达人知命。"自玉，自行珍重。《颜氏家藏尺牍·于参议觉世信》："当兹溽暑炎歊，惟冀年兄节哀自玉，恢鸿大业，以显前人，则又孝之大者矣。"

⑥违和：身体失于调理而不适。用于称他人患病的婉词。南朝梁·沈约《齐禅林寺尼净秀行状》："又经违和极笃，忽自见大光明，遍于世界。"宋·欧阳修《嘉祐七年与王懿敏公书》："昨日公谨相过，乃云近少违和，岂非追感悲戚使然邪？"

⑦偶沾微恙（yàng）：偶然感染小病。恙，病。

⑧罹（lí）病者，甚为造化小儿所苦：语本《新唐书·文艺传上·杜审言》："初，审言病甚，宋之问、武平一等省候何如。答曰：'甚为造化小儿相苦，尚何言？然吾在，久压公等，今且死，固大慰，但恨不见替人'云。"罹病者，染病者，患病的人。罹，遭遇。造化小儿，对于命运的一种风趣说法。造化，指命运，司命之神。小儿，即小子，轻蔑的称呼。

⑨患疾者，岂是实沈（chén）、台骀（tái）为灾：语本《左传·昭公元年》："晋侯有疾，郑伯使公孙侨如晋聘，且问疾。叔向问焉，曰：

'寡君之疾病,卜人曰:"实沈、台骀为祟。"史莫之知,敢问此何神也?'子产曰:'昔高辛氏有二子,伯曰"阏伯",季曰"实沈",居于旷林,不相能也。日寻干戈,以相征讨。后帝不臧,迁阏伯于商丘,主辰。商人是因,故辰为商星。迁实沈于大夏,主参。唐人是因,以服事夏、商。其季世曰"唐叔虞"。当武王邑姜方震大叔,梦帝谓己:"余命而子曰虞,将与之唐,属诸参,而蕃育其子孙。"及生,有文在其手曰"虞",遂以命之。及成王灭唐而封大叔焉,故参为晋星。由是观之,则实沈,参神也。昔金天氏有裔子曰"昧",为玄冥师,生允格、台骀。台骀能业其官,宣汾、洮,障大泽,以处大原。帝用嘉之,封诸汾川。沈、姒、蓐、黄,实守其祀。今晋主汾而灭之矣。由是观之,则台骀,汾神也。抑此二者,不及君身。山川之神,则水旱疠疫之灾,于是乎禜之。日月星辰之神,则雪霜风雨之不时,于是乎禜之。若君身,则亦出入、饮食、哀乐之事也,山川星辰之神,又何为焉?'侨闻之,君子有四时:朝以听政,昼以访问,夕以修令,夜以安身。于是乎节宣其气,勿使有所壅闭湫底,以露其体。兹心不爽,而昏乱百度。今无乃壹之,则生疾矣。侨又闻之,内官不及同姓,其生不殖,美先尽矣,则相生疾,君子是以恶之。故《志》曰:'买妾不知其姓,则卜之。'违此二者,古之所慎也。男女辨姓,礼之大司也。今君内实有四姬焉,其无乃是也乎?若由是二者,弗可为也已。四姬有省犹可,无则必生疾矣。"晋侯患病,占卜结果是实沈、台骀作祟。实沈,古代神话传说,高辛氏季子名实沈,后为参宿之神。又为星次(中国古代为了量度日、月、行星的位置和运动而进行的天文划分)名。大致相当于二十八宿的觜、参和毕、井的一部分,黄道十二宫的双子座。在十二辰为申。古时为晋之分野。台骀,传说中远古时人。为金天氏少皞后代,世为水官之长。台骀修通汾、洮二水,帝颛顼封之于汾川。后世尊为汾水之神。

⑩病不可疗，曰膏肓（gāo huāng）：语本《左传·成公十年》："公疾病，求医于秦。秦伯使医缓为之。未至，公梦疾为二竖子，曰：'彼良医也。惧伤我，焉逃之？'其一曰：'居肓之上，膏之下，若我何？'医至，曰：'疾不可为也。在肓之上，膏之下，攻之不可，达之不及，药不至焉，不可为也。'"晋·杜预注："肓，鬲也。心下为'膏'。"膏肓，"膏"与"肓"是中医人体部位的名称。"膏"指心下部分，"肓"指心脏和横膈膜之间。旧说"膏"与"肓"是药力达不到的地方。后用"病入膏肓"指病情严重，无法医治。

⑪无恙：无忧，没什么毛病。多作问候语。明·陶宗仪《说孚（卷十四上）·无恙》："《战国策》赵威后问齐使：'岁无恙耶？王亦无恙耶？'晋代顾恺之与殷仲堪笺：'行人安稳，布帆无恙。'隋日本遣使称：'日出处天子致书日没处天子无恙。'《风俗通》云：'恙毒虫也，喜伤人。古人草居露宿，相劳问曰"无恙"。'《神异经》：'去北大荒中有兽，咋人则病，名曰"獇"。獇，恙也。常入人室屋，黄帝杀之。北人无忧病，谓"无恙"。'《苏氏演义》亦以无忧病为无恙。'恙'之字同。或以为虫，或以为兽，或谓无忧病。《广干禄书》兼取忧及虫。《事物纪原》兼取忧及兽。予看《广韵》，其义极明。于'恙'字下云：'忧也。病也。又噬虫，善食人心也。'于'獇'字下云：'獇，兽如师子，食虎豹及人。'是'獇'与'恙'为二字。合而一之，《神异经》诞矣。"

⑫采薪之忧：语出《孟子·公孙丑下》："昔者有王命，有采薪之忧，不能造朝。"朱子集注："采薪之忧，言病不能采薪。"后因以"采薪之忧"指患病。采薪，打柴。

⑬河鱼之患，系是腹灾：语本《左传·宣公十二年》："河鱼腹疾奈何？"唐·孔颖达疏："云如似河中之鱼，久在水内，则生腹疾。"河鱼之患，指腹泻一类的病。古人以"河鱼"为腹疾的代称，也称"河鱼腹病""河鱼之疾"。因为鱼腐烂是从内至外，所以用"河

鱼之患”指腹泻等病状。腹灾，犹“腹疾”。他本多作“腹疾”，李光明庄本作“腹灾”，大约是出于对仗的考虑，“灾”与上句尾字“病”平仄相对，故改“腹疾”为“腹灾”。

⑭可以勿药，喜其病安：语本《周易·无妄卦》：“无妄之疾，勿药有喜。”唐·孔颖达疏：“疾当自损，勿须药疗而有喜也。”勿药，不用服药。后遂以指病愈。《旧唐书·裴度传》：“果闻勿药之喜，更俟调鼎之功，而体力未和，音容尚阻。”

⑮厥（jué）疾勿瘳（chōu）：同“厥疾弗瘳”。语出《尚书·说命上》：“若药弗瞑眩，厥疾弗瘳。”唐·孔颖达疏：“若服药不使人瞑眩愦乱，则其疾不得瘳愈。”指重病不愈。瘳，病愈。

⑯病笃（dǔ）：病重。笃，沉重，严重。

⑰疟（nüè）不病君子，病君子政为疟耳：语本《世说新语·言语》：“中朝有小儿，父病，行乞药。主人问病，曰：‘患疟也。’主人曰：‘尊侯明德君子，何以病疟？’答曰：‘来病君子，所以为疟耳。’”据《世说新语》载，有个小孩的父亲患了疟疾，有人问他：“不是说君子不会得疟疾么？你父亲是有德君子，怎么会得疟疾呢？”小儿说：“正因为它让君子患病，所以才叫疟疾啊。”疟，一种按时发冷发烧的急性传染病。病，使生病，感染。政，通“正”。

⑱卜（bǔ）所以决疑，既不疑复何卜哉：语本《左传·桓公十一年》：“楚屈瑕将盟贰、轸。郧人军于蒲骚，将与随、绞、州、蓼伐楚师。莫敖患之。斗廉曰：‘郧人军其郊，必不诫，且日虞四邑之至也。君次于郊郢，以御四邑。我以锐师宵加于郧，郧有虞心而恃其城，莫有斗志。若败郧师，四邑必离。’莫敖曰：‘盍请济师于王？’对曰：‘师克在和，不在众。商、周之不敌，君之所闻也。成军以出，又何济焉？’莫敖曰：‘卜之？’对曰：‘卜以决疑，不疑何卜？’遂败郧师于蒲骚，卒盟而还。”卜所以决疑，占卜是用来解决疑难问题的。卜，占卜。

【译文】

福寿康宁,固然是人人都想要的;死亡疾病,却也是人人都无法避免的。

只有智者才懂得调养身心,通达的人才知道保重自己。

探问病人,说"贵体违和";自称患病,说"偶沾微恙"。

染病的人,深受"造化小儿"折磨;患上疾病,难道真是"实沈""台骀"作怪?

病重不治,称为"膏肓";平安无事,叫做"无恙"。

卧病不出,就说有"采薪之忧";腹泻拉稀,就说有"河鱼之患"。

"可以勿药",高兴病快好了;"厥疾勿瘳",是说病情严重。

疟疾不害君子,正因为害君子,才叫"疟"疾啊;占卜可以解决疑惑,既然没有疑惑,又何必占卜?

谢安梦鸡而疾不起,因太岁之在酉[①];楚王吞蛭而疾乃痊,因厚德之及人[②]。

将属纩[③],将易箦[④],皆言人之将死;作古人[⑤],登鬼箓[⑥],皆言人之已亡。

亲死则丁忧[⑦],居丧则读礼[⑧]。

在床谓之尸,在棺谓之柩[⑨]。

报丧书,曰讣[⑩];慰孝子,曰唁[⑪]。

往吊,曰匍匐[⑫];庐墓[⑬],曰倚庐[⑭]。

寝苫枕块[⑮],哀父母之在土;节哀顺变[⑯],劝孝子之惜身。

男子死,曰寿终正寝[⑰];女人死,曰寿终内寝[⑱]。

【注释】

①谢安梦鸡而疾不起,因太岁之在酉(yǒu):语本《晋书·谢安传》:

“怅然谓所亲曰：‘昔桓温在时，吾常惧不全。忽梦乘温舆行十六里，见一白鸡而止。乘温舆者，代其位也。十六里，止今十六年矣。白鸡主酉，今太岁在酉，吾病殆不起乎！’乃上疏逊位，诏遣侍中、尚书谕旨。先是，安发石头，金鼓忽破，又语未尝谬，而忽一误，众亦怪异之。寻薨，时年六十六。”晋代谢安梦见乘坐桓温的车子走了十六里，看见一只白鸡就停了下来。不知何意。后来谢安接替桓温任宰相，过了十六年忽然得病，谢安才悟到：原来十六里意味着十六年，见到白鸡而停止，意味着太岁在酉之年自己将一病不起。不久果然病死。太岁在酉，木星到达酉位。“太岁”指木星，木星是凶星。“酉”指天干地支十二地支中的酉位。旧时民间以太岁所在方为凶方。

②楚王吞蛭（zhì）而疾乃痊（quán），因厚德之及人：语本《新书·春秋》：“楚惠王食寒菹而得蛭，因遂吞之，腹有疾而不能食。令尹入问，曰：‘王安得此疾？’王曰：‘我食寒菹而得蛭，念谴之而不行其罪乎，是法废而威不立也，非所闻谴而行其诛，则庖宰、监食者，法皆当死，心又弗忍也。故吾恐蛭之见也，遂吞之。’令尹避席，再拜而贺曰：‘臣闻“皇天无亲，惟德是辅”。王有仁德，天之所奉也，病不为伤。’是昔也，惠王之后而蛭出，故其久病心腹之积皆愈。故天之视听，不可谓不察。”《论衡·福虚篇》亦载此事。楚惠王吃饭时从凉菜里吃出一条水蛭来，想吐掉又不忍厨师等人因此获罪，就勉强吞进去而得病。令尹知道其中的缘由，就对楚惠王说：“大王有这样的德行，此病不会有什么伤害。”楚惠王后来果然病愈。蛭，蚂蟥。一种外形扁而长环节动物，生活在淡水或湿润处，能吸人畜的血。

③属纩（zhǔ kuàng）：古代丧俗，在病人临终之前，要用新的丝絮（纩）放在其口鼻上，验看是否还有气息。此仪式称为“属纩”。后用为“临终”的代称。《礼记·丧大记》：“属纩以俟绝气。”东

汉·郑玄注："纩，今之新丝，易动摇，置口鼻之上，以为候。"属，放置。纩，新丝或绵絮。

④易箦（zé）：更换寝席。《礼记·檀弓上》："曾子寝疾，病，乐正子春坐于床下，曾元、曾申坐于足，童子隅坐而执烛。童子曰：'华而睆，大夫之箦与？'……曾子曰：'然。斯季孙之赐也，我未之能易也。元，起易箦！'"按古时礼制，箦只用于大夫，曾参未曾为大夫，不当用，所以临终时要曾元为之更换。后遂以"易箦"代指临终。易，更换。箦，华美的竹席。

⑤作古人：亦称"作古"。已成为古人。对死的委婉叫法。

⑥登鬼箓（lù）：名列鬼箓。指人已死去。鬼箓，亦作"鬼录"。迷信者所谓阴间死人的名簿。三国魏·曹丕《与吴质书》："观其姓名，已为鬼录，追思昔游，犹在心目。"箓，簿籍。

⑦亲：特指父母亲。丁忧：古代的一种丧制。字面意为遭遇忧伤，指遇到父母丧事。旧制，父母死后，子女要守丧，三年内不做官，不婚娶，不赴宴，不应考。《晋书·袁悦之传》："（悦之）始为谢玄参军，为玄所遇，丁忧去职。"丁，当，遭逢。

⑧居丧：俗称"守孝"。古代为直系亲属（父母或祖父母）服丧，在规定时期内以穿戴孝服等形式对死去的长辈表示哀悼，称之为"居丧"。古代居丧，规矩名目极为繁多。读礼，语本《礼记·曲礼下》："居丧未葬，读丧礼；既葬，读祭礼。"古人守丧在家，读有关丧祭的礼书，因称居丧为"读礼"。

⑨在床谓之尸，在棺谓之柩（jiù）：语本《礼记·曲礼下》："在床曰'尸'，在棺曰'柩'。"东汉·郑玄注："尸，陈也，言形体在。柩之言究也。"又，《礼记·问丧》："三日而敛，在床曰'尸'，在棺曰'柩'，动尸举柩，哭踊无数。"东汉·班固《白虎通·崩薨》："尸柩者，何谓也？尸之为言失也，陈也，失气亡神，形体独陈；柩之为言究也，久也，不复章也。《曲礼》曰：'在床曰"尸"，在棺曰

“柩”。’”柩，盛装尸体的棺材。

⑩讣（fù）：报丧，通告某人逝世的消息。《礼记·杂记》：“凡讣于其君，曰：君之臣某死。父、母、妻、长子，曰：君之臣某之某死。”先秦典籍往往写作“赴”。《左传·隐公七年》：“凡诸侯同盟，于是称名，故薨则赴以名，告终称嗣也，以继好息民，谓之礼经。”《礼记·檀弓上》：“伯高死于卫，赴于孔子。”东汉·郑玄注：“赴，告也。凡有旧恩者，则使人告之。”

⑪唁（yàn）：慰问死者家属。

⑫往吊，曰匍匐（pú fú）：语本《诗经·邶风·谷风》：“凡民有丧，匍匐救之。”暨《礼记·孔子闲居》：“‘凡民有丧，匍匐救之’，无服之丧也。”《礼记·问丧》：“孝子亲死，悲哀志懑，故匍匐而哭之。”东汉·郑玄注：“匍匐，犹颠蹶。”匍匐，谓倒仆伏地，趴伏。

⑬庐墓：古人于父母或师长死后，服丧期间在墓旁搭盖小屋居住，守护坟墓，称为“庐墓”。

⑭倚庐：古人居丧时在墓边搭小屋居住以守墓，称为“倚庐”。亦可用作名词。《左传·襄公十七年》：“齐晏桓子卒，晏婴粗缞斩，苴绖、带、杖，菅屦，食鬻，居倚庐，寝苫、枕草。”《仪礼·既夕礼》：“居倚庐，寝苫枕块。不说绖带。哭昼夜无时。非丧事不言。”东汉·郑玄注：“倚木为庐，在中门外东方，北户。”

⑮寝苫（shān）枕块：睡在草垫上，头枕着土块。古代居父母丧的礼节。《仪礼·既夕礼》：“居倚庐，寝苫枕块。不说绖带。哭昼夜无时。非丧事不言。”东汉·郑玄注：“苫，编藁。块，塩也。”

⑯节哀顺变：抑制哀伤，顺应变故。用来慰唁死者家属的话。语出《礼记·檀弓下》：“丧礼，哀戚之至也；节哀，顺变也。君子念始之者也。”

⑰男子死，曰寿终正寝：寿终，指自然老死，与“死难”相对。《释名·释丧制》：“老死曰‘寿终’。寿，久也；终，尽也。生已久远，

气终尽也。"《晋书·刁协传》:"此为一人之身,寿终则蒙赠,死难则见绝,岂所以明事君之道,厉为臣之节乎!"正寝,即路寝。古代帝王诸侯治事的宫室。《公羊传·庄公三十二年》:"公薨于路寝。路寝者何? 正寝也。"亦泛指房屋的正厅或正屋。唐·水神《雪溪夜宴诗·屈大夫歌》:"是知贪名徇禄而随世磨灭者,虽正寝之死乎无得与吾俦。"宋·陆游《老学庵笔记》卷十:"鲁直亦习于近世,谓堂为正寝。"古代男子将要死时,就移到正厅东首,以候气绝。后以"寿终正寝"泛指人死去,常带有讽刺幽默的意味。

⑱女人死,曰寿终内寝:内寝,谓正妻之居室。《礼记·内则》:"子生三月之末,漱浣夙齐,见于内寝,礼之如始入室。"东汉·郑玄注:"内寝,适妻寝也。"后以泛指内室。清·周中孚《郑堂札记》卷一:"妇人迎送不出门,内言不出于梱。'送之门',谓送之于内寝之门也。"古代女子将要死时,仍然躺在内室,故以"寿终内寝"指女子死亡。

【译文】

谢安梦中遇见白鸡而一病不起,因为此时凶星太岁到达酉位;楚王吃饭吞下蚂蟥却病愈无事,缘于德行深厚施及他人。

吹丝绵验气,更换卧席,都是指人要死了;成为古人,名登鬼簿,也是说人快完了。

父母死了,需要守丧不仕;居丧期间,还应读礼书。

人死后躺在床上,称为"尸";装进尸体的棺材,称为"柩"。

给他人报丧的文书,称为"讣";前往安慰死者家属,叫作"唁"。

前往吊唁,称为"匍匐";筑庐守墓,叫作"倚庐"。

睡草垫、枕土块,是感伤父母身埋黄土的举动;节哀思、顺天变,是劝说孝子珍惜身体的话语。

男子死去,称"寿终正寝";女人死去,叫"寿终内寝"。

天子死曰崩，诸侯死曰薨，大夫死曰卒，士人死曰不禄，庶人死曰死，童子死曰殇[①]。

自谦父死曰孤子，母死曰哀子，父母俱死曰孤哀子[②]；自言父死曰失怙，母死曰失恃，父母俱死曰失怙恃[③]。

父死何谓考？考者，成也，已成事业也；母死何谓妣？妣者，媲也，克媲父美也[④]。

百日内，曰泣血[⑤]；百日外，曰稽颡[⑥]。

期年，曰小祥；两期，曰大祥[⑦]。

不缉曰斩衰，缉之曰齐衰，论丧之有轻重[⑧]；九月为大功，五月为小功，言服之有等伦[⑨]。

三月之服，曰缌麻[⑩]；三年将满，曰禫礼[⑪]。

孙承祖服[⑫]，嫡孙杖期[⑬]；长子已死，嫡孙承重[⑭]。

【注释】

①“天子死曰崩”六句：语本《礼记·曲礼下》：“天子死曰‘崩’，诸侯曰‘薨’，大夫曰‘卒’，士曰‘不禄’，庶人曰‘死’。”东汉·郑玄注：“异死名者，为人亵其无知，若犹不同然也。自上颠坏曰‘崩’。薨，颠坏之声。卒，终也。不禄，不终其禄。死之言澌也，精神斯尽也。”又，《仪礼·丧服（传）》：“年十九至十六为长殇，十五至十二为中殇，十一至八岁为下殇，不满八岁以下，皆为无服之殇。”崩，古代把君王的死看得很重，常用山塌下来比喻，由此从周代开始称天子死为“崩”。薨（hōng），古称诸侯或有爵位的大官死去。卒，古指大夫死亡，后用作死亡的通称。不禄，不再享受俸禄，古指士人死亡。殇（shāng），未成年而死。《说文解字》：“殇，不成人也。”

②“自谦父死曰孤子”三句：语本宋·朱熹《家礼·丧礼·父母亡

答人疏（嫡孙承重者同）》："月日，孤子（母丧，称"哀子"；俱亡，即称"孤哀子"。承重者称"孤孙""哀孙""孤哀孙"）姓名疏上某位。"孤子，指年少丧父者，或幼无父母者。《礼记·深衣》："如孤子，衣纯以素。"东汉·郑玄注："三十以下无父称'孤'。"后用作古代居父母丧者的自称。《南史·宋文帝诸子传·巴陵哀王休若》："沉居母丧被起，声乐酣饮，不异吉人。衣冠既无殊异，并不知沉居丧。沉尝自称孤子，众乃骇愕。"唐以后，用作丧父者自称。《大唐开元礼》："今仪，父亡称'孤子'。"哀子，古时父母亡故居丧者的自称。《仪礼·士丧礼》："哀子某，为其父某甫筮宅。"《礼记·杂记上》："祭称'孝子''孝孙'，丧称'哀子''哀孙'。"唐·孔颖达疏："丧则痛慕未申，故称'哀'也。故《士虞礼》称'哀子'，而卒哭乃称'孝子'也。"唐以后则专指居母丧者。明·陈继儒《群碎录》："《丧礼》称'哀子'不称'孤子'，今人父丧称'孤'，母丧称'哀'。"孤哀子，父母俱丧者自称"孤哀子"。清·赵翼《陔馀丛考·孤哀子》："今人父亡称孤子，母亡称哀子。……孤哀之分称，实始于唐。"

③"自言父死曰失怙（hù）"三句：语本《诗经·小雅·蓼莪》："无父何怙？无母何恃？"后遂称父亲死去为"失怙"，称母亲死去为"失恃"，称父母双亡为"失怙恃"。失怙，失去倚仗。指父亲死去。怙，仰仗。失恃，失去依靠。指母亲死去。恃，依靠。

④"父死何谓考"八句：语本《礼记·曲礼下》："祭王父曰'皇祖考'，王母曰'皇祖妣'，父曰'皇考'，母曰'皇妣'，夫曰'皇辟'。"东汉·郑玄注："皇，君也。考，成也，言其德行之成也。妣之言媲也。媲于考也。辟，法也，妻所取法也。"考，原指父亲，后多指死去的父亲。《礼记·曲礼下》："生曰父……死曰考。"妣（bǐ），原指母亲，后称已经死去的母亲。《说文解字》："妣，殁母也。"克媲（pì）父美，可以和父亲媲美。克，能。媲，并，比，匹敌。

⑤泣血：作为守孝语典，出自《礼记·檀弓上》："高子皋之执亲之丧也。泣血三年。未尝见齿。君子以为难。"东汉·郑玄注："言泣无声，如血出。"意为无声痛哭，泪如血涌。一说，泪尽血出。均形容极度悲伤。

⑥稽颡（qǐ sǎng）：叩头。是旧时父母死后，行丧礼时跪拜宾客，以额触地的一种礼节。《仪礼·士丧礼》："吊者致命，主人哭拜，稽颡成踊。"东汉·郑玄注："稽颡，头触地。"唐·贾公彦疏："《礼记·檀弓》曰：'稽颡而后拜，颀乎其致也。'为稽首之拜，但触地无容即名'稽颡'。"颡，额头。

⑦"期（jī）年"四句：语本《仪礼·士虞礼》："期而小祥，曰荐此常事。又期而大祥，曰荐此祥事。"东汉·郑玄注："小祥，祭名。祥，吉也。《檀弓》曰：'归祥肉。'古文'期'皆作'基'。"唐·贾公彦疏："自祔以后，至十三月小祥，故云'期而小祥'。引《檀弓》者，彼谓颜回之丧，馈祥肉于孔子而言。彼云'馈'，今云'归'者，'馈'即'归'也，故变文言之。引之者，证小祥是祭，故有肉也。"东汉·郑玄注："又，复也。"唐·贾公彦疏："此谓二十五月大祥祭，故云'复期'也。"期年，亦作"朞年"。一周年。小祥，古代父母死后一周年的祭礼，称为"小祥"。"小祥"是葬后服丧期的一次较大的祭礼，祭后可稍改善生活及解除丧服的一部分。《礼记·间传》："父母之丧，既虞卒哭，疏食水饮，不食菜果。期而小祥，食菜果。"两期，两度经过期年，也即两周年。大祥，古代两周年举行的祭礼叫"大祥"。古制，卒哭（百日）祭后，孝子只能食粗饭饮水，小祥祭后才可以吃菜与果，至大祥祭后，饭食中才可用酱醋等调味品。《礼记·间传》："又期而大祥，有醯酱。"汉魏以来时君行丧皆以日易月，皇帝、皇太后、皇后死后，二十五日或二十四日即举行大祥祭礼。唐·韩愈《顺宗实录五》："以日易月，抑惟旧章，皇帝宜三日而听政，十三日小祥，二十五日大祥，二

十七日释服。”宋皇室行丧，小祥、大祥之礼皆举行两次。既以日为之，又以月为之。《续资治通鉴·宋纪·宋神宗元丰八年》：“今群臣虽易月而人主实行丧，故十二日而小祥，期而又小祥；二十四日而大祥，再期而又大祥。”

⑧“不缉曰斩衰（cuī）”三句：语本《仪礼·丧服》：“传曰：斩者何？不缉也。”“传曰：齐者何？缉也。”不缉，指衣不缝边。辑，缝。斩衰，亦作“斩缞”。指不缝边的丧服。是旧时五种丧服中最重的一种。用粗麻布制成，左右和下边不缝。服制三年。子及未嫁女为父母，媳为公婆，承重孙为祖父母，妻妾为夫，均服斩衰。先秦诸侯为天子、臣为君亦服斩衰。齐衰（zī cuī），亦作“齐缞”。指缝边的丧服。在丧服“五服”中列位二等，次于斩衰。以粗疏的麻布制成，缘边部分缝缉整齐，有别于斩衰的开口毛边，故名。具体服制及穿着时间视与死者关系亲疏而定。共分四等：一、父卒为母，为继母，母为长子，服期三年；二、父在为母，夫为妻，服期一年。又称“杖期”。服丧时手中执杖，即哭丧棒；三、男子为伯叔父母、为兄弟，已嫁女子为父母，孙辈为祖父母，服期一年，不执杖，亦称“不杖期”；四、为曾祖父母，服期三月。

⑨“九月为大功”三句：语本宋·朱熹《家礼·丧礼·成服》：“三曰大功九月，四曰小功五月。”大功，旧时丧服名。为丧服“五服”之第三等。服期九个月。用熟麻布做成，较齐衰稍细，较小功为粗，故称“大功”。旧时堂兄弟，未婚的堂姊妹，已婚的姑、姊妹、侄女及众孙、众子妇、侄妇等之丧，都服大功；已婚女为伯父、叔父、兄弟、侄、未婚姑姊妹侄女等服丧，也服大功。小功，旧时丧服名。五服之第四等。其服以熟麻布制成，视大功为细，较缌麻为粗。凡本宗为曾祖父母、伯叔祖父母、堂伯叔祖父母，未嫁祖姑、堂姑，已嫁堂姊妹，兄弟之妻，从堂兄弟及未嫁从堂姊妹；外亲为外祖父母、母舅、母姨等，均服小功。等伦，等级规格。

⑩三月之服，曰缌（sī）麻：语本《仪礼·丧服》："缌麻三月者。"暨宋·朱熹《家礼·丧礼·成服》："五曰缌麻三月。"缌麻，旧时丧服名。是次于"小功"的丧服。"五服"中最轻的一种。用较细熟麻布制成，做工也较"小功"为细。服期三月。凡本宗为高祖父母，曾伯叔祖父母，族伯叔父母，族兄弟及未嫁族姊妹，外姓中为表兄弟，岳父母等，均服之。缌，制作丧服的细麻布。

⑪禫（dàn）礼：指除去丧服的祭礼。禫，古时丧家除服的祭祀。《说文解字》："禫，除服祭也。"《仪礼·士虞礼》："期而小祥，曰荐此常事。又期而大祥，曰荐此祥事。中月而禫。是月也。吉祭，犹未配。"东汉·郑玄注："中，犹间也。禫，祭名也。与大祥间一月。自丧至此，凡二十七月。禫之言，澹澹然平安意也。"

⑫孙承祖服：孙辈穿丧服为祖父或祖母守丧。承，穿。

⑬杖期：旧时一种服丧礼制。杖，是居丧时拿的棒。期，是一年之丧。期服用杖的称"杖期"；不用杖的则称"不杖期"。如嫡子、众子为庶母丧，服杖期。夫为妻丧，如父母不在，服杖期；若父母在，则服不杖期。

⑭长子已死，嫡（dí）孙承重：语本《仪礼·丧服》"適孙"唐·贾公彦疏："此谓適（嫡）子死，其適（嫡）孙承重者，祖为之期。"嫡孙，古代一夫多妻制时，正室生的第一个儿子是嫡长子，嫡长孙就是嫡长子的嫡长子。承重，指承受宗庙与丧祭的重任。封建宗法制度，其人及父俱系嫡长，而父先死，则祖父母丧亡时，其人称"承重孙"。如祖父及父均先死，于曾祖父母丧亡时，称"承重曾孙"。遇有这类丧事都称"承重"。

【译文】

天子死，称"崩"；诸侯死，称"薨"；大夫死，称"卒"；士人死，称"不禄"；平民百姓死，叫"死"；孩童死，叫"殇"。

父亲去世，自己谦称"孤子"；母亲去世，自称"哀子"；父母双亡，自称“孤哀子”；自言父亲去世为“失怙”，母亲去世为“失恃”，父母双亡为“失怙恃”。

为什么称亡父为“考”？因为“考”有成就之意，是说亡父功业完成，安心离去；为什么称亡母为“妣”？因为“妣”有媲美之意，赞扬亡母德行，能与父亲媲美。

父母去世，百日以内自言“泣血”；百日以后称“稽颡”。

父母去世的周年祭礼称“小祥”，两周年祭礼称“大祥”。

孝服不缝边叫“斩衰”，缝边的叫“齐衰”，用不同的款式体现丧礼的轻重等级；穿九个月的丧服叫“大功”，穿五个月的叫“小功”，穿戴期限的长短体现亲疏远近不同。

穿三个月的丧服，称“缌麻”；三年将满脱去丧服时举行的祭祀仪式，称“禫礼”。

孙辈为祖辈服丧，嫡孙手持丧杖，为期一年，称“杖期”；如果嫡长子已死，则嫡长孙要代为履行服丧的郑重仪式，称“承重”。

死者之器曰明器，待以神明之道①；孝子之杖曰哀杖，为扶哀痛之躯②。

父之节在外，故杖取乎竹；母之节在内，故杖取乎桐③。

以财物助丧家，谓之赙；以车马助丧家，谓之赗。以衣敛死者之身，谓之襚；以玉实死者之口，谓之琀④。

送丧，曰执绋⑤；出柩⑥，曰驾輀⑦。

吉地，曰牛眠地⑧；筑坟，曰马鬣封⑨。

墓前石人，原名翁仲⑩；柩前功布⑪，今曰铭旌⑫。

【注释】

①死者之器曰明器，待以神明之道：《礼记·檀弓下》：“孔子谓：为

明器者,知丧道矣,备物而不可用也。哀哉!死者而用生者之器也。不殆于用殉乎哉?其曰‘明器’,神明之也。涂车、刍灵,自古有之,明器之道也。”明器,即冥器。专为随葬而制作的器物。一般用竹、木或陶土制成。从宋代起,纸明器逐渐流行,陶、木等制的渐少。

②孝子之杖曰哀杖,为扶哀痛之躯:语本《礼记·问丧》:“或问曰:杖者以何为也?曰:孝子丧亲,哭泣无数,服勤三年,身病体羸,以杖扶病也。”东汉·郑玄注:“言得杖乃能起也。”暨东汉·班固《白虎通·丧服》:“所以必杖者,孝子失亲,悲哀哭泣,三日不食,身体羸病,故杖以扶身,明不以死伤生也。”哀杖,俗称“哭丧棒”,出殡时孝子们拿在手中的仪仗,以表示悲痛难支。

③“父之节在外”四句:语本《礼记·问丧》:“或问曰:杖者何也?曰:竹桐一也。故为父苴杖,苴杖,竹也;为母削杖,削杖,桐也。”唐·孔颖达疏:“或解云:竹节在外。外,阳之象,故为父矣。桐节在内。内,阴之类也,故为母也。”又,东汉·班固《白虎通·丧服》:“父以竹,母以桐何?竹者阳也,桐者阴也。竹何以为阳?竹断而用之,质,故为阳;桐削而用之,加人功,文,故为阴也。故《礼》曰:‘苴杖,竹也。削杖,桐也。’”

④“以财物助丧家”八句:语本《公羊传·隐公元年》:“赗者何?丧事有赗。赗者,盖以马,以乘马束帛,车马曰‘赗’,货财曰‘赙’,衣被曰‘襚’。”暨《穀梁传·隐公元年》:“赗者何也?乘马曰‘赗’,衣衾曰‘襚’,贝玉曰‘含’,钱财曰‘赙’。”《荀子·大略》:“货财曰‘赙’,舆马曰‘赗’,衣服曰‘襚’,玩好曰‘赠’,玉贝曰‘唅’。‘赙’‘赗’所以佐生也,‘赠’‘襚’所以送死也。”《说苑·修文》:“《春秋》曰:‘天王使宰咺来归惠公、仲子之赗。’赗者何?丧事有赗者,盖以乘马束帛。舆马曰‘赗’,货财曰‘赙’,衣被曰‘襚’,口实曰‘唅’,玩好曰‘赠’。知生者赙、赗,知死者赠、

禭；赠、禭所以送死也，赙、赗所以佐生也。”赙（fù），拿钱财帮助别人办理丧事，如赙金、赙仪、赙赠。《玉篇》：“赙，以财助丧也。”赗（fèng），以车马等物助丧家送葬。《仪礼·既夕礼》：“公赗，玄纁束，马两。”东汉·郑玄注：“赗，所以助主人送葬也。”敛，通“殓（liàn）”，给尸体穿衣下棺，称“入殓”。入殓有“大殓”和“小殓”之分。“小殓”是指为死者穿衣服，即“衣殓”；“大殓”是指收尸入棺，即“棺殓”。禭（suì），古代祭祀名。是衣殓时的祭祀仪式。实，塞入，填充。琀（hán），古代塞在死者嘴里的珠玉。《说文解字》：“琀，送死口中玉也。”

⑤执绋（fú）：谓丧葬时手执牵引灵柩的大绳以助行进。《礼记·曲礼上》：“助葬必执绋。”东汉·郑玄注：“葬，丧之大事。绋，引车索。”《礼记·檀弓下》：“吊于葬者必执引，若从柩及圹，皆执绋。”《左传·昭公三十年》：“先君有所助执绋矣。”晋·杜预注：“绋，挽索也。”绋，牵引灵柩的绳索。又名“引车索”。

⑥出柩（jiù）：即出殡、送葬。将灵柩运到埋葬或寄放的地点。泛称为人送殡。

⑦驾輀（ér）：出殡，送葬。輀，古代的丧车，用来载运灵柩。《说文解字》：“輀，丧车也。”《释名·释丧制》：“舆棺之车，曰‘輭（同“輀”）’。”

⑧吉地，曰牛眠地：语本《晋书·周仲孙传》：“初，陶侃微时，丁艰，将葬，家中忽失牛而不知所在。遇一老父，谓曰：‘前岗见一牛眠山污中，其地若葬，位极人臣矣。’又指一山云：‘此亦其次，当世出二千石。’言讫不见。侃寻牛得之，因葬其处，以所指别山与访。访父死，葬焉，果为刺史，著称宁、益，自访以下，三世为益州四十一年，如其所言云。”晋代陶侃因葬其父在牛眠之地，后官至大司马。后世遂以“牛眠地”指卜葬的吉地。吉地，墓地的婉称。

⑨筑坟，曰马鬣（liè）封：语本《礼记·檀弓上》：“昔者夫子言之曰：

‘吾见封之若堂者矣，见若坊者矣，见若覆夏屋者矣，见若斧者矣。’从若斧者焉，马鬣封之谓也。”东汉·郑玄注：“马鬣封，俗间名。”唐·孔颖达疏：“马鬷鬣之上，其肉薄，封形似之。”马鬣封，坟墓封土的一种形状，外观像马脖子上的鬣毛。亦指坟墓。宋·胡继宗《书言故事·坟墓》：“称坟曰‘马鬣封’。”

⑩翁仲：古代帝王或大臣陵墓前石雕的人像。《淮南子·氾论训》：“秦之时，高为台榭，大为苑囿，远为驰道，铸金人。”东汉·高诱注曰：“秦皇帝二十六年，初兼天下，有长人见于临洮，其高五丈，足迹六尺。放写其形，铸金人以象之。翁仲君何是也。”据《淮南子》东汉·高诱注，则其前身为秦始皇宫苑中金人（青铜人像）。《三国志·魏书·明帝纪》南朝宋·裴松之注引《魏略》：“是岁（景初元年），徙长安诸钟虡、骆驼、铜人、承露盘。盘折，铜人重不可致，留于霸城。大发铜铸作铜人二，号曰‘翁仲’，列坐于司马门外。”

⑪功布：古代丧礼中用以迎神之布。其制，用三尺长的白布悬于竿首，略似旗幡。因丧服斩衰、齐衰用粗麻布，此布则经过加工，比较细白，故称“功布”。

⑫铭旌（míng jīng）：竖在灵柩前标志死者官职和姓名的旗幡。多用绛帛粉书。品官则借衔题写曰某官某公之柩，士或平民则称显考显妣。另纸书题者姓名粘于旌下。大殓后，以竹杠悬之依灵右。葬时取下加于柩上。《周礼·春官·司常》：“大丧，共铭旌。”

【译文】

死者的随葬物品称为“明器”，表明将死者当作神明对待；孝子手持的丧杖称为“哀杖”，用于支撑因哀痛而孱弱的躯体。

男主外，父亲的阳刚外显，所以哀杖用竹制作；女主内，母亲的柔顺内敛，所以哀杖用桐制作。

用财物资助丧家办丧事，称为“赙”；用车马帮助丧家办丧事，称为

“赗”。给死者穿衣并将尸身放入棺材，称为“禭”；把玉放进死者口中，称为“琀”。

送葬又叫“执绋”，出殡也称“驾輀”。

吉祥的葬地，叫“牛眠地”；封土筑坟，叫“马鬣封”。

立在坟前的石像，原名“翁仲”；灵柩前的功布，今称“铭旌”。

挽歌始于田横[1]，墓志创于傅奕[2]。

生坟[3]，为寿藏[4]；死墓，曰佳城[5]。

坟曰夜台[6]，圹曰窀穸[7]。

已葬，曰瘗玉[8]；致祭，曰束刍[9]。

春祭曰禴，夏祭曰禘；秋祭曰尝，冬祭曰烝[10]。

饮杯棬而抱痛，母之口泽如存；读父书以增伤，父之手泽未泯[11]。

子羔悲亲而泣血[12]，子夏哭子而丧明[13]。

王裒哀父之死，门人因废《蓼莪》诗[14]；王修哭母之亡，邻里遂停桑柘社[15]。

树欲静而风不息，子欲养而亲不在，皋鱼增感[16]。

与其椎牛而祭墓，不如鸡豚之逮存，曾子兴思[17]。

故为人子者，当思木本水源[18]，须重慎终追远[19]。

【注释】

①挽歌始于田横：语本晋·崔豹《古今注·音乐》云：“《薤露》《蒿里》，并丧歌也。出田横门人。横自杀，门人伤之，为之悲歌。……李延年乃分为二曲。《薤露》送王公贵人，《蒿里》送士大夫庶人。使挽柩者歌之，世呼为‘挽歌’。”挽歌，古人送葬时所唱的歌，由

乐曲和歌词两部分组成。关于挽歌的起源，三国时期谯周以为出于汉初田横的门人。田横（？—前202），秦末狄县（今山东高青）人。原为齐国贵族，秦末与其兄田儋、田荣反秦自立，兄弟三人先后占据齐地为王。后汉高祖刘邦统一天下，田横不肯称臣于汉，率五百门客逃往海岛，刘邦派人招抚，田横在见到刘邦之前自杀。海岛五百部属闻田横死，亦全部自杀。

②墓志创于傅奕（yì）：语本《旧唐书·傅奕传》："奕生平遇患，未尝请医服药，虽究阴阳数术之书，而并不之信。又尝醉卧，蹶然起曰：'吾其死矣！'因自为墓志曰：'傅奕，青山白云人也。因酒醉死，呜呼哀哉！'"唐初，傅奕临终前曾自为墓志，后世遂有墓志创于傅奕之说。墓志铭，是放在墓里刻有死者事迹的石刻。一般包括"志"和"铭"两部分。"志"多用散文，叙述死者姓氏、生平等；"铭"是韵文，用于对死者的赞扬、悼念。

③生坟：风水学术语。指人未死而预筑的坟墓。

④寿藏：生前预筑的坟墓。亦称"生圹"。《后汉书·赵岐传》："年九十余，建安六年卒，先自为寿藏。"唐·李贤注："寿藏，谓冢圹也。"

⑤佳城：古指墓地。《西京杂记·滕公葬地》："滕公驾至东都门，马鸣，跼不肯前，以足跑地久之。滕公使士卒掘马所跑地，入三尺所，得石椁。滕公以烛照之，有铭焉。乃以水洗写其文，文字皆古异，左右莫能知。以问叔孙通，通曰：'科斗书也。以今文写之，曰"佳城郁郁，三千年见白日。吁嗟滕公居此室！"'滕公曰：'嗟乎，天也！吾死其即安此乎？'死遂葬焉。"《文选·沈约〈冬节后至丞相第诣世子车中作〉》："谁当九原上，郁郁望佳城。"唐·李周翰注："佳城，墓之茔域也。"

⑥夜台：指坟墓。因坟墓内不见光明，昏暗如夜，故称"长夜台"，省称"夜台"。《文选·陆机〈挽歌诗〉（之一）》："按辔遵长薄，送子

长夜台。呼子子不闻,泣子子不知。”唐·李周翰注:“坟墓一闭,无复见明,故云长夜台。”唐·李善注引东汉·阮瑀《七哀诗》曰:“冥冥九泉室,漫漫长夜台。”

⑦圹(kuàng):墓穴,坟墓。窀穸(zhūn xī):意即长夜,引申为长眠之地、墓穴。《左传·襄公十三年》:“若以大夫之灵,获保首领以殁于地,惟是春秋窀穸之事,所以从先君于祢庙者,请为‘灵’若‘厉’,大夫择焉。”晋·杜预注:“窀,厚也;穸,夜也。厚夜犹长夜。春秋谓祭祀,长夜谓葬埋。”窀穸,有时写作“窀夕”。《隶释·汉泰山都尉孔宙碑》:“窀夕不华,明器不设。”窀,厚。穸,夜。

⑧瘗(yì)玉:原为古代祭山礼仪,礼毕埋玉于坑,故称。《汉书·武帝纪》:“(天汉三年)三月,(武帝)行幸泰山,修封,祀明堂,因受计。还幸北地,祠常山,瘗玄玉。”唐·颜师古引三国魏·邓展注:“瘗,埋也。”埋玉,后指埋葬死者。《晋书·庾亮传》:“亮将葬,何充会之,叹曰:‘埋玉树于土中,使人情何能已!’”后以“瘗玉”“埋香”连用,代指埋葬美人。宋·吴文英《莺啼序》:“别后访、六桥无信,事往花委,瘗玉埋香,几番风雨。”

⑨束刍(chú):将青草捆成束作为祭品放在灵前。后代指致祭。《后汉书·徐稚传》:“及林宗有母忧,稚往吊之,置生刍一束于庐前而去。众怪,不知其故。林宗曰:‘此必南州高士徐孺子也。诗不云乎:“生刍一束,其人如玉。”吾无德以堪之。’”东汉末年,郭泰(字林宗)母死守丧,徐稚(字孺子)前往吊唁,在郭泰庐墓的小屋前放置一捆生刍(青草)就离开了。众人不解其故。郭泰说:“这个人一定是徐孺子啊。他用生刍一束慰问我乃是取《诗经》‘生刍一束,其人如玉’之意赞许我,我哪儿有这样的德行啊,真是担当不起。”后因以“生刍一束”称祭品,以“束刍”称致祭。

⑩“春祭曰禴(yuè)”四句:语本《礼记·王制》:“天子诸侯宗庙之祭,春曰‘礿’,夏曰‘禘’,秋曰‘尝’,冬曰‘烝’。”东汉·郑玄

注："此盖夏殷之祭名。周则改之，春曰'祠'，夏曰'礿'，以'禘'为殷祭。"唐·孔颖达疏："'春曰礿'者，皇氏云：'礿，薄也。春物未成，其祭品鲜薄也。'孙炎云：'礿者，新菜可礿。''夏曰禘'者，皇氏云：'禘者，次第也。夏时物虽未成，宜依时次第而祭之。''秋曰尝'者，《白虎通》云：'尝者，新谷熟而尝之。''冬曰烝'者，烝者众也。冬之时物成者众。孙炎云：'烝，进也。进品物也。'"禴，同"礿（yuè）"，古代天子或诸侯在宗庙进行的四季祭祀之一。在春天举行。禘（dì），古代宗庙四季祭祀之一。在夏季举行。尝，古代宗庙四季祭祀之一。在秋季举行。烝（zhēng），古代宗庙四季祭祀之一。在冬季举行。

⑪"饮杯棬（quān）而抱痛"四句：语本《礼记·玉藻》："父没而不能读父之书，手泽存焉尔。母没而杯圈不能饮焉，口泽之气存焉尔。"东汉·郑玄注："孝子见亲之器物，哀恻不忍用也。圈，屈木所为，谓卮、匜之属。"唐·孔颖达疏："父没之后，而不忍读父之书，谓其书有父平生所持手之润泽存在焉，故不忍读也。……母没之后，母之杯圈，不忍用之饮焉，谓母平生口饮润泽之气存在焉，故不忍用之。经云'不能'者，谓不能忍为此事。书是男子之所有，故父言'书'。杯圈是妇人所用，故母言'杯圈'也。"北齐·颜之推《颜氏家训·风操》："父之遗书，母之杯圈，感其手口之泽，不忍读用。"杯棬，亦作"杯圈"。一种木质饮器。《孟子·告子上》："性，犹杞柳也；义，犹杯棬也。以人性为仁义，犹以杞柳为杯棬。"清·焦循正义引《大戴礼记·曾子事父母》卢辩注："杯，盘盎盆盏之总名也。盖杯为总名，其未雕未饰时，名其质为棬，因而杯器之不雕不饰者，即通名为棬也。"口泽，饮水因口接触杯子而留下的气息。手泽，犹手汗，手上的汗迹、温度。后多用以称先人或前辈的遗墨、遗物等。泯，消失。

⑫子羔悲亲而泣血：语本《礼记·檀弓上》："高子皋之执亲之丧也，

泣血三年，未尝见齿，君子以为难。”东汉·郑玄注：“子皋，孔子弟子，名柴。”高柴（前521—前393？），字子羔（一作“子皋”），孔子弟子，七十二贤之一。他生性至孝，曾因亲丧泣血三年不露齿。孔子曾评论他“柴也愚”，大约性情过于憨厚，不知变通。子路很看重他，曾让他做费邑宰。

⑬子夏哭子而丧明：语本《史记·仲尼弟子列传》：“孔子既没，子夏居西河教授，为魏文侯师。其子死，哭之失明。”子夏，卜商（前507—？），字子夏，春秋末年卫国人，一说晋国温人。孔子著名弟子，位列“十哲”，以文学见称。曾官鲁国莒父宰。孔子死后，讲学于西河，李克、吴起、田子方、段干木皆从受业，魏文侯曾师事之，受经艺。相传作《诗序》。晚年因丧子而哭之失明。丧明，眼睛失明。

⑭王裒（póu）哀父之死，门人因废《蓼莪（lù é）》诗：语本《晋书·孝友传·王裒》：“王裒，字伟元，城阳营陵人也。祖脩，有名魏世。父仪，高亮雅直，为文帝司马。东关之役，帝问于众曰：‘近日之事，谁任其咎？’仪对曰：‘责在元帅。’帝怒曰：‘司马欲委罪于孤邪！’遂引出斩之。裒少立操尚，行己以礼，身长八尺四寸，容貌绝异，音声清亮，辞气雅正，博学多能，痛父非命，未尝西向而坐。示不臣朝廷也。于是隐居教授，三征七辟皆不就。庐于墓侧，旦夕常至墓所拜跪，攀柏悲号，涕泪着树，树为之枯。母性畏雷，母没，每雷，辄到墓曰：‘裒在此。’及读《诗》至‘哀哀父母，生我劬劳’，未尝不三复流涕，门人受业者并废《蓼莪》之篇。”西晋学者王裒生性至孝，只要读到《诗经·小雅·蓼莪》中的“哀哀父母，生我劬劳”两句，便会思念已故的父母，痛哭流泪，不能自已。他的学生因此废弃不学《蓼莪》这一篇。王裒（？—311），字伟元，西晋城阳营陵（今山东昌乐）人。因其父为司马昭所杀，不臣西晋，隐居教授，屡次谢绝朝廷征辟。家贫躬耕，庐于墓侧，

旦夕跪拜。洛阳倾覆，亲族移居江东，王裒恋坟垄不去，遂死非命。事见《晋书·孝友传》。门人，门生，弟子。废，此指放弃学习与研读。《蓼莪》，《诗经·小雅》篇名。毛序："《蓼莪》，刺幽王也。民人劳苦，孝子不得终养尔。"音义："蓼莪，上音六，下五河反。"其诗首章："蓼蓼者莪，匪莪伊蒿。哀哀父母，生我劬劳。"毛传："兴也。蓼蓼，长大貌。"郑笺："莪已蓼蓼长大，貌视之以为非莪，反谓之'蒿'。兴者，喻忧思虽在役中，心不精识其事。""哀哀者，恨不得终养父母，报其生长己之苦。"

⑮王修哭母之亡，邻里遂停桑柘（zhè）社：语本《三国志·魏书·王修传》："王修，字叔治，北海营陵人也。年七岁丧母。母以社日亡，来岁邻里社，修感念母，哀甚。邻里闻之，为之罢社。"三国时期，王修的母亲在社日去世。次年社日，邻里祭祀社神，王修因思念母亲而极度悲伤痛哭，邻里为此停止社日活动。王修，字叔治，汉末三国之际北海营陵（今山东昌乐）人。初为孔融主簿，迁高密令，移胶东，有治绩。后为袁谭别驾。劝谭、尚兄弟勿相攻。袁谭死，归曹操，为司空掾，迁魏郡太守，抑强扶弱，赏罚严明。魏国既建，为大司农郎中令，徙奉常。桑柘社，此指春社。社日，是古时祭祀土地神的日子，一般在立春、立秋后第五个戊日。桑柘，即桑树与柘树。《礼记·月令》："（季春之月）命野虞无伐桑柘。"东汉·郑玄注："爱蚕食也。"桑树与柘树的叶子，可以喂蚕，故亦以"桑柘"指农桑之事。

⑯"树欲静而风不息"三句：语本《韩诗外传》卷九："孔子行，闻哭声甚悲。孔子曰：'驱驱！前有贤者。'至则皋鱼也。被褐拥镰，哭于道傍。孔子辟车与之言，曰：'子非有丧，何哭之悲也？'皋鱼曰：'吾失之三矣：少而学，游诸侯，以后吾亲，失之一也。高尚吾志，间吾事君，失之二也。与友厚而小绝之，失之三矣。树欲静而风不止，子欲养而亲不待也。往而不可得见者亲也。吾请从此辞

矣。'立槁而死。孔子曰:'弟子诫之,足以识矣。'于是门人辞归而养亲者十有三人。"皋(gāo)鱼,春秋时期人。他曾对孔子说:"树欲静而风不止,儿子想赡养双亲而双亲却等不到。"后来痛哭而死。后遂以"皋鱼""树欲静而风不息"用作人子不及养亲的典故。增感,大发感伤、悲痛之情。

⑰"与其椎(chuí)牛而祭墓"三句:语本《韩诗外传》卷七:"曾子曰:'往而不可还者,亲也。至而不可加者,年也。是故孝子欲养而亲不待也,木欲直而时不使也。是故椎牛而祭墓,不如鸡豚逮亲存也。故吾尝仕齐为吏,禄不过钟釜,尚犹欣欣而喜者,非以为多也,乐其逮亲也。既没之后,吾尝南游于楚,得尊官焉,堂高九仞,榱题三围,转毂百乘,犹北乡而泣涕者,非为贱也。悲不逮吾亲也。故家贫亲老,不择官而仕。若夫信其志约其亲者,非孝也。'"曾子曾说:"与其杀牛去祭祀亡人,不如在亲人活着的时候杀猪烹鸡好好供养。"椎牛,杀牛。椎,用椎击打,引申为宰杀。逮存,趁(父母)还健在。兴思,生发感慨、感想。兴,产生。

⑱木本水源:语出《左传·昭公九年》:"我在伯父,犹衣服之有冠冕,木水之有本原,民人之有谋主也。"树的根本与水的源头,比喻事物的根本或事情的原因。此指父母的生养之恩。

⑲慎终追远:旧指慎重地办理父母丧事,虔诚地祭祀远代祖先。后也指重视安葬、追念逝者或谨慎行事、追念前贤。《论语·学而》:"曾子曰:'慎终追远,民德归厚矣。'"慎,谨慎从事。终,人死。追,追念,追怀。远,远祖,祖先。

【译文】

唱挽歌的习俗始于田横之死,墓志铭由傅奕始创。

生前预筑的坟墓,称为"寿藏";死后安葬的墓地,叫作"佳城"。

坟墓,也称"夜台";墓穴,又名"窀穸"。

下葬,又称"瘗玉";摆放祭品,进行祭祀,称"束刍"。

天子诸侯在宗庙举行的祭祀，四季名称各不相同：春祭称“禴”，夏祭称“禘”，秋祭称“尝”，冬祭称“烝”。

举杯喝水而满心悲痛，因为感觉母亲的唇齿温泽仿佛还留存在杯口；翻阅父亲的旧书而平添忧伤，因为父亲的指掌留下的汗渍仿佛尚未消失。

子羔悲悼双亲去世，哭得眼中流血；子夏哀哭儿子早亡，以致双目失明。

王裒哀痛父亲之死，每次读到感念父母的《蓼莪》一诗便悲伤不已，他的学生因此不再研习此诗；王修哭悼母亲亡故，左邻右舍念及他母亲死于社日，于是在这一天停止了祭拜土地神的活动。

树欲静默而悲风不止，子欲奉养而父母亡故，皋鱼一提起此事便倍增伤感。

与其杀牛往祭坟茔，不如趁父母健在之时杀猪烹鸡尽孝，这是曾子的感言。

因此：身为子女的，应当时时念及养育自己的父母如同树之根、水之源，因而慎重地办理父母的丧事，虔诚地祭祀祖先。